U0836300

丁若镛哲学思想研究

（韩）白敏祯　著
李永男　译

苏州大学出版社
Soochow University Press

图书在版编目(CIP)数据

丁若镛哲学思想研究 / (韩)白敏祯著;李永男译. —苏州: 苏州大学出版社,2013. 4
ISBN 978-7-5672-0457-7

Ⅰ. ①丁… Ⅱ. ①白…②李… Ⅲ. ①丁若镛(1762～1836)—哲学思想—研究 Ⅳ. ①B312

中国版本图书馆 CIP 数据核字(2013)第 077581 号
著作权合同登记号　图字: 10-2013-110 号

The Philosophy of Chŏng Yag-yong/by Baek Min-jeong

本书获韩国文学翻译院资助

书　　名: 丁若镛哲学思想研究

著　　者: (韩)白敏祯
译　　者: 李永男
责任编辑: 周建国
装帧设计: 刘　俊

出版发行: 苏州大学出版社(Soochow University Press)
社　　址: 苏州市十梓街 1 号　**邮编:**215006
印　　刷: 苏州市工业园区美柯乐制版印务有限责任公司
E-mail　: yanghua@suda. edu. cn
邮购热线: 0512-67480030
销售热线: 0512-65225020

开　　本: 700 mm×1 000 mm　1/16　**印张:** 14. 5　**字数:** 268 千
版　　次: 2013 年 4 月第 1 版
印　　次: 2013 年 4 月第 1 次印刷
书　　号: ISBN 978-7-5672-0457-7
定　　价: 38. 00 元

凡购本社图书发现印装错误,请与本社联系调换。服务热线: 0512-65225020

前 言

几天前，我去康津的“茶山草堂”。时值冬天，寒风瑟瑟，但地处半岛南端的康津，却阳光明媚。200 多年前的 1801 年，当时住在康津邑一间茅屋的茶山先生曾这样述怀：“酒为愁多夜更加”，“幸有残山遮海色，好将丛竹作年华”，“山茶已吐腊前花”。这正是我所看到的康津，竹林里不时传出阵阵风声，茶花树缀满美丽的花蕾，还有通向百莲寺曲曲折折的山间小路，使我忘却冬天的寒冷，静静地闭上眼睛，享受着南岛风情。经常来往于万德山的茶山先生，每当上山或下山时都在想些什么呢？

我走在茶山先生曾走过的那条路上，回忆多年前第一次邂逅先生的那一幕。当时的我内心正处在激烈的矛盾之中，一方面，我和一群把儒学思想当作绝对的宗教真理来信奉的研究者在一起；另一方面，我自己又是一个把儒学思想视为已经过时、一文不值的现代知识分子。如果这种矛盾一直持续下去，我可能早已放弃了研究韩国哲学之路；正是与茶山先生的相识，把我从这种矛盾中解救了出来。因为早在 200 多年前，茶山先生也有过类似的经历，而且他为解决这个矛盾付出了毕生精力，最终得到了满意的答案。茶山先生既是儒学的支持者，又是儒学的强烈批判者。既支持又批评，怎么可能呢？正是为了完成这样的双重任务，茶山先生构筑了自己独特的哲学体系。

许多学者通过研究证实了丁若镛的哲学体系包含着许多不同的思想倾向，如西学（基督教等西方思想）、古代儒学、训诂学、阳明学、考证学、日本古学、退溪或星湖学风，以及连茶山先生本人都强烈否定的朱子理学诸要素等，能把这许多不同的思想体系融合在一起，并纳入到自己特有的哲学体系中，正是丁若镛的与众不同和卓越之处。丁若镛的伟大，体现在他不仅能够尖锐地批判当时的主要哲学思想，而且还能够构筑自己特有的哲学体系——就像西方的康德或黑格尔，既是综合的天才，同时又构建了自己所特有的哲学史地位。可以说，同时代的中国和日本很难找出能和丁若镛相比肩的哲学家。

在丁若镛的哲学中，可以发现当时流行的所有思想倾向，正因茶山先生能够积极地、批判性地把这些思想倾向纳入到自己的哲学体系中，因而被誉为伟大的哲学家。当然,丁若镛无法得知现代人熟知的诸多问题,比如人类和其他生物一样处在进化的历史过程中,人类本性包括社会的、政治的阶级性等。但是这些并不能抹煞丁若镛的伟大。如果我们每个人反问自己能否构建一个贯彻始终的哲学体系,对自己所知的一切作出批判和解释,那么,任谁都很难轻易地作出肯定的回答。如果茶山先生被问到同样的问题,他的回答肯定是"是这样",或者是"为此努力了一生"。这正是今天的我们重新关注茶山哲学的原因所在。哲学必须具有批判的眼光,它在对传统思想进行批判的同时,还应提出新的审视体系。

本书即将脱稿之际,我曾问自己:如果茶山先生看了我这本书,会有怎样的反应呢?我猜想,他要么大笑一场,要么对此提出尖锐的批判。他也许会问我:"作为学者,你认为这本书对你的一生,特别是你的人生目标有何帮助?"对此,我想这样辩解:"也许这本书里并没有解决我人生诸多问题的体系方法,但这本书的撰写过程即渐渐理解您的过程,可以说我在这里学到的正是您的哲学精神。"

这本书在对我的学位论文《丁若镛哲学的形成与体系研究》进行整理和修改的基础上,又补充了相当多的内容。在撰写本书期间,很多老师和前辈为我提供了莫大的帮助,正是因为他们的关爱,我更加珍视书中的每一个环节,并进行了反复修改。最后,谨向对此书做详细审校的出版社编辑部深表谢意。

目 录

序 论 …………………………………………………………………… (1)

第一部 对朱子学和西学的批判与整合

第一章 朱子学和西学的思维体系 ………………………………… (9)
第一节 朱子学的思维体系 ………………………………………… (9)
一、形而上学宇宙论和人论 ………………………………………… (9)
二、“中和新说”的心性论和修养论 …………………………… (12)
三、人心道心说的哲学内涵 ……………………………………… (16)
第二节 《天主实义》的思维体系 ……………………………… (20)
一、中世纪经院主义(Scholasticism)世界观 …………………… (20)
二、经验主义存在论与人论 ……………………………………… (25)
三、主知主义自由意志伦理学 …………………………………… (28)
第二章 接受西学与批判朱子学 …………………………………… (32)
第一节 对《天主实义》的接受 ………………………………… (32)
一、人格上帝观和经验主义存在论的接受 ……………………… (32)
二、对人的本质及自由意志的深思 ……………………………… (39)
第二节 对朱子学的批判 …………………………………………… (44)
一、对朱子学世界观的批判 ……………………………………… (44)
二、对朱子学人性论的批判 ……………………………………… (48)
三、对朱子学修养论的批判 ……………………………………… (53)
第三章 批判地接受朱子学、与西学保持距离 ………………… (57)
第一节 有选择地接受朱子学理论 ……………………………… (57)
一、对朱子“人心道心说”哲学内涵的接受 …………………… (57)
二、对《中庸或问》里“中和说”的接受 ……………………… (62)

三、认同朱子学的哲学价值 …………………………………… (66)
第二节 丁若镛哲学与《天主实义》的区别 ………………………… (68)
一、"上帝"与"天主"的涵义与作用的区别 …………………………… (68)
二、对形式因之"本性"概念的批判 …………………………………… (78)
三、与主知主义心论的差异 ………………………………………… (84)

第二部 丁若镛哲学体系的特征

第一章 古代儒学的重新认识 ………………………………………… (91)
第一节 重新审视古代儒学中的上帝和人 ………………………… (91)
一、上帝的意义、作用 ……………………………………………… (91)
二、人类先天的道德欲望 …………………………………………… (95)
第二节 对古代儒学心性论和修养论的洞察 ……………………… (99)
一、"慎独"和"中庸"的涵义 ………………………………………… (99)
二、克己复礼和大体小体论 ………………………………………… (104)
三、"孝弟慈"与德的实现 …………………………………………… (112)
第二章 丁若镛心性论的结构 ………………………………………… (117)
第一节 本性嗜好说论证和哲学内涵 ……………………………… (117)
一、本性嗜好说的涵义 ……………………………………………… (117)
二、本然之性向天命之性的转变 …………………………………… (121)
三、天命之性的两种论证 …………………………………………… (125)
第二节 人心道心说和丁若镛的心性论 …………………………… (128)
一、《尚书·大禹谟》16 字心法的考证 ……………………………… (128)
二、丁若镛批判朱子的主旨 ………………………………………… (131)
三、《心经密验·心性总义》及《梅氏书平·阎氏古文疏证抄》的心性论体系 ……………………………………………………………… (135)
第三章 丁若镛的修养论和经世学 …………………………………… (142)
第一节 "慎独"修养论和"恕"的实践论 ……………………………… (142)
一、慎独和执中 ……………………………………………………… (142)
二、"恕"的实践原理和"仁"的实现 ………………………………… (147)
第二节 以经学摸索经世学 ………………………………………… (152)
一、丁若镛经世学的背景及结构 …………………………………… (152)
二、丁若镛经世学的经学基础 ……………………………………… (162)

结论 ……………………………………………………………………………………… (168)
补论：关于丁若镛的既往研究倾向及反省 …………………………………… (172)
一、序论 …………………………………………………………………………… (172)
二、以儒学的问题意识为中心的研究 ………………………………………… (173)
三、强调与西学的关联性的研究 ……………………………………………… (185)
四、对西学与儒学关系的中立立场的研究 …………………………………… (195)
五、结论 …………………………………………………………………………… (204)

参考书目 …………………………………………………………………………… (206)

序 论

一

从哲学史的发展历程可以看出，所有伟大的哲学家都是通过否定前人的思想、确立自己的学说来获得哲学史地位的。哲学和宗教的区别也在于此，每次出现的新思想都相信自己比前人更接近真理，同时也预感到其自身将来肯定会被更新的思想所取代。那么，哲学为什么会不断地新旧交替呢？因为哲学不是从超越自我的彼岸出发，而是以充满激烈斗争的此岸作为出发点。我们可以用“人类生活也是通过历史进程来维持”的观点说明“哲学拥有其发展历程”。哲学可以说是一种观照现实生活并使之更加趋于理想的知性活动，因此哲学追求具有普遍性，同时也具有现实性和超前性。哲学将不可避免地跨越一个时代精神，同时又开辟新的时代精神。

和其他伟大的哲学家一样，茶山先生丁若镛也是通过打破传统的思想和生活方式来确立新的哲学思想的。他想要超越的传统思想和生活方式，即相当复杂且充满矛盾的朱子学世界观，因而超越它不是一件轻而易举的事情。丁若镛的时代是朱子学为代表的传统的生活方式和刚刚传入的西学为代表的陌生的生活方式相互矛盾的时代。值得注意的是，当时的朱子学和西学的碰撞如实反映着朝鲜后期哲学界的对立和矛盾。

当时掌权的老论派试图墨守传统价值观，但深受老论派压迫的南人派却对西学乃至天主教信仰采取开放的态度。虽然南人派也同样受过朱子学教育，不过因政治影响力小而产生的自卑使得他们能够对新的思想采取更为开放的态度。丁若镛属于南人派中追随星湖李瀷（1681—1763）学风的星湖学派，正是这种学缘关系使丁若镛对两种截然不同的思维方式进行了更深层次的思考。

丁若镛生于1762年，卒于1836年，享年75岁。丁若镛亲身经历了那个时代尖锐的矛盾和动摇，这种矛盾和动摇可以概括为以如下三个人物为代表的思想倾向之碰撞。他们正是确立朱子学、在理念上统治朝鲜社会的朱熹（1130—

1200)，通过《天主实义》把西方思想传播到东方的利玛窦(Matteo Ricci，1552—1610)[①]，试图摆脱掌权派老论的控制、强化王权的正祖(1752—1800)[②]。对于丁若镛来说，1784 年是极具象征意味的一年。正是在 1784 年，23 岁的青年丁若镛通过李檗(1754—1786)接触到和朱子学截然不同的利玛窦的思想，同时又以他既是朱子学又非朱子学的独特解经方式给正祖留下了深刻的印象。当然，如果丁若镛没有接触到利玛窦的西学思想，他或许不能对儒学经典做出如此具有批判性的解释。

这样，年仅 23 岁的丁若镛便开始批判性地接受以利玛窦为代表的西方哲学思想和以朱子学为代表的东方哲学思想，并使两者融会贯通，构筑了一个崭新的阐释儒学经典的哲学体系。

二

受正祖恩宠的年轻气盛的官僚丁若镛之所以能够成为伟大的哲学家，是因为正祖的去世。正祖去世的第二年，丁若镛开始了长达 18 年的流放生活，这为他提供了成就独特哲学观的绝佳机会，因为封闭的孤独空间比开放的政治空间更适合一种哲学思想的成熟。在长达 18 年的孤独生活中，有一个念头始终萦绕于他心间，那便是重新阐释古代儒学经典，以此构建全新的社会思想体系。通常我们把前者称作“经学”，把后者称作“经世学”。在这里，我们要注意的是，丁若镛的经学和经世学是正祖为强化中央集权而要求其选拔的所有文人所做的学问。这样独特的学问背景使得丁若镛在孤独的流放期间始终怀念正祖，期待着下一位正祖的出现。当然，丁若镛期待的正祖并没有出现。但值得庆幸的是，丁若镛的思想在其流放期间已成熟到可以系统地批判利玛窦的西学和新儒学家朱熹的思想的地步。

伟大哲学家的思想往往形成了像城堡一样无法逾越的坚固体系，这对于朱熹和利玛窦来说也不例外。那么，丁若镛能够同时穿越朱熹和利玛窦这两座城堡么？他所构建的哲学体系有多高、多坚固呢？丁若镛的思想成功地涵盖了存在论、人性论、修养论、伦理学、政治哲学，形成了具有庞大主题和完整体系的哲学思想。那么，我们怎样才能进入丁若镛的哲学体系呢？下面看一个能够集中

---

① 利玛窦(Matteo Ricci，1552—1610)：意大利耶稣会传教士。年轻时在罗马学习法律，并加入耶稣会，后继续学习天算、哲学、神学。明末来到中国，此间，将《四书》译成西文寄回欧洲，使孔孟之书得以在西方流传。编译著作有《交友论》《畸人十篇》《测量法义》《天主实义》《勾股义》《几何原本》(与徐光启合作)等，著有《利玛窦中国札记》。

② 正祖，即李祘，字亨运，号弘斋，正祖大王，在位 24 年，终年 49 岁，葬水原健陵，清朝赐谥恭宣。李祘的庙号原为正宗。

体现他哲学问题意识的论述。丁若镛在其著述中曾解释过《孟子》的《孟子要义》,里面有这样一段文字:“见孺子将入于井,有恻隐之心而不救,是可曰心不可曰仁。”我们首先要对这个论断进行深思,才能进入到丁若镛的哲学体系,才能理解丁若镛如何成功地阐释古代儒学经典,如何批判性地接受、消化和融合朱子学与西学。

“孺子将入于井,人皆有恻隐之心”,这是朱子学关于人性问题的重要主题。丁若镛则明确表示反对朱子学的立场,认为寓于人心的同情心不能称作“仁”。在他看来,重要的是营救溺水孺子的积极实践行为和意志,而非人心所具有的“恻隐之心”。必须亲自营救处于危险中的孩子,这不是一个简单的问题,因为营救小孩,施救者会有失去生命的可能,所以,人即使有“恻隐之心”,但如果缺乏直接去营救孩子的意志和实践能力,那么就无所谓“仁”。丁若镛的这个论断浓缩了探索其哲学思想意识及内在体系的重要线索。丁若镛试图把注重实践性道德情感的东方思想之内在倾向与强调实践意志和责任的西方思想之外在倾向批判性地融合在自己的思想体系中。从这一论断能够看到利玛窦为代表的西学思想对丁若镛的影响,而利玛窦在《天主实义》中展开的伦理学的思想论述基本上出自亚里士多德(Aristoteles, 公元前384—前322)的自由意志论。

三

从以上论述可以看出,丁若镛从朱子学和西学那里找到了建立自己哲学体系所不可或缺的结合点。不过,丁若镛却试图用古代儒学经典来证明自己哲学体系的合理性,这足以说明他是一位虔诚的儒学家,他将六经四书等古代儒学经典奉为最具真理的文本。因为丁若镛是一位儒学家,他的哲学思想基本上只能通过传统的注释方式展开,这种注释传统有着一般东亚文人都无法避免的时代局限。理解注释学传统中的哲学思想,其关键不是注释的对象,而是注释本身所特有的内在体系,因为在注释学传统中,新的思维即新的注释。我们不能简单地把丁若镛的思想理解为回归古代儒学传统的努力,因为丁若镛使那些古代儒学经典具有了全新的意义体系。

丁若镛作为试图重新解释古代儒学的儒学家,开创了整个朝鲜朝时代涉及领域最广、体系最完备的哲学思想,他成功地建立了重新解释古代儒学经典的批评体系。不过,更有价值的是,他对儒学经典所作的独到解释中隐藏着新的哲学内涵,因为他所作的注释早已超越了朱子学本身的观点和体系。但这并不意味着丁若镛是“反朱子”的,相反,他在著述中多次强调自己的新思想是在批判性地继承朱子学传统的基础之上建立起来的。同时,和利玛窦一样,丁若镛非常重视实践和意志，但这并不意味着他对天主教思想只是无条件地接受，因为丁若镛哲学体系中道德主体的意志和实践是通过另一种结构性论述出现的。综观丁若镛的著述可以看出，影响丁若镛的不是《天主实义》中的天主教思想本身，而是其源头亚里士多德存在论和伦理学的哲学思想。难能可贵的是，丁若镛站在强调道德情感论和修养论的儒学思想立场上，对亚里士多德的存在论和伦理学进行了批判性的解释。

本书尝试着对丁若镛哲学的体系特征进行阐释，努力证明丁若镛既非盲目照搬古代儒学的原理主义者，也非盲目批判朱子学而无条件地接受《天主实义》理论的学者。丁若镛的哲学思想既有回归古代儒学的原理主义者的一面，也有批判和解构朱子学的一面，还有积极接受以利玛窦为代表的西学思想的一面。以往的研究一般倾向于上述三者中的某个侧面，本书十分尊重这些研究成果的研究史价值，但是在阐明丁若镛的哲学思想方面，这些研究未能全面地对丁若镛的哲学体系作出客观公正的评价。丁若镛的思想具有独特的哲学体系，后人对其必须进行多维的整体性研究。本书将考察丁若镛以何种逻辑超越朱熹、利玛窦和正祖这些人物，又以何种体系把经学和经世学贯穿在一起，而最终形成自己所特有的哲学体系。

四

年轻的哲学家丁若镛通过利玛窦的《天主实义》接触到理解人和世界的全新观点，这成为丁若镛批判性地解构朱子学传统的原动力之一。不过，丁若镛对西学的吸收是有选择性的，他注重天主的人格神形象和人的道德能力——自由意志等观念，但同时坚持着与《天主实义》主张相反的哲学观点。这种批判性的接受态度表明丁若镛与古代传统儒学或朱子学之间的密切联系，也正是因为如此，所以本书第一部分同时探讨丁若镛如何接受西学却与西学又保持距离，批判朱子学但又部分接受朱子学。

过去相当多的研究集中探讨丁若镛与西学或古代儒学之间的关联问题，至于丁若镛与朱子学的关联，大部分研究持否定态度。本书以心性论和修养论为中心，考察朱子学与茶山哲学的非连续性和连续性，以此弥补研究丁若镛哲学的空白。笔者认为，丁若镛的哲学经过长期的流放生活走向成熟，其著述在批判朱子学的同时，又接受了朱子学的部分观点。本书强调朱子学与茶山哲学的关联，并不是把丁若镛的哲学立场和传统朱子学两者生硬地牵扯在一起，而是希望重现丁若镛哲学以一贯的体系贯穿各种思想倾向的风貌。如果丁若镛能够以西学批判朱子学，那么同样他也可以用朱子学批判西学。对丁若镛来说，西学和朱子学不过是建立自己哲学体系的工具。

本书第二部分的第一章“古代儒学的重新认识”部分，便提供了丁若镛在自己的哲学体系中把西学、古代儒学和朱子学传统结合起来的线索。当然，丁若镛对西学、古代儒学和朱子学不是进行简单的综合，他站在自己的哲学立场上，接受西学，重新解释古代儒学，批判朱子学。本书第二部分后两章主要讨论这一问题。

本书将通过丁若镛哲学中的心性论、修养论及政治社会学性质的经世学，阐明丁若镛哲学特有的体系，并进一步阐释其与传统思想的区别，从而论证丁若镛既不是回归古代儒学的复古主义者，也不是西学这个外来异质思想的盲目追随者，更不是完全否定朱子学的时代叛逆者。

第一部 对朱子学和西学的批判与整合

第一章 朱子学和西学的思维体系
第二章 接受西学与批判朱子学
第三章 批判地接受朱子学、与西学保持距离

第一章 朱子学和西学的思维体系

第一节 朱子学的思维体系

一、形而上学宇宙论和人论

（一）太极图说和理气论

朱熹为中国哲学构建了一个复杂却最具整合性的形而上学体系。其形而上学的核心是主张包括人在内的世界万物都具有自己的本性，即“理”，而且人和其他事物内在的“理”在本质上是一样的。为了证明这种形而上学主张，朱熹强调了北宋时周敦颐（1017—1073）的“太极图说”。“太极图说”阐释了包括人类在内的世间所有的存在是怎样从太极生成的：

周子曰：“无极而太极，太极动而生阳，动极而静，静而生阴，一动一静，互为其根，分阴分阳，两仪立焉。阳变阴合，而生水、火、木、金、土，五气顺布，四时行焉。五行一阴阳也，阴阳一太极也。太极本无极也，五行之生也，各一其性。无极之真、二五之精妙合而凝，乾道成男，坤道成女，二气交感，化生万物，万物生生而变化无穷焉。”①

“无极而太极”是“太极图说”的开篇之句，朱熹把“无极而太极”理解为“无形而有理”，并把“无极”解释为一种修辞。也就是说，周敦颐的“无极而太极”可理解为“虽然没有感觉到的形体，但其理存在”。朱熹把太极理解为“理”，“理”的发展产生了世界万物，这就是朱子学的“宇宙发生论”。因太极的自我延伸与扩张，人及其以外的一切事物都成为“理”的产物。这里值得注意的是，朱子认为“太极既生万物，又内在于万物”。再看其他朱子对“太极图说”的说明：

自男女而观之，则男女各一其性，而男女一太极也；自万物而观之，则万物各一其性，而万物一太极也。盖合而言之，万物统体一太极也；分而言之，一物各具

① 周敦颐. 太极图说[M]. 谭松林，尹红，整理. 长沙：岳麓书社，2002：3.

一太极也。①

朱子认为,太极生万物,万物亦具有太极。也许太极和万物之间的关系不太容易被理解,不过举一个生物学比喻就不难理解了。比如母鸡生小鸡,母鸡象征太极,小鸡象征万物。小鸡将来成为母鸡可以继续生小鸡,从这一点上看,可以说刚出生的小鸡就已具有母鸡的特性。通过这个比喻,我们可以了解朱子的太极(理)在存在论上具有两层涵义,其一是超越万物、产生万物的太极,其二是内在于万物、与万物共存的太极。包括朱子在内的性理学家把这两个太极的关系比作"月印千江":

有这气,道理便随在里面;无此气,则道理无安顿处。如水中月,须是有此水,方映得那天上月,若无此水,终无此月也。②

照亮夜空的月亮只有一个,而月亮的影子却倒影于千条江河之中。如果说夜空中的月亮象征着超越一切的太极,那么,映在千条江河中的月影就象征着内在于万物的太极。朱子用"月印千江"说明的道理,在哲学上则表现为"理一分殊","理"根本上只是一个,但它以各种方式具现在万物之中,即"气"有万千。以"月印千江"的比喻看,一个"理"是夜空中的月亮,各种方式的具现即意味着许多江河中的月影。这个比喻说明了和"理一分殊"直接相关的朱子的存在论,即理气论的结构。如果没有照映月亮的河流,那么月亮就无法投射自己的影子;同样的道理,如果没有承载"理"的"气",其"理"也就失去存在的依托,这正表明了理气论的一个基本思路——"理"的存在必然在与"气"的联系中得以实现。下面考察朱子理气论的结构。

天地之间有理、有气,理也者形而上之道也、生物之本也;气也者形而下之器也、生物之具也。是以人物之生必禀此理然后有性,必禀此气然后有形。③

朱子认为,"理"不管是超越于万物,还是内在于万物,都具备同一的一者性即统一性原理。相比之下,"气"使一切事物具备形体,具有区分个体事物的个体化原理。作为一者性原理或统一性原理的"理"内在于世界万物,这个"理"被称为内在的"太极",即"本性"。当然,朱子认为人的本性不仅仅是人所独有的本性,而是人以外一切事物所共有的某种整体统一本性,因为包括人在内的一切世间存在都出自太极。如果能够实现这个本性,我们就能与世界万物共同构成一个大家族。世界上的所有存在——不仅是人类,还有世界万物——成为一个

① 周敦颐.太极图说[M].谭松林,尹红,整理.长沙:岳麓书社,2002:6.
② 朱熹.朱子语类(卷三)[M].黎靖德,编.北京:中华书局,1983:1430.
③ 朱熹.朱熹集·答黄道夫书[M].成都:四川教育出版社,1996:2948.

统一的、共性的家族,这是性理学家所特有的思想之一。

(二) 太极与“仁”

太极作为世界的绝对本质,把不断产生万物的力量作为自己重要的属性。朱子用“仁”这个概念来指代太极不断生成万物的力量,并通过“仁”构建包括人和世间万物在内的庞大的形而上学体系。朱子把“仁”解释为和太极一样内在于主体又超越主体的范畴。孟子把“仁”的概念与人本性中的恻隐之心联系在一起,所以孟子所主张的“仁”只有和人这个主体相结合才能发挥作用,也才有意义。然而到朱子这里,“仁”的概念已超出人的道德本性,扩展到世界本性或宇宙本性。

天地以生物为心者也,而人物之生又各得夫天地之心而为心者也。故语心之德,虽其总摄贯通,无所不备,然一言以蔽之,则曰仁而已矣。请试详之。盖天地之心其德有四,曰元亨利贞,而元无不统;其运行焉,则为春夏秋冬之序,而春生之气无所不通;故人之为心,其德亦有四,曰仁义礼智,而仁无不包;其发用焉,则为受恭宜别之情,而恻隐之心无所不贯。①

根据朱子的观点,天地之心以生万物为目的。因天地之心是世界万物存在的绝对根源,所以称之为“仁”,而由此产生的世间所有存在共同分享着天地之心,所以天地之心同样以产生其他事物作为自己的目的。如此这般,在天地之心连续不断的作用下,一切存在都具备能够世世代代延续下去的必然条件。无论是超越于万物还是内在于万物,这种不断生成万物的天地之心,都被朱子统一称为“仁”。

天地之心具有“仁”的特征,这可用“元亨利贞”四个要素来解释,其中“元”具有极为重要的地位,“元”不仅是四个因素之一,而且是其他三个要素“亨利贞”的存在基础。“元亨利贞”出自《周易》的“乾卦”,“元亨利贞”一般解释为“大、亨通、有利、正确”等涵义,而朱子却把它界定为世界本质最纯粹的四大特征,这个世界本质通过春夏秋冬来具体实现。“元”既是构成世界本质的四要素之一,又是其他三个要素的基础。同样,春既是四季之一,又是其他三个季节的基础。

和认为世界的本质具有四大特征一样,朱子认为人的本质(本性)也有“仁义礼智”等四个主要要素,因为世界的结构均以相同的原理在人的结构中得到重复,人产生于天地之心,天地之心又内在于人。“仁义礼智”中的“仁”,既是构成人类本性的要素之一,同时又是其他三个要素“义礼智”的根本。这种情形同

---

① 朱熹. 朱熹集·仁说[M]. 成都:四川教育出版社,1996:3542.

样再现于“仁义礼智”所呈现出来的心理状态中，这几类心理状态即恻隐之心、辞让之心、羞恶之心和是非之心。其中，恻隐之心既是人类呈现出的重要心性之一，又是其他三种心性的基础；是非之心，看似离同情心最远，因为是非之心并不是简单地同情他人，而是严格地判断和评价他人之所为。朱子却认为判断人类的是非之心也以恻隐之心为前提，如家长教育子女或老师教育学生，都是出自于对他们的爱。朱熹通过如此不断重复的统一结构，构成了其哲学思想中共同内在于世间人和万物中的“太极”与“仁”的整合性世界观。

二、“中和新说”的心性论和修养论

（一）“己丑之悟”与心性论

朱子通过形而上学原理，把传统的儒学思想提高到新的层面。一般被称为“朱子学”的新儒学，正是通过形而上学体系确立了其真正的“新涵义”。哲学家朱熹的卓越之处，在于他不仅是一位能够整合复杂体系的理论家，还是一位能够对自己的心性论及其结构进行不断思考和批判的思想家。

在主张“中和旧说”时，朱熹曾试图从概念上或经验上把握“未发”。朱子对“未发”的根本思路体现在了如下的书信中：

人自有生，既有知识，事物交来，应接不暇，念念迁革，以至于死。其间初无顷刻停息，举世皆然也，然圣贤之言则有所谓未发之中，寂然不动者，夫岂以日用流行者为已发，而指夫暂而休息不与事接之际为未发时耶？尝试以此求之，则泯然无觉之中，邪暗郁塞，似非虚明应物之体，而几微之际，一有觉焉，则又便为已发，而非寂然之谓，遏愈求而愈不可见。①

从这封信中可以看出当时朱子对将无事时定为“未发”、有事时定为“已发”的区分方法采取怀疑的态度。1169 年，时值 40 岁的朱子和挚友蔡元定（1135—1198）交谈时发现自己“中和旧说”的心论中“本性即本体，内心皆作用”的错误。以此为契机，朱子克服了所谓“中和旧说”（即过去他所确立的心论），重新创建了“中和新说”（即崭新的心论）。许多学者把 1169 年朱子的这一哲学转向称为“己丑之悟”（即“1169 年的醒悟”），并开始重视这次“事件”②。根据朱子的观点可以发现，他所提出的问题是以程颐（1033—1107）为代表的北宋时期新儒学家们所强调的“涵养的修炼”，这并没有体现在他“旧说”的修养论之中。

朱子的“旧说”和“新说”的根本区别在于“性”与“心”的关系问题。其“旧

① 朱熹. 朱熹集 · 与张钦夫[M]. 成都：四川教育出版社，1996：1290.

② 提出朱子的“中和旧说”中存在的问题，强调“己丑之悟”的重要性，并且谈论“中和新说”之哲学焦点的有：牟宗三（1990），陈来（1990），刘述先（1982），友枝龙太郎（1979），蔡仁厚（1977），孙永值（1999）等学者和他们的研究。

说”中的“性”不属于“心”的范畴,并且朱子确信其具有根源性;然而“新说”中的“性”则属于“心”的控制范畴。当然,这并不意味着“心”直接控制“性”或将其直接对象化,而是意味着“心”在控制和稳定自己的意思后,宿命般地产生了“性”。人们平息私欲后,感觉到自己内在的必然“性”之“光辉”,朱子把这些理解为“涵养工夫”的结果。这也是朱子重新关注“涵养修炼”的开始。

“性”和“心”的理解之转换给朱子“旧说”中的修养论带来巨大的冲击。因为在过去的“旧说”中,“心”如果没有显示就不能“修养”,但是到了“新说”中,“心”可以实现“未发”状态下的“涵养之功”。换句话说,“旧说”中认为已显示的“心”中才有可能关照“性”之善缘的学习,即“省察”自己的修炼;而到了“新说”中则强调实现“已发”状态下的“省察”自己和“未发”状态下的“涵养修炼”均有可能。1172 年,时已 43 岁的朱熹批判自己“旧说”的同时,在“心”能统领“性”和“感”的观点基础上,最终提出了崭新的“中和新说”。

思虑未萌、事物未至之时为喜怒哀乐之未发,当此之时,既是此心寂然不动之体,而天命之性当体具焉,以其无过不及不偏不倚,故谓之中,及其感而遂通天下之故,则喜怒哀乐之性发焉,而心之用可见,以其无不中节无所乖泪,故谓之和。[①]

“中和新说”的核心问题是“中”与“和”。这两个概念在传统的儒学经典《中庸》中是这样描述的:“喜怒哀乐之未发谓之中,发而皆中节谓之和”[②]。人们一般没有接触到其他事物或事态时,并不会受到特定情感的束缚和限制,所以这时的“心”中一般不会存在“过分”或“不及”之类的情感。这种状态就是常说的“中”。但是如果接触某种事态,就会产生高兴或愤怒、悲伤或快乐的情感。当产生某种情感时将其进行适当控制,这会比较困难,因为人都会因“过分”而悲伤或因“缺乏”而伤感。此时,适当地控制这种情感,使其不至于“过分”或“缺乏”时,就可以称之为“和”。

值得注意的是,朱子的“中和新说”超越了《中庸》原文的“中和说”,开辟了新的领域。因为朱子的“未发”并不局限于《中庸》强调的未体现“喜怒哀乐”之单纯情感。他超越了表面上的喜怒哀乐,创立了潜在的“性”,即“心论”的形而上学。之后朱子把中庸的主题,即情感的“隐藏或显示”,转换成隐藏、控制情感时的“性”及其所显示的“心”(即“性情论”)的结构。所以,朱子“中和新说”中的“心性论”可以这样理解:“性”的“未发”状态是人的“思虑未萌”之时的状态,同时又是“(诱发人类思维和情感的)事物未至”之时的状态;“心”的“已发”状

① 朱熹. 朱熹集·与湖南诸公论中和第一书[M]. 成都:四川教育出版社,1996:3383.

② 朱熹. 四书章句集注·中庸章句[M]. 郭齐勇,导读;曾军,整理. 长沙:岳麓书社,2008:26.

态是指通过与诱发思维情感的外部状况的接触来实现、显示潜在“性”的状态。

（二）“涵养修炼”的修养论

朱子认为，在还没有萌发思考并且事态尚未到来的前提下，天所赐的“性”，即“天命之性”是最纯粹、最完整的。因此，朱子提出的“涵养修炼”，是指保存最纯粹的“天命之性”的过程。朱子用“明镜止水”的比喻来解释了对“天命之性”和“未发”状态及“涵养修炼”之间的关系。沾满灰的镜子，或随波荡漾的水面是无法清楚地映照事物的真实面目的。相反，只有通过“明镜止水”才能了解事物的真实面目。从这里，可以看得出朱子所理解的可以照亮万物的“心”就是最明亮的“镜子”和最平静的“水”。这样的“心”就是保存“天命之性”的“心”。相反，象征私欲的是镜面上的污垢和动摇水面的风。所以，要想擦干污垢或使动摇的水静止，也就是说要想解除心中的私欲，必须按照朱子的教导做到“涵养修炼”才行。

> 此则人心之正而情性之德然也，然未发之前不可寻觅，已觉之后不容安排，但平日庄敬涵养之功至而无人欲之私人以乱之，则其未发也镜明水止，而其发也无不中节矣。[①]

这段引文是朱子《与湖南诸公论中和第一书》的后半部分。值得思考的是，朱子在信中所提到的“涵养修炼”究竟是什么？假如要做到“涵养修炼”，就不能不考虑修养主体的意志和思虑。因为修养过程是以不断节制和超越自我私欲的主体意志为前提的。但是，朱子认为“未发”的状态下不存在“思虑”，所以自己想做到的“涵养修炼”很难和“未发”联系起来。正因如此，朱子提出“未发状态下是无法找到（思虑）”的观点。不仅如此，朱子还认为，在“已发”状态即情感和思虑已经产生的条件下，也不可能顺利完成“涵养修炼”。因为在情感和思虑已经产生的状态下，其内在的不仅仅是“天命之性”，很可能还有个人的私欲。所以朱子在引文中强调“已觉之后不容安排”。

这样一来，关于“未发”的经验很可能被神秘化而无法定论，这种情形同样适用于和“未发”有关的“涵养修炼”。为了描述和说明这些不太明确的概念，有必要进一步了解朱子对“未发”状态的理解。人的具体思维还未运作且未接触到任何外部环境的“未发”状态究竟是什么？现代人提出的这类问题，在当时也是非常盛行的。例如朱子本人和李侗（1093—1163）之间就李侗的老师罗从彦（1072—1135）所说的“未发”“气象的体认”等修炼问题展开了许多争论[②]。通

---

① 朱熹. 朱熹集 · 与湖南诸公论中和第一书[M]. 成都：四川教育出版社，1996：3383.

② 在拙著《衰落的修养论和含蓄的哲学》（白敏祯，2006）一文中讨论过朱子的老师李侗先生怎样理解“涵养工夫”的问题。当时朱子对“未发”概念和“涵养工夫”意义的理解问题可以参照本书。

过这些关于“未发”的争论，朱子作出了总结，认为“未发”状态下的“涵养修炼”和平时的“涵养修炼”是一致的。这里所说的平时，是指没有遇到特殊事态而不必产生思虑的状态，即类似于“无事时”的状态。以下的两段例文可以间接地确认“未发”的“涵养修炼”，或平时的“涵养修炼”之可能性。

无事时只是无事，更思个甚？然人无事时少，有事时多，才思便是有事。①

无事时敬在里面，有事时敬在事上，有事无事，吾之敬未尝间断也。且如应接宾客，敬便在应接上；宾客去后，敬又在这里。②

朱子认为，无事时即没有事情发生时就不会有思虑，并且也能修炼到“敬”。这里所说的“无事时”和朱子曾经主张的那种既不发生思维、也没有特定事态的“未发”状态是非常相似的。而且就像“未发”状态下虽然没有思虑也没有事情、但也能实现“涵养修炼”一样，“无事时”也能做到“敬”的修炼。这里，有必要再考虑一下朱子所说的“思虑”或“事情”的涵义。人之所以能思考，是因为碰到与平时不一样的外部事件，此时必须要思考与事态的关系和处理事态的方式。朱子所讲的“事态”是指“强制性思考”的能力之所在，“思维”则是指“打破习惯性判断，重建思考和反省”的过程。

由此可以得知，“未发”状态并不是当初所理解的孤独内心中存在的神秘面貌。因为“未发”是没有发生强制思考也能成立的存在，即生活中常见的普通瞬间。所以没有必要修炼禅宗般的与世隔绝的内心。因此，“未发”状态的修炼在平时生活当中也有实现的可能性，同时还可以找到“涵养修炼”的最佳时机。也就是说，朱子所讲的“涵养修炼”是指没有特殊意图和判断也能实现的普通的生活空间，即平时的修行。

持续的普通生活中不会产生受到外部事态影响的“激情”或“思虑”，这一点和“未发”状态非常相似。但平时又是“涵养修炼”的持续状态，所以同时拥有和“已发”状态相似的层面。这是因为所谓的修炼是在一定的意志力或思维方式启动后才有可能实现的。所以“平时”同时具备“未发”和“已发”两种特征，这一点尤其重要。正因为这样，朱子也提出“未发”状态很难找到，“已发”时又不能随意行动，所以只能在平时才有可能进行“涵养修炼”。通过对朱子学说的以上分析，可以实现平时的“涵养修炼”，并确保在“未发”状态下保存和培养纯粹的“天命之性”的可能性。

朱子通过“中和新说”强调了“未发”状态下，可以纯粹地保存“本性”，而且通过平时的“涵养修炼”可以培育这个“本性”。和上面提到的一样，“平时”是指

---

① 朱熹. 朱子语类(卷一百一十八)[M]. 黎靖德，编. 北京：中华书局，1983：3713.

② 朱熹. 朱子语类(卷十二)[M]. 黎靖德，编. 北京：中华书局，1983：347.

诱发情感和思虑的外部事态尚未到来之时。这一点和“未发”状态又非常相似。朱子通过“新说”所强调的“涵养修炼”，从另一个层面来看，是和外部的具体事态保持一定距离的内在修炼。从“涵养修炼”的实现中也能看出这一点。因为朱子一方面把人的心比作“明镜止水”，并且把“心”表达成可以维持明净和安宁的状态。另一方面，朱子认为通过体现特定情感和思维的“已发”状态，可以实现“省察”或“察识”，从而找到“本性之善”。但是这种修炼和“未发”状态中的平时修炼是不一样的，它是指对具体表现出来的某种“心态”的重视，即“情”的重视，同时也指寻找通过“情”而体现出来的本性的过程。朱子的“新说”既强调两种修炼的并行，又强调平时的“涵养修炼”为修养的主要方法。

三、人心道心说的哲学内涵

（一）从心性论到人心道心说

前文在论述心性论时讲过，朱子 43 岁时通过“中和新说”完成最终的“心论”，这里的“心论”与“性和情”“未发和已发”以及“涵养修炼”紧密联系。朱子的这个观点也得到了许多学者的认同。① 可是朱子的思维并没有停滞在中年时提出的“中和新说”的阶段。作为一名伟大的哲学家，他一直保持着充沛的精力和严谨的治学态度。1189 年，已是 60 岁高龄的朱子写出的《中庸章句序》就是很好的例证。这篇不长的序文完成的时间是在写完“中和新说”20 年后。朱子的“中和新说”可以说是对《中庸》的“中和”“未发”“已发”等形而上学的系统诠释。而且提倡对“未发”状态的“涵养”和对“已发”状态的“省察”是朱子从“心论”结构中衍生的修养法。与过去的“中和新说”修炼法相比较而言，朱子的《中庸章句序》更为注重的是相互对立的两种倾向，即“人心”和“道心”的主题。

从传统“体用修炼论”的结构来看，《中庸章句序》所主张的修炼论是属于“用”的范畴，类似于“省察”的修炼。但是笔者认为《中庸章句序》中“人心道心”的修炼法有别于“中和新说”的方法，具有以下特征。首先，朱子更加重视精神上的本性和肉体上的对立所引起的两种“心”的矛盾对立。而且这种对立具有现实性，并能立刻适用于修炼之中。比如“中和新说”中的“心说”主张修炼只是履行矛盾产生之前的“省察”修炼而已，即开始“涵养修炼”或先找到并发动一个“心”，然后观察这个“心”并寻找善良的线索的过程。但是《中庸章句序》的“人心道心说”中讨论的修炼并不是“事前、事后”的修炼，而是指和产生对立

---

① 把“中和说”，特别是“中和新说”视为朱子哲学的核心内容，这一观点并不是最近的研究成果，黄宗羲（1610－1695）是第一个提出“中和新说”重要性的学者，之后研究朱子哲学的大部分学者都持相同的观点。黄宗羲在代表作《宋元学案》中讨论朱子哲学的《晦翁学案》开头部分里载入了关于“中和新说”的四封信。此项成果成了将朱子哲学研究的核心内容定为“中和新说”的先例。

“心”有关的“现在”的修炼。其次,“中和新说”中的“省察”修炼只是从特定的“心”中寻找“本性”的“事后努力”而已,并不是这里象征“人心”和“道心”之矛盾的伦理主体的修炼。朱子把“省察”定义为“察识端倪”的理由也在于此。已经经历过特定事态之后,通过事态诱发的“情”寻找善的“本性”,所以称之为“寻找线索的修炼”。可是到了“人心道心”的修炼阶段,朱子就不再强调寻找“线索”的修炼。因为“本性”的命令是通过“道心”的命令所体现出来的。关键是能否改变现状,并使“人心”的欲望听从“道心”的命令。正因为存在以上两点差异,所以,虽然都是“用”的修炼,但“中和新说”中的“省察”修炼和《中庸章句序》的“人心道心”修炼是有本质区别的。

下面通过分析《中庸章句序》中所述的相关内容,进一步考察“人心道心说”。

心之虚灵知觉,一而已矣,而以为有人心、道心之异者,则以其或生于形气之私,或原于性命之正,而所以为知觉者不同。是以或危殆而不安,或微妙而难见耳。然人莫不有是形,故虽上智不能无人心,亦莫不有是性,故虽下愚不能无道心。二者杂于方寸之间,而不知所以治之,则危者愈危,微者愈微,而天理之公卒无以胜夫人欲之私矣。精则察夫二者间而不杂也,一则守其本心之正而不离也。从事于斯,无少间断,必使道心常为一身之主,而人心每听命焉,则危者安,微者著,而动静云为自无过不及之差矣。①

朱子的这段引文是对《尚书·大禹谟》中的名句“人心惟危,道心惟微,惟精唯一,允执厥中”②的哲学解释。这里有必要先看看朱子的《中庸章句序》中“人心道心说”所包含的修炼论及其内在结构。③《中庸章句序》中最值得注意的是朱子对人的理解:“人是具有二元结构的”。

朱子以存在论来划分“形气之私”和“性命之正”两个根源。他的区分方法是从“本性”和“肉体”的角度来划分“人的存在”。但是上天赋予的“本性”和肉体所产生的“欲望”都是通过“心”来体现的。比如肉体中自私的欲望称为“人心”;与此相反,“天命之性”称为“道心”。朱子认为不管是凡人还是圣人,只要是人,就必须同时具有肉体和本性。圣人也不得不拥有在肉体的欲望中产生的

---

① 朱熹. 四书章句集注·中庸章句序[M]. 郭齐勇,导读;曾军,整理. 长沙:岳麓书社,2008:23.

② 尚书·大禹谟[M]. 冀昀,主编. 北京:线装书局,2007:20.

③ 中国学者牟宗三、刘述先,日本的友枝龙太郎等多数研究者可能并没有客观地考虑“人心道心说”在朱子哲学中所占的地位的问题。所以陈来对“人心道心说”的独到见解极为重要。他指出“人心道心论”已说明朱子年轻时的思想和晚年《中庸章句序》中所体现的思想之间的区别。年轻时谈论“人心道心”时,朱子指出“以一同心,抓则道心,放则人心”或“人心”为“知觉之心”,“心之本体”为“道心”。到了晚年,朱子认为“人心”和“道心”在本质上是有区别的,而且劝告世人务必使“人心”听从“道心”。可以说在“人心”和“道心”的理解上,比起出自同一个“心”的观点,他更加重视通过“人心”和“道心”来强调“天理”和“人欲”的根源之不同(陈来,1980)。

“人心”,而且凡人也同样拥有在本性中产生的“道心”。只要是人就必然同时拥有“人心”和“道心”,这就是朱子哲学主张中儒学区别于道教和佛教的根本原理。

若专用人心而不知道心,则固流入于放僻邪侈之域;而欲屏去人心,则是判性命为二物,而所谓道心者,空虚无有,将流于释老之学,而非虞书之所指者。①

由此可见,朱子的“人心道心说”中最重要的是对“人心”的肯定。过去把“人心”普遍理解为“人欲”和“私欲”的象征;而现在把“人心”理解成人类存在中不可缺少的应该肯定的对象,甚至担心万一否定并去除关于“人心”的观点,儒学就无法区别于佛教和道教。强调人伦的儒学完全否定肉体或完全否定由此产生的人心,显然是不现实的。如果一定要否定“肉欲”和“人心”,那么这就脱离了具体的日常生活实际,即佛教中的“禁欲主义”。所以儒学家朱熹只能肯定“肉欲”和“人心”。当然这并不意味着朱子主张对肉体欲望放任自流,因为那样只会使人类世界沦落为欲望的世界、本能的世界,即禽兽的世界。《朱子语类》中曾出现过这样的话语:

问:或生于形气之私。曰:如饥饱寒暖之类,皆生于吾身血气形体,而他人无与,所谓私也,亦未能便是不好,但不可一向徇之耳。②

这种对“人心”的戒备,即“人心”的可能性和局限性就是朱子通过“人心道心说”传给后代“洞察”的重要思想。通过以上的努力,朱子终于发现了控制人不可避免的欲望的方法,即只有通过“人心”和源于本性的“道心”的对立分析,在遇到有关伦理矛盾的问题时,才能够更准确地把握实际状况,采取更为现实的措施。

(二)“人心道心说”与“精一学习”

朱子喜用周公的“警戒”一词,强调圣人也有“人心”,瞬间的放任也能使其变成狂人。

现实中任何人都无法摆脱“人心”和“道心”,那么何时为圣人,何时为凡人呢?为了解决这个问题,先看看《朱子语类》中的以下一段例文。

人心亦只是一个,知觉从饥食渴饮,便是人心;知觉从君臣父子处,便是道心。③

想象一个饥饿的人和父亲一起吃饭的场景:他既想吃饭桌上的饮食,又有父

① 朱熹. 朱子语类(卷六十二)[M]. 黎靖德,编. 北京:中华书局,1983:2014.
② 朱熹. 朱子语类(卷六十二)[M]. 黎靖德,编. 北京:中华书局,1983:2012.
③ 朱熹. 朱子语类(卷七十八)[M]. 黎靖德,编. 北京:中华书局,1983:2664.

亲动筷子之前自己不能先吃的想法。此时,前者为“人心”,后者为“道心”。人的内心里“人心”和“道心”正在发生矛盾。两者中哪种想法更为强烈呢?“不应该先吃”的“道心”越多,那么“想吃”的“人心”也就越强烈。此时,内心可以做自我妥协:实在是太饿了,父亲也不愿意看到我因为饥饿而痛苦,所以我先吃也是可以的。这样,“人心”便越来越强烈,而“道心”不知不觉变得很模糊和脆弱,就像《尚书·大禹谟》中所说的“人心惟危,道心惟微”。

朱子所说的圣人能把“惟微”的“道心”塑造成“人心”的主人,凡人能把“人心”塑造成为“道心”的主人。所以想成为圣人,必须明确区分生活中出现的两种“心”,即“道心”和“人心”,然后把“道心”塑造成“人心”的主人。朱子在《中庸章句序》中所劝诫的“精一”学习就是指这样的修炼,其强调的“惟精唯一”的修炼方法在《朱子语类》中多次出现。请看以下引文:

凡事有一半是,一半不是。须要精辨其是非,唯一者即辨得是非,欲要守得彻头彻尾,惟其如此,故于应事接物之际,头头捉著中。①

这个例子看似有理解上的偏误。“万事万物都具有正确的一面和错误的一面。”当朱子说这些的时候,有可能把它错误地理解为事态的客观属性。可是正确或错误的层面并不是指事态的属性,而是指作为主体对事态所持有的不同的态度。比如,我们可以继续以丰盛的饮食前饥饿的人为例。此时“想吃”和“不应该吃”的想法会同时产生,而“想吃”即“人心”是错误的层面,“不应该吃”即“道心”是正确的层面。所以,“正确”或“错误”是指主体对客体所持有的正确与否的态度。根据朱子的观点,“精”的修炼是精确区分这两种主观态度的修炼“一”的修炼是完全彻底地坚持“正确”态度的修炼。所以朱子将“精”和“一”的修炼解释为:“精,是识别得人心道心;一,是常守得定。”②在这里,让我们重新回到饥饿的儿子和父亲吃饭的例子:如果儿子心中“父亲动筷子之前不能先吃饭”的“道心”完全控制“凝视”饭桌上饮食的“人心”,饥饿是完全可以控制住的,这正是朱子所说的“危者安,微者著”:

人心惟危,道心惟微,必使道心常为一身之主,而人心每听命焉,则危者安,微者著。③

朱子在《中庸章句序》中强调“人心道心说”的理由是什么?朱子在“中和新说”中所说的“未发”状态是指人完全具备“天命之性”的状态。但是这个“未

① 朱熹.朱子语类(卷七十八)[M].黎靖德,编.北京:中华书局,1983:2669.
② 朱熹.朱子语类(卷七十八)[M].黎靖德,编.北京:中华书局,1983:2669.
③ 朱熹.四书章句集注·中庸章句序[M].郭齐勇,导读;曾军,整理.长沙:岳麓书社,2008:23.

发”状态下没有深刻研究身体欲望即“形气之私”的契机。可是到了“人心道心说”,朱子开始认真关注道德和欲望同时存在于内心的问题。朱子明确指出“圣人也不能躲避人心的问题”,而且警告人们瞬间的放任使圣人变为凡人。这种观点体现出了不同于“心说”中的乐观性的戒备感,因为“心说”中认为“未发”时纯粹的“天命之性”存在于所有人的内心①。“中和新说”和“人心道心说”的立场差异,又反映在这两者的“修养论”中。前者的“心说”中所强调的平时“涵养修炼”是确保“明镜止水”般安静的心态修炼,属于内在的修养修炼。而“人心道心说”中提出的“精一修炼”是在和外界人或事物发生具体关联的生活舞台上才能发挥作用的外在修养修炼。对于朱子的“人心道心说”,丁若镛给予了充分的肯定,因为在他看来,朱子的“人心道心说”不同于他极力反对的“未发”修养论,这两种修炼方式之间存在明显的区别。

不仅如此,朱子在不同的人生阶段所主张的“人心道心说”和“中和新说”中的省察修炼也是有区别的。其中,“省察”是寻找“善”的线索过程。所以和前文讲太极与“仁”时所说“恻隐之心”一样,只能关注通过“情”来实现“本性”。否则本性完全被“错误的情感”遮住时,便无法适用“察识端倪”的修炼方式。所以在“省察”修炼中关注的是事后认识的修炼,即从善良情感中寻找作为起源的善良本性的修炼。而“人心道心说”却超越了这种单一修炼,它是在发生矛盾对立时通过顽强的意志来克服和节制欲望的修炼。从人类面临的伦理问题方面考虑,“人心道心”的修炼,是最完整地反映人的生存危机和矛盾的修炼过程。本书特别关注《中庸章句序》的理由也在于此。因为伦理的修养每次都是在具体的矛盾中经历考验,只有经历了这样一段艰难的过程,才能看到光明。

第二节 《天主实义》的思维体系

一、中世纪经院主义(Scholasticism)世界观

(一)中世纪经院主义的世界观和天主造万物的哲学思想

基督教神父利玛窦在明朝末期的1583年来到中国,他来中国的目的就是向

---

① 韩亨祚回顾2004年在哈佛大学举行的“茶山学”国际学术研讨会结果时做了如下评论:“任何儒教思想都没提出生活是无比激烈的道德战场,这里并没有休战。这场战争的结束(对茶山来说)意味着死亡。茶山缺乏孔子精神中最具有魅力的游戏精神!”(韩亨祚,2004)他对丁若镛的这一评价可谓恰如其分。但和“人心道心说”联系起来分析,哲学家朱熹也应得到如此评价。年轻的朱熹和颜渊一样,沉迷于快乐。但是随着年龄增长,朱熹变得格外关注由身体的欲望所引起的人心矛盾,而且经常提到瞬间的放任会导致圣人变成凡人的结果。这种强烈的道德意志,和韩亨祚分析的“激烈的道德战场”不是如出一辙的吗?

中国人传播天主教。但是当时的中国人已经非常熟悉和适应传统的哲学思维，即儒佛道三教的哲学思想。所以不能采取武力等强制性手段的利玛窦必须通过合理论证的方式说服中国人——特别是当时的知识分子，让他们接受天主教。为了达到这个预期目标，利玛窦不得不去了解中国人传统的哲学思维。《天主实义》充分表达了利玛窦的上述观点。此书的目的就像其书名一样，即用合理的方式向中国人传达"天主的真实涵义"。

然而有趣的是，通过"合理论证"的方式来传播基督教的做法，早已在欧洲获得了成功。其成果就是"经院主义（Scholasticism）"的哲学思想。中世纪的基督教徒们，即天主教里的理论家们通过潜心研究，最终采用亚里斯多德的哲学来论证基督教思想。他们为了向不相信基督教的人们传教，为了在嘲笑和敌对基督教的势力中保护基督教，采取了"哲学的理性"①思维。同样，继承了中世纪经院主义的利玛窦，也采用了亚里士多德的哲学试图说服当时的中国人。为了实现这一目标，利玛窦的首要任务便是让当时的中国人相信创造主的存在。关于这一点，丁若镛是这样解释的：

吾先释物之所以然，则其理自明。试论物之所以然有四焉，四者维何？有作者，有模者，有质者，有为者。夫作者造其物而施之为物也，模者状其物置之于本伦、别之于他类也，质者物之本来体质所以受模者也，为者定物之所向所用也。此于工事俱可观焉，譬如车然，与人为作者，轨辙为模者，树木料为质者，所以乘于人为为者。……天下无有一物不具此四者。四之中，其模者、质者此二者在物之内，为物之本分，或谓阴阳是也；作者、为者此二者在物之外，超于物之先者也，不能为物之本分。吾按天主为物之所以然，但云作者、为者，不云模者、质者。②

利玛窦汲取了中世纪经院主义的哲学观点，试图采用亚里士多德的观点来证明天主的存在。根据亚里士多德的观点，要正确地了解某种对象必须回答以下四个方面的问题：第一，事物的组成要素是什么；第二，事物的涵义是什么；第三，事物的制造者是谁；第四，事物的用途是什么。对这些问题的回答就是：第一为物质因（material cause）；第二为形式因（formal cause）；第三为动力因（efficient cause）；第四为目的因（final cause）。亚里士多德主张如果能用以上四个方面解释某个事物，那么便已经具备了对该事物的正确认识。利玛窦接受了亚里士多

① 关于经院主义（Scholasticism）的性质，经院主义的集大成者托马斯·阿奎纳（Thomas Aquinas，1224，1225－1274）做出了充分解释："我们可以对哲学的三种解释，去解释《圣经》的教导：第一，对学术信仰有必要，而且是为证明信仰之序论，可以采取哲学解释。第二，使人们通过类似现象来弄清楚信仰之范畴时，可以采取哲学解释。第三，为了向人们提示反对基督信仰之过错，或提示没有必要翻译基督信仰，反对与基督信仰相互对立的涉及，可以采取哲学解释。"（Aruinas，1934）

② 利玛窦. 天主实义（卷一）［M］. 宋荣培等，译. 首尔：首尔大学出版社，1999：6.

德的四个“因”的观点,并对此进行了中文翻译。他将物质因译成质者;形式因译成模者;动力因译成作者;目的因译成为者。利玛窦以“车”为例,假设我们面前是一辆具备上述四个要素的“车”,利玛窦认为,如果达到“知道车”的认识高度,必须掌握以下四个方面。首先,要弄清楚物质因,即这辆车是用木头做的。其次,要明白形式因,即这辆车是按照设计图来设计的,所以具备了车的结构。再次,要明确动力因,即这辆车是由某木匠制作的。最后,要搞清楚目的因,即这辆车是为了乘坐而制造的。这个解释使人们很快明白眼前的这个事物是由木头制作的,而且外形上具有“车”的形状,然后通过触摸来感觉到这个事物具有木质结构,由此可以推断是木匠用木头制作的。并通过此事物具有的车轮和空间来推断这是一辆用于乘坐的“车”。这样,通过观察和推论,人们了解“车”的形式因和物质因。利玛窦认为世界万物虽然都具备四个要素,但是动力因和目的因却超越了物质因和形式因。① 利玛窦正是通过这种论点来理解“车”的制造者的。在此基础上,他得出以下结论:具有特定目的并且造出“车”的人是既脱离又超越“车”而存在的;同样,具有特定目的并且造出“世界万物”的天主也是既脱离又超越“世界万物”而存在的。

以上就是利玛窦采用经院主义的哲学观点试图证明天主之存在的过程。而且他采取亚里士多德哲学的目的是将其作为方法论来说服那些没有信仰的人。可以说包括利玛窦在内的经院主义哲学家都是彻底的基督教信徒。所以我们有必要从基督教信徒的角度分析利玛窦对天主和万物等的理解。这些恰好就是代表利玛窦本人哲学立场的部分,并非是为了改造中国人的信仰而采取的战略性态度。

---

① 以利玛窦为首的中世纪经院主义(Scholasticism)哲学家们试图用亚里士多德的“四因说”来证明天主的存在。但是对亚里斯多德来说,“四因说”却是为阐明现象世界而提出的四种基本的方式。与注重阐明天主之存在的利玛窦相比,亚里士多德重视的是说明事物本身。所以从目的因和动力因的解释中可以找出两者的区别。利玛窦试图通过这两种“因”来证明天主的存在,那么有必要关注一下亚里士多德对这两种“因”的解释。他说:“而且还有变化的根源(动力因)。比如对于经过深思熟虑后的人来说,行为的根源是‘自己’,而对于婴儿来说,行为的原因就是婴儿的父亲等。就是说,一般情况下‘被造者’的原因是‘制造者’,被变化者的原因是主使变化者。而且有些是作为目的的原因(目的因)。比如健康有可能是散步所追求的目的等。”(pbysica)

如上述引文,亚里士多德的动力因和目的因必须通过经验才能得以确认。通过观察不一定能马上认识事物及其行为,但经过一段时间后就能用这两种“因”来(经验性的)确认事物及其行为。

与此相反,利玛窦为证明天主的存在而采用的目的因和动力因并非通过经验来理解。这里值得一提的是,亚里士多德的目的因还可以转换为形式因。比如“散步有助于健康”,不仅从目的因的角度,而且可以从人的身体结构或功能等形式因的角度进行解释。所以,可以肯定亚里士多德的目的因并不是利玛窦所理解的外在或超越的存在。亚里士多德解释事物及其行为时不仅采用“四因说”,而且还采取“形式物质说”的原因也正在于此。关于这一点请参照 De Anima。

关于动力因,亚里士多德和利玛窦的观点有些相似,都采取了外在或超越的思维模式。这一点请参照亚里士多德的论述,即“不动而使动者”的思维模式(pbysica)。但是作为运动的最终原因,亚里士多德的思维模式“不动而使动者”与天主教中的具备人性的创造主是有区别的。因为亚里士多德所讲述的“不动而使动者”是为了克服解释关于运动生成时产生的所谓“无限问题”而设置的动力因。

天主之称谓物之原，如谓有所由生，则非天主也。物之有始有终者鸟兽草木是也，有始无终者天地鬼神及人之灵魂是也。天主则无始无终，而为万物始焉，为万物相抵焉。无天主则无物矣，物由天主生，天主无所由生也。①

由引文可知，利玛窦把天主在内的所有存在分为三个等级：第一级是无始无终的存在；第二级是有始无终的存在；第三级是有始有终的存在。其中，第一级是天主，而且是唯一的；人的灵魂及天地间的鬼神属于第二级；动植物属于第三级。其中，属于第一级的天主地位最高，属于无始无终的绝对存在。这就说明天主是自己存在、自己作用的。只用通过天主，其他被造万物才获得生命，所以说其他生命的动力因和目的因的源头也在于天主。利玛窦用这种方式阐述了赋予人与动物以生命的天主的存在，并以此向中国人灌输从未接触过的"绝对者思想"。

（二）《天主实义》中的今生和来世

以上引用的基督教位阶（品阶）存在论不仅概括了创造者天主的本性和特征，同时，利玛窦认为，与有限的动植物相比，人类灵魂是永远存在的。以下是其在《天主实义》中的具体解释：

人身虽死，而魂非死，盖永存不减者焉。凡知觉之事依赖于身形，身形死散则觉魂无所用之。故草木禽兽之魂依身以为本情，身殁而情魂随之以殒。若推论明辨之事则不必倚据于身形而其灵自在。身虽殁，形虽涣，其灵魂仍復能用之也，故人与草木禽兽不同也。②

利玛窦这样解释人和动植物的关系：对动植物来说，现世是他们唯一的生存空间；但是对人类来说，情况就不一样了。他认为，人类亦是由天主创造的，因此属于"有始"的存在，这一点与动植物并无区别；然而不同的是，人类在死后将永远生活于完全不同于现世的天主的世界，因此人类可谓"无终"的存在，从这一角度来看，人类可以说是一半等同于动植物、一半等同于上帝的存在。那么，在现世生存的这段短暂的时间和死后即将迎来的永久的时间，究竟哪段时间更值得人类珍视？在这一问题上，利玛窦采取了与所有超越性的宗教相同的做法，即把人引入到"何为真正的利益"这一思考中来。来看看他的观点：

现世者非人世也，禽兽之本处所也，所以于是反自得有余也；人之在世不过暂次寄居也，所以于是不宁不足也。贤友儒也，请以儒喻：今大比选试，是日士子似逸，有司丰厚徒隶，而薄士子乎？盖不越一日之事而以定厥才品耳，试毕则尊

---

① 利玛窦．天主实义（卷一）［M］．宋荣培等，译．首尔：首尔大学出版社，1999：5.

② 利玛窦．天主实义（卷三）［M］．宋荣培等，译．首尔：首尔大学出版社，1999：3－4.

自尊、卑自卑也。吾观天主亦置人于本世以试其心,而定德行之等也。故现世者吾所侨寓,非长久居也。吾本家室不在今世,在后世;不在人,在天。当于彼创本业焉。今世也,禽兽之世也。①

这里,利玛窦把短暂的世界称为现世,把死后到来的永远的世界称为来世。他强调,现世只是属于动物的世界,来世才是人类真正永久生存的唯一的处所。那么聪慧的人们在现世和来世之间究竟会做出何种选择?从利玛窦的逻辑出发,无论是谁都会将来世作为自己的最终选择。然而人类在死后迎来的永生里,有可能会拥抱幸福,也有可能会遭遇不幸。作为来世的两种生活境况,“幸”或者“不幸”的决定因素在于人们采取何种方式经营短暂的现世生活。利玛窦以中国文化人所熟知的科举考试为例证明了自己的观点:认真钻营学问的人最终科举及第,以自身的努力成为人上之人;疏于用功的人因落榜而无缘功名,只能庸庸碌碌度过卑微的一生。而那些连科举考试都没有参加的人,则毋庸置疑会成为草野之辈,一辈子过着粗俗不堪的生活。在科举考试当天,多年来寒窗苦读的儒生们为了考取功名而一如既往地承受着磨炼和煎熬,相比之下,那些在旁玩耍的书童们则显得极为悠闲惬意。如果单以这一天的情形来看,可能会有人提出质疑,认为后者的生活反而过得更为舒适。然而根据利玛窦的观点,为了科举考试而含辛茹苦的过程并不仅仅肤浅地停于表象,它其实包含着更深层次的寓意。为了考取功名,人们必须抵挡住各种各样动物性的诱惑,并因此而辛劳受累。不过即便这样的生活一直在继续,人们也应该以科举及第后的幸福生活为念,努力战胜这些动物性的诱惑。因为在现世的尽头,还有来世的永生在等待着我们。对于人类来说,真正珍贵的是来世的永远的福乐,而不是现世短暂虚无的享受。

正如在科举考试中出题者和打分者是非常重要的决定因素一样,在来世的永生里亦有一个关键人物决定着人们的幸福和苦痛,这一关键人物不是别人,正是天主。由于天主才是人类真正的主人,所以人们必须按照天主的意志经营自己的人生。因为只有这样,天主才能赐予人们来生的永久幸福。如此一来,人们短暂的现世就成了追求来世幸福生活的一种手段,换而言之,人们在现世经受的磨练其实不过是为了获得来世补偿的一个过程。

基于上述传统的基督教理念,利玛窦把物质因、形式因的性质与动力因、目的因的性质区分开来,认为前两者是事物所固有的、与生俱来的,而后两者是外在的、超越事物本身的。在他看来,引导和决定人们的诞生及生命延续的力量是一种不以人的意志为转移的超然的存在。利玛窦的理念中最为核心的一点是,

① 利玛窦. 天主实义(卷三)[M]. 宋荣培等,译. 首尔:首尔大学出版社,1999:1-2.

他对人类的现世持基本否定的态度，认为来世才是人类真正开始生存的处所。人们在现世所进行的一切活动，并不是为了实现其本身的价值和目的，而是出于对来世幸福生活的追求抑或是对主掌来世的天主的敬畏或期待。尽管利玛窦把人类对天主的敬畏心理解释为对天主的爱戴，但是这一解释无法改变人类与天主之间的关系的实质。试想一下，在撕下来世、决断幸与不幸的权力、永存的天上世界这些理论的标签后，基督教的信徒们还能否忠贞不移地坚持对天主的爱戴和信仰吗？通过这一问题的思考，我们能够更确切地把握人类与天主之间的关系的实质。

二、经验主义存在论与人论

（一）用亚里士多德的实体论憾动新儒学的存在论

前文已论述，作为基督教神父，利玛窦的任务是向中国人传播天主教。然而在传教过程中利玛窦渐渐意识到，想要圆满完成任务，必须先让支配当时中国人，尤其是知识分子的新儒学思维受到动摇。也就是说，在通过亚里士多德式的合理性思维来论证天主教之前，应该先攻击新儒学的思维体系。在新儒学存在论的思想中，“太极”（亦称“理”）被视为世间万物的本原；天主教则不同，它将万物的主宰人格化，认为上帝是世界的本原。基于这样的差异，利玛窦首先需要解决的课题便是动摇“太极”和“理”在中国人心目中的根本地位。朱子学认为“太极”，也就是“理”是这个世界产生的根本原因，世间万物皆是由“太极”衍生而来，包括人类在内的所有事物都是同一个“理”的衍生物。因此，人和世间万物在本质上具有同一性，其根源都是同一个“理”。而这同一的“理”在衍生万物时会演化成事物内在的“太极”。即《通书解》所说的：“一理之实，而万物分之以为体。故万物之中，各有一太极。”正是由于存在着这样的同一性，人们在探究万物之“理”时并不需要与外部世界产生任何联系——因为万物的“理”与人类内在的“太极”在本质上是一致的，人们只要通过审视自己内在的“太极”就能理解万物的“太极”，进而理解支配万物的同一的“理”。

为了实现传教的目标，利玛窦觉察到有必要对上述新儒学的世界观进行攻击，瓦解新儒学的理论体系，进而传播其天主教义。于是，他对“理”与“气”这一新儒学的核心范畴进行了批判，展开了如下论述：

夫物之宗品有二，有自立者，有依赖者。物之不恃别体以为物而自能成立，如天地、鬼神、人、鸟兽、草木、金石、四行等是也，斯属自立之品者；物之不能立而托他体以为其物，如五常、五色、五音、五味、七情等是也，斯属依赖之品者。且以白马观之，曰白，曰马。马乃自立者，白乃依赖者。虽无其白，犹有其马；如无其马,必无其白,故以为依赖也。比斯两品,凡自立者先也,贵也;依赖者后也,贱也。[①]

这里利玛窦借用了亚里士多德的实体论来攻击新儒学的核心范畴。亚里士多德认为,实体分为第一实体和第二实体(Categoriae,2)。其中,第一实体是客观存在的个体,例如苏格拉底和亚里士多德都属于这里所说的个体。而第二实体则指的是包含这些个体的"种"和"属"(genus),如苏格拉底这一个体就包含在"人"这一个"种"里。当我们说到"苏格拉底是人"时,"苏格拉底"指的是第一实体,而"人"就是第二实体。亚里士多德力图通过实体论阐明,第二实体是依赖于第一实体而存在的。也就是说,如果脱离了"苏格拉底"这样的个体,那么"人"这个第二实体也将无法独立存在。

利玛窦在沿用亚里士多德的实体论时,将第一实体表述为"独立存在的个体",即自立者;而将第二实体则表述为"依赖他物的个体",即依赖者。凭借这一定义,利玛窦开始对新儒学的存在论发起攻击。在利玛窦看来,新儒学家们信奉的"理"只能算是依赖个体而存在的范畴,属于第二实体,因此"理"不可能成为世界的本原。而由"气"组成的具有多样性的个体才是可以单独存在的自立者,因此"气"才是属于第一实体的范畴。根据利玛窦的观点,能被人们所具体感知的事物是具有多样性的个体(第一实体),而"理"这一依赖者只不过是从这些个体上总结和推导出来的共性而已。利玛窦在《天主实义》中试图通过引用亚里士多德的实体论来撼动新儒学理气论的地位,这一尝试对后来中国和朝鲜的朱子学批判者产生了深远的影响。

(二)人区别于动植物的能力——理性思维能力和意志力

根据亚里士多德的实体论,个体不同,则其本质也必然不同。这是因为第二实体是从第一实体的个体中推导总结出来的属性。站在这样的立场上,利玛窦提出了人的本质完全不同于草木或金属的主张。因为人和动植物单从个体(即第一实体)层面上来说,就已经体现出了完全不同的外形和功能,从这一观点出发,利玛窦将世间生物分成了如下等级:

彼世界之魂有三品:下品名曰生魂,即草木之魂是也,此魂扶草木以生长,草木枯萎,魂亦消灭;中品名曰觉魂,则禽兽之魂也,此能附禽兽长育,而又使之以耳目视听,以口鼻味嗅,以肢体觉物情,但不能推论道理,致死而魂亦灭焉;上品名曰灵魂,即人魂也,此兼生魂、觉魂,能扶人长养,及使人知觉物情,而又使之能推论事物、明辨理义。[②]

---

① 利玛窦. 天主实义(卷二)[M]. 宋荣培等, 译. 首尔:首尔大学出版社, 1999:8.

② 利玛窦. 天主实义(卷三)[M]. 宋荣培等, 译. 首尔:首尔大学出版社, 1999:3.

利玛窦将生物分为植物、动物及人类三大类。与之前的实体论一样，利玛窦以“魂”来区分生物亦是受到亚里士多德自然哲学理论的影响。亚里士多德将生物分为三大类的关键依据即为“灵魂”。关于“灵魂”这一概念，亚里士多德曾以斧子做过比喻：“假设一种工具，如斧头，是一个自然的躯体，那么斧头的实体就是使其成为斧头的东西，那便是斧头的灵魂。”（De Anima，412）从这点来看，亚里士多德所谓的斧头的灵魂指的并不是单纯的形态或者材质，而是使斧头能够发挥其功能的特定组合或者能力。一旦失去了这样的组合和能力，我们就可以说“这把斧子失去了灵魂”。通过这样的类比，亚里士多德想要表达的是，躯体这一概念仅停留在单纯工具的层面上，而灵魂则超越了躯体的意义，它指的是该躯体所具有的特定组合或者固有的能力。

正如以“伐木能力”把斧子这一个体的灵魂表述出来一样，接下来就可以讨论植物、动物和人类的灵魂了。在这一问题上，亚里士多德将灵魂分为三大种类。第一类是植物的灵魂，具有摄取养分及繁殖的能力；第二类是动物的灵魂，除包含了低一层次的植物灵魂的能力之外，还具有感知、欲望和运动的能力。最后一类是人类的灵魂，具有思维的能力，因此也被称为“精神”。当然，人类的灵魂也包含了植物和动物的灵魂所具有的能力。从这里可以毫不费力地看出，利玛窦的生物等级划分正是承袭于亚里士多德的自然哲学理论。

那么，亚里士多德是如何看待人的灵魂的固有能力——思维能力的呢？从他的实体论中可以确定的一点是，亚里士多德更看重的是第一实体，即可由感觉经验认知的个体。从这一点不难看出，亚里士多德对思维的看法亦是从经验主义的角度出发的。他曾多次强调，人的思维只能来源于经验和感觉。（De Anima，431；Analytica posteriora，100）在亚里士多德看来，来自于经验和感觉的印象与记忆使人类具有了思维能力，凭借这样的思维能力，人们可以对个体的抽象本质、第二实体的共性等做出判断。① 在《天主实义》中，利玛窦用简明的描述将亚里士多德的上述观点进行了整理：

有形之身得耳、目、口、鼻、四肢、五司以交觉于物；无形之神有三司以接通之，曰司记含、司明悟、司爱欲焉。凡吾视、闻、啖、觉，即其像由身之五门窍以进达于神，而神以司记者受之，如藏之仓库，不令忘矣。后吾欲明通一物，即以司明者取其物之在司记者像，而委曲折衷其体，协其性情之真于理当否。其善也，吾以司爱者爱之、欲之；其恶也，吾以司爱者恶之、恨之。②

值得注意的是，利玛窦在引用亚里士多德的灵魂论展开论述时，除了讨论思

① 关于亚里士多德对记忆力重要性的论述，请参考其著作《De Memoria》第449至451页。
② 利玛窦. 天主实义(卷七)[M]. 宋荣培等，译. 首尔：首尔大学出版社，1999：6.

维的作用外，还引入了“意志”这一话题。事实上，意志问题不同于思维问题，亚里士多德的《论灵魂》(De Anima)和《分析后篇》(Analytica Posteriora)里都没有提及关于意志的内容。意志这一话题出现于亚里士多德的伦理学名著《尼各马可伦理学》(Ethica Nichomachea)。然而利玛窦在探讨人类学时却将亚里士多德的认识论和意志论融会贯通，提出了自己的见解。在他看来，对事物本质的认识和道德上的实践意志都属于人类灵魂所固有的能力，因此他在论述过程中有意把两者结合了起来。

根据利玛窦的观点，理性认知能力是在感觉和经验的基础上普遍正确地认识个体的能力，而意志力则是指趋利避害的能力。对于利玛窦来说，理性认知能力即为判断是非的能力，而意志力则是向善避恶的实践能力。这里值得注意的一点是，利玛窦认为道德意志，也就是憎恶扬善的能力是受理性认知能力支配的。按照他的见解，人们在理性地判断出某事物或人是正确的时候，就会对这一正确的事物或人产生想要亲之进之的意志。举例来说，假设在发生杀人事件后，人们得知当时身处犯罪现场的 A 是犯人，而 B 是试图搭救被害者的人。这时人们的理性认知能力就会发生作用，认定 A 是作恶犯乱的罪人，而 B 是值得称道的善人，继而会产生厌恶 A 而喜欢 B 的好恶心理。这种心理就是利玛窦所说的意志。但是，利玛窦所指的意志并不是在先天的冲动下产生的，而是像上述情况一样，受理性的推理过程影响而产生的。正因为在利玛窦的理念中，理性认知能力是先于意志力而存在的，因此他的伦理学被认为是带有主知主义色彩的伦理学。

三、主知主义自由意志伦理学

(一) 自由意志和道德责任

亚里士多德在《尼各马可伦理学》里深度探讨了意志的问题。而利玛窦在讨论人的灵魂的固有能力时，除提到判断对错的理性认知能力外，还提到了扬善避恶的意志力，这一点其实也是亚里士多德的伦理学理论成果的反映。尽管后来利玛窦采用了亚里士多德的观点，强调在人类的意志里已经包含了明辨善恶的理性认知能力，但事实上亚里士多德自己也曾试图把理性和意志，即“理论理性”和“实践理性”区分开来。因为尽管人们能够分辨出什么是善，也有可能出现不去追随它的情况。也就是说人类也可能会做出“违背理性的行为”，即出现“无自制力”(Akrasia)现象。如此看来，亚里士多德在伦理学方面的贡献恰恰在于他的这一观点:抛开了人的意志和意愿来讨论善与恶这一对伦理学上的概念是不具有任何意义的。正如他之前所述，即便人们已经在理智上做出了正确的判断，意志不服从理性的情况也依然有可能发生。因此在他看来，在讨论伦理学问题时，想要实现某事的“意志”或者“意愿”，善和恶是绕不开、逃不掉的话题。

在德学领域中，情绪反应与行为是非常重要的问题。人们对于出于本人意愿的情绪反应或者行为会加以称赞或责备，但是对于并非出于本人意愿的情绪反应或行为则会选择宽容，甚至施以同情。对于研究德学的人来说，区分“自愿(hekousion)”和“非自愿(akousion)”是十分有必要的。这一点对于制定法律的人来说也非常有用，因为这是直接关系到授予名誉和处以刑法的问题(Ehbica Nicbomacbea, 1109)。

亚里士多德强调，因受强迫或无知而做出的行为叫做“非自愿行为”。(Etbica Nicbomacbea, 1109－1110)而自愿行为则是“始因在于行为者自身，并且行为者完全了解自身行为所处的特殊状况”的行为。(Etbica Nicbomacbea, 1111)在亚里士多德看来，道德行为只与自愿行为相关。也就是说，只有自愿行为者，即拥有“自由意志”的行为人，才需对自身的行为负责。在这里我们不能忽视的一点是，所谓的自愿行为包含了“行为者完全了解自身行为所处的特殊状况”这一层定义。这就是说，自愿行为是以人类的理性思考能力为前提的。这与“要想喜欢或者讨厌某事物，则必须预先对该事物做出理性的判断”这一论断有异曲同工之妙。利玛窦也正是因为看到了这一点，才提出了理性的自由意志论的主张。这里需要指出的是，利玛窦所谓的“意志”包括了亚里士多德“意愿”的概念。在韩语中，“意志”和“意愿”的概念有细微的差异。比如人们做出善举，有可能是为了赢得赞誉，也有可能是因为其觉得理所应当。在两种情况下，行为的“意愿”各不相同，然而想要做出善举的“意志”却一致。不管是何种意愿，都是根据个人的意志而自由选择的目标，也就是说，在自由意志的支配下，追求对象即为特定的意愿。那么，现在就来看看利玛窦是如何将亚里士多德的自由意志伦理学融入到《天主实义》中的：

凡世物既有其意，又有能纵止其意者，然后有德、有慝、有善、有恶焉。意者心之发也，金石、草木无心则无意。故镆铘伤人，復双者不折镆铘；飘瓦损人首，忮心者不怨飘瓦。然镆铘截断，无与其功者；瓦蔽风雨，民无酬谢。所为无心无意，是以无德无慝、无善无恶，而无可以赏罚之。若禽兽者可谓有禽兽之心与意矣，但无灵心以辨可否，随所感触任意速发，不能以理为之节制。其所为是礼非礼，不但不得已，且亦不自知，有何善恶之可论乎？是以天下诸邦所制法律无有刑禽兽之慝、赏禽兽之德者。惟人不然，行事在外，理心在内，是非当否尝能知觉，兼能纵止。①

① 利玛窦. 天主实义(卷六)[M]. 宋荣培等，译. 首尔:首尔大学出版社，1999:3.

这里利玛窦从“只有拥有自由意志的人才具有讨论善恶这一伦理学问题的价值”这一观点出发,开始了自己的论述。从这一点来看,他的自由意志伦理学可以说带有责任伦理学的性质。也就是说只有可以自主决定自身行为的人才能对善和恶负起责任。我们再来看看利玛窦所举的例子:屋顶上的瓦片,即便能够为人们遮风挡雨,我们也不能从伦理学上说它是善的,因为瓦片不具有要为人类做出遮风挡雨的贡献的意志。确切地说就是,瓦片根本就无法产生那样的意愿。反过来说,如果瓦片被大风吹翻,砸到人身上造成了伤害,我们也不能从伦理学上说它是恶的。因为在此情况下,瓦片依旧不具有任何自由意志。换句话说,因为对我们造成危害的瓦片的行为是由于大风这样的不可抗力因素导致的,所以我们无法将之称为自愿行为并追究其责任。按照利玛窦的解释来看,动物也明显具有属于其自身的意志,但是它们的意志并不受能判断行为正误的理性思维能力所支配,因此只能算是盲目的意志。动物的意志和人类的自由意志是截然不同的,所以我们完全无法从道德层面上探讨动物行为的责任。

(二)主情主义与主和主义

上述内容主要讨论了自由意志和道德责任的问题。非常重要的一点是,利玛窦的观点与亚里士多德是一致的,他们都强调人的自由意志带有强烈的主知主义的色彩。这是因为所谓的自由意志只有在人们具有理性认知能力、能够区分善恶的前提下才具有讨论的意义。受亚里士多德的影响,利玛窦的思想也具有主知主义的性质,这一特点在其《天主实义》的开篇就已很明显地体现了出来。在讨论人类能够凭借理性推断力而在其死后进入永恒来生的章节里,利玛窦再三强调,人类所具有的一切能力中,理性认知能力是最为宝贵和独特的能力。

> 凡人之所以异于禽兽,无大乎灵才也。灵才者能辨是非、别真伪,而难欺之以理之所无,禽兽之愚虽有知觉运动,差同于人而不能明达先后内外之理……人则超拔万类,内宁神灵,外观物理,察其末而知其本,视其固然而知其所以然。故能不辞今世之苦劳,以专精修道图身后万事之安乐也。灵才所显不能强之以殉夫不真者……但仗理剖析,或有异论,当悉折辩,勿以诞我。①

利玛窦表明,即使是无法接受他主张的人,也只能以理性的分析来论理,而不能从情感上攻击他的基督教立场。这相当于在宣告,只有通过理性思维推断出来的道理才能真正被他所接受。从这点上也不难理解,利玛窦在《天主实义》中自始至终都在坚持着自己的主知主义立场。但是作为利玛窦传教的对象,中国人,尤其是中国知识分子,并不是主知主义的拥护者,相反,他们更具有主情主

---

① 利玛窦. 天主实义(卷一)[M]. 宋荣培等, 译. 首尔:首尔大学出版社, 1999:1-3.

义的倾向，即习惯于从感性角度思考问题。利玛窦正是因为认识到了这一点，所以在宣扬自己的伦理学理念时，将明显包孕于其中的主知主义色彩进行了某种程度的柔化，使其看起来更为温和。事实上，《天主实义》这部作品本身就是利玛窦做出一定妥协的产物，因此我们能在多处找到他的这种折衷主义的观点。来看看下面的例子：

司明者尚真，司爱者尚好。是以吾所达愈真，其真愈广润，则司明者愈成充；吾所爱益好，其好益深厚，则司爱益成就也。若司明不得真者，司爱不得好者，则二司者俱失其养，而神乃病馁。司明之大功在义，司爱之大本在仁，故君子以仁义为重焉。二者相须，一不可废。然惟司明者明仁之善，而后司爱者而存之；司爱者爱义之德，而后司明者察而求之。但仁也者又为义之至精，仁盛则司明者滋明，故君子之学又以仁为主焉。[①]

对于在当时深受传统儒学或新儒学熏陶的中国人来说，“仁”的地位要高于“义”。朱熹等哲学家甚至认为，“仁”是世界运转的原理，亦是以“义”为代表的道德规范的依据。而在这一点上利玛窦则有不同的看法。前面已经分析过，利玛窦的伦理学带有鲜明的主知主义色彩，在他看来，之所以将“义”视为社会规范，是由于人们从理性（司明者）判断出“义”的内涵及其社会影响都具有正面意义，因此才会从意志（司爱者）上喜爱和追随它。从这一逻辑出发，利玛窦提出了“理性的最大功能在于义”（司明之大功在义），“唯有理性才能认识到仁的崇高，继而人们才会产生喜好和维护它的意志”（惟司明者明仁之善，而后司爱者而存之）的观点。对于重视理性判断和分析的利玛窦来说，“义”是以明确清晰的认识为前提的社会规范，而“仁”的实质则是真爱，所以从这一点上来说，“义”肯定要优先于“仁”。但是即便如此，利玛窦也无法直截了当地对中国人宣称“仁”是第二性的概念。因此他做出了让步，解释说，正是为了施行“仁道”，所以必须要先对“义”有所认知，因此人必须要先具备理性的头脑，这样才能更好地追求真善美。这听起来就像是说，尽管理性的主要任务是认识“义”，但是这一认知活动的终极目的是为了对“仁”的崇高有进一步的领悟。最后他阐述道：“君子的学问是围绕着仁而展开的。”凭借着这种折衷性质的论述，利玛窦成功地淡化了其伦理学的经验主义及主知主义的色彩。究其原因，正是在于他在坚持理性判断先于意志的立场的同时，又将这样的理性解释成了实现最高的境界——“仁”的手段，这种对儒家价值观的肯定顺利地拉近了他的作品与中国人之间的距离。

---

① 利玛窦. 天主实义（卷七）[M]. 宋荣培等，译. 首尔：首尔大学出版社，1999：6.

第二章 接受西学与批判朱子学

第一节 对《天主实义》的接受

一、人格上帝观和经验主义存在论的接受

(一)上帝是人格主宰神和万物存在的根本依据

利玛窦的《天主实义》给丁若镛留下深刻的印象,是以他23岁时通过旷庵李檗[①]接触到西学书籍和天主思想为开端的,丁若镛在《自撰墓志铭》中记述了当时的情况:

甲辰夏(1784,茶山23岁),从李檗舟下斗尾峡,始开西教,见一卷书。[②]

1784年,23岁的丁若镛通过生员试成为成均馆儒生,需要回答正祖有关《中庸》的70条提问。于是,丁若镛找到首尔水桥附近的李檗一同起草答辩稿,1793年,32岁的丁若镛对该答辩稿进行修改,完成了《中庸讲义》一书。据丁若镛本人回忆,正是《中庸讲义》的独到观点,使他成为了正祖眼中很特别的少壮学者[③],从此丁若镛开始形成了关注西学、批判传统朱子学学问观点的一贯立场。众所周知,自1801年开始的18年的流放生涯期间,丁若镛给六经、四书著了大量的注释本。他先对六经作注,其后在1813年至1814年间,按照《论语》《孟子》《大学》《中庸》的顺序,完成了对四书的哲学解释。丁若镛53岁时重新撰写的《中庸自箴》和《中庸讲义补》,其实并没有与23岁拟稿、32岁完成的《中庸讲义》中的观点相违背[④]。由此可见,包括《天主实义》在内的西学书籍对丁若镛产

① 李檗(1754—1786),号旷庵,字德操,朝鲜后期天主教徒,是丁若镛的大哥丁若铉(1751—1821)的内兄。

② 丁若镛. 国译茶山诗文集(卷十六)[M]. 首尔:民族文化促进委员会,1996:3.

③ 详见于1814年丁若镛对《中庸讲义》进行修改完成的、充分反映其立场的《中庸讲义补》。

④ 李光虎在《〈中庸讲义〉和〈中庸自箴〉中体现的茶山之"诚"》一文中以《中庸讲义》为对象,试图找出《中庸讲义补》和《中庸自箴》的立场差异,可实际上并未发现其实质性区别,只不过丁若镛在50多岁时,对朱子的批评态度变得柔和一些,且更加明确了中和的概念而已。(李光虎,2005)茶山年轻时期接受西学思想时,已认识到作为儒学家不能接受的各个侧面,通过这种主体化过程接受的西学观点同样体现在晚年著述中。可见他只在对朱子学原有观点的批判上产生了新的变化,接受西学时与西学保持一定距离的态度,实际上青年时期就已形成,且一直持续到了晚年。

生了重要的影响。在这里需要补充的是，丁若镛在《中庸讲义补》序文中曾做出如下表述：

使旷庵而尚存，其进德博学岂余比哉！合观新书，其比犁然，一存一忘，何嗟及矣？不禁抚卷而流涕也。时甲戌七月之晦，书于茶山。[①]

这里丁若镛不无感慨地说，如果李檗（旷庵）健在，将会因自己现在的新观点与从前的老观点相符而感到惊讶。丁若镛50多岁时作的六经、四书注释中依然坚持年轻时从西学书籍接受的特定的世界观和人论观点，并且仍然批判朱子学相当一部分的内容。由此可以看出，从大的结构着眼，“接受西学与批判朱子学”的态度是贯穿他一生的学术立场。这反映了丁若镛在思考和反省先秦儒学、传统朱子学的过程中仍然坚守着西学世界观的一面。

随着朝鲜后期《天主实义》《七极》《灵言蠡勺》等天主教书籍的传播，朝鲜后期士大夫的知识和意识结构受到强烈的冲击和刺激。尤其属南人势力的星湖学派，上至星湖李瀷，下至其多数弟子，都以各种各样的形式对西学做出了反应。他们认为天主和古代儒学中的上帝相似，而对天主的来世审判、救世主耶稣的再临、圣母玛利亚的存在等宗教性问题却持强烈的否定态度[②]。丁若镛的与众不同之处就在于，他虽然否定了来世审判说、天堂和地狱说等，但却肯定了天主的人格神形象。他查遍古代儒学经典，尤其是《诗经》《书经》等作品中所涉及的上帝概念，进而重新阐明了上帝的作用及意义。在这个过程中，丁若镛强调的上帝形象和当时耶稣会神父们主张的人格天主非常相似。这说明他的上帝概念已经超越了传统儒学的上帝概念，更多地带有人格主宰神的一面。丁若镛的上帝观在如下引文中表现得最为突出：

古今大病全在乎认天为帝，而尧、舜、周、孔不如是认错。故以今眼释古经，一往多误，凡以是也。上帝者何？是于天地神人之外造化天地，宰庚那万物之类而宰制、安养之者也。谓帝为天，犹谓王为国，非以彼苍苍有形之天指为上帝也。[③]

丁若镛强调不可以把其所说的上帝误作为“天”或“天地”之类的物理范畴来理解。若把“上帝”看作物理意义上的自然“苍穹”，就大错特错了。丁若镛认为，上帝是万物的造化者，也就是“造”者和“化”者。根据“造化”这个概念，能够感觉到丁若镛所说的上帝是创造自身比照物的造物主。从字面上看，这一用语

① 丁若镛. 与犹堂全书・中庸讲义补(卷一)[M]. 首尔:骊江出版社,1989:1.

② 李瀷. 星湖先生全集(卷五十五)[M]. 首尔:景仁文化社, 1974:27 -30.

③ 丁若镛. 与犹堂全书・春秋考征(卷四)[M]. 首尔:骊江出版社,1989:21.

同时采用了意味着从“无”到“有”的创造之“造”、意味着从“有”到变化及生成之“化”这两个概念。丁若镛认为,是上帝创造了作为自然物的“天地”自身及万物、下级神和人①,不仅如此,上帝还引领着这些存在走向正道,促使他们按照自身本性进行发展。中国人传统思想中的“天地”范畴是指整个自然界的最高概念,对中国人来说,天地是永恒不变的根本,是其他事物生存所不可或缺的条件,创造天地的太极原理即万物最根本的存在依据。丁若镛批判道,太极原理自身,以及作为具体产物的天地自身,都不能成为万物的存在依据,超越具体事物的“上帝”才是万物最根本的存在依据。

然上苍下黄都是无情之物,与日、月、山、川均为气质之所成,了无灵识之自用。圣人明理,岂有父事、母事之理?惟其皇皇上帝无形无质,日监在兹,统御天地,为万物之祖,为百神之宗,赫赫明明,临之在上。故圣人于此小心昭事,此交际之所由起也。于是明神受命,或司日、月、星、辰、风、云、雷、雨,或司土、谷、山、川、丘、陵、林、泽。故其司之在上者谓之天神,其司之在下者谓之地示。②

丁若镛认为,作为自然界的物理性存在,天和地看起来似乎无限和永恒,但仍不能成为万物之父。天、地、山、川等自然存在和万物都由上帝下派的“百神”所统治,被称为“天神”或“地示”的“明神”便掌管自然界的实际存在,上帝通过命令这些下臣而统治世界。而对于百神的种类,丁若镛曾在《中庸讲义补》中有所说明:

据《周礼·大宗伯》所记载:所祭鬼神厥有三品,一曰天神,二曰地示,三曰人鬼。天神者昊天、上帝、日月、星辰、司中、司命、风师、雨师是也,地示者社稷、五纪、五岳、山林、川泽是也,人鬼者、先王、先公、先妣之庙是也。祭祀之秩虽有三品,其实天神、人鬼而已。……天以天神,各司水火金土木谷山川林泽,人主亦使人臣分掌是事。及其后世乃以人臣之有功者配于天神,以祭社稷,以祭五祀,以祭山川,则名虽地示,其实皆天神、人鬼也。人鬼者人死之鬼,天地功用,二气良能,非所论语人鬼也。天神者本无形质,为上帝之臣佐,昭布森列,有号有位。春官大祝,实掌是事。③

---

① 琴章泰《茶山的事天学与西学影响》一文论道,这个“造化”概念区分为“创造”和“生成”的两个过程,丁若镛的上帝和利玛窦的天主相似,都是造物主,并具有“主宰者”的性质(琴章泰,2003)。可他又主张,严格地讲,丁若镛的“上帝”还包括万物生成、变化的根源,也就是东方哲学常说的“造化翁”。因为其中包括万物生成的主宰之根源。换言之,根据结果所显示的万物之变化而推究其原因时,把引起变化的原因理解为“上帝”。根据这样的理解,琴氏认为丁若镛的“创造观”是指“造化的创造说”。此外,从道德层面上看,丁若镛的上帝观所具有的人格涵义更加强烈。可以确定的是,从万物“创造”和“生成”的角度来看,丁若镛的“上帝”与西学的“天主”所表示的涵义是不同的。本书将在第一部第三章(与西学保持距离、部分接受朱子学)里具体讨论相关内容。

② 丁若镛. 与犹堂全书·春秋考征(卷一)[M]. 首尔:骊江出版社,1989:15-16.

③ 丁若镛. 与犹堂全书·中庸讲义补(卷一)[M]. 首尔:骊江出版社,1989:20-21.

丁若镛认为，百神虽然分为“天神”和“地示”，可“地示”亦属“天神”，所以祭祀之秩只剩“天神”和“人鬼”两种。祖先死后成为“人鬼”，在传统习俗上应该得到祭祀。过去人们举行传统“郊祭”的原因也在于祭拜“上帝”，“百神”虽然无法与“上帝”相提并论，但是也不能把百神简单地理解为“二气”作用或天地造化之现象。当时的人们把上帝理解为“理”的一种形态，把鬼神理解为“气”的聚散作用。对此丁若镛曾表示担忧，如果像这样把鬼神理解为阴阳二气作用之下出现的一时现象，那么人们又如何会敬畏鬼神呢？

今以造化之迹，谓之鬼神可乎？天地者鬼神之功用，造化者鬼神之留迹。今直有以迹与功用谓之鬼神可乎？二气者阴阳也，日影为阴，日光为阳。虽此二物往来隐映，以为昼夜，以为寒暑，而其为物至冥至顽，无知无觉，不及禽兽虫豸之族远矣。安有良能主张造化，使天下之人齐明盛服，以承祭祀乎？①

丁若镛为什么会强烈地主张监视人类的上帝和服从上帝命令的下级神明的存在呢？按照现代观点，人们会反问：通过西学重新认识“上帝”，是否会改变孔子以来一直强调的人行善避恶的东方人性论？丁若镛为何要冒着危险去强调给人们带来“监视”恐惧的“上帝”和“人鬼”？要解决这个问题，首先要来考察儒学的修养论及其结果。为了批评传统性理学，丁若镛曾在《五学论》论道：“长生辇毂之下者，为此学则入山，故名之曰山林。”②这句话讽刺了当时的前辈儒者装作脱离世俗权力而隐居的行为。那么，丁若镛是否认为那些稍不注意就会陷入贪婪和利己主义陷阱的当代儒生无法实现真正的“修养”呢？其实并非如此。他认为，如果修行者对人鬼的存在和原理有深刻的认识，就无法做出违背良心的行为，其真正的“修养”是可行的。下面回顾一下丁若镛主张的“上帝”和“人鬼”之涵义。

民之生也不能无欲，循其欲而充之，放辟邪侈，无不为已。然民不敢显然犯之者，以戒慎也，以恐惧也。孰戒慎也？上有官执法也。孰恐惧也？上有君能诛殛之也。苟知其上无君辰？其谁不为放辟邪侈者乎？……君子处暗室之中，战战栗栗，不敢为恶，知其有上帝临女也。今以命性道教，悉归之于一理，则理本无知，亦无威能，何所戒而慎之，何所恐而惧之乎？③

法律严明，君主威严，老百姓就不敢轻易犯罪，因为他们知道一时失误会带来死亡之灾。士大夫则不同，他们虽知国法之严明、君主之威严，可他们仍会用

① 丁若镛. 与犹堂全书·中庸讲义补(卷一)[M]. 首尔：骊江出版社，1989：20－21.
② 丁若镛. 国译茶山诗文集(卷十一)[M]. 首尔：民族文化促进委员会，1996：19.
③ 丁若镛. 与犹堂全书·中庸自箴(卷一)[M]. 首尔：骊江出版社，1989：4.

不可告人的方式犯下罪行。丁若镛想要暴露的正是那些有学问的“君子”,表面上一本正经,背地里却做尽坏事。面对那些难以被治罪的政界巨头和学者,丁若镛只能一再强调时刻关注他们罪行的“上帝”之权能。他要向那些全然不顾君主、凌驾于君主之上的权势家发出警告,这世上还有比他们更可怕的存在。凌驾于君主之上者怎会惧怕什么天地一理和太极呢?“理本无知,亦无威能,何所戒而慎之,何所恐而惧之乎?”丁若镛的怀疑正反映了这种问题意识。

丁若镛强调必须正确认识鬼神的存在,这种主张实际上是对当时的社会发出的警告:要明白上帝时刻在监视自己,不可怀疑鬼神的存在。

今人于此疑之于有无之间,置之于杳茫之地,故人主敬畏之工、学者慎独之义皆归于不诚。夫暗室独处,虽使无所不为,毕竟无所发现,将其实然畏怯乎?此必无之理也。①

丁若镛以自己的直接经验,认识到仅靠“理”和“太极”原理不能实现真正的儒学修养。如果“理”和“太极”能够发挥强大的威力,那么,为何东方的儒学家在如此长的时间里都不能坚持行善避恶呢?正是这个问题使丁若镛对传统儒学理论产生了根本的怀疑。一番怀疑和苦恼之后,丁若镛向东方儒学家们提出令人感到陌生或排斥的鬼神之存在。正因为如此,他才主张儒道之本在于认识鬼神。

中庸之德非慎独不能成,慎独之功非鬼神无所谓,则鬼神之德即吾道之所本也。②

实现中庸的“慎独之功”即修心之法,丁若镛不把儒家所强调的慎独修养仅限定于远离他人的独自修炼,与别人在一起时也要进行内心修养。不过,无论群居还是独处,都会有看穿人心的“上帝”在监视,只有鬼神的存在才使慎独成为可能。当然,丁若镛所说的鬼神并不是指和其他百神一样的神,而是指上帝:“上帝之体无形无质,与鬼神同德,故曰鬼神也。以其感格临照而言之,故谓之鬼神。”③

根据丁若镛的论述,上帝无法为人们所看见和感知,可他具有观察和警告人类的能力,这一点和鬼神很相似。丁若镛虽然承认多种鬼神的存在及作用,但他并非以此展开茶山式世界观,而是要通过百神的存在强调上帝的权能。如果有

---

① 丁若镛. 与犹堂全书 · 中庸讲义补(卷一)[M]. 首尔:骊江出版社,1989:22-23.
② 丁若镛. 与犹堂全书 · 中庸讲义补(卷一)[M]. 首尔:骊江出版社,1989:23.
③ 丁若镛. 与犹堂全书 · 中庸自箴(卷一)[M]. 首尔:骊江出版社,1989:4.

主宰人类诞生和人类生命的超越性存在，那只能是下达天命的上帝[①]。当然，丁若镛所坚持的上帝只是监视人在世时的伦理态度，而不作死后的审判者或惩罚者。从这个意义上看，丁若镛的上帝观受到了《天主实义》的影响。

（二）通过经验主义存在论解构朱子理气论

在利玛窦的《天主实义》中，丁若镛获得了解构朱子学理气论的根本思路，即利玛窦的存在论。正如前文所说，受亚里士多德实体论的影响，《天主实义》宣扬第一实体为具体的个体，第二实体是从个体推论出来的个体属性。把这些观点应用于新儒学传统的理气论，能够得到如下结论。以"气"构成的个体存在被称为第一实体，从这些个体推论出来的个体属性，即个体之理被称为第二实体。根据这种区别方式，利玛窦把"气"译作"自立之物"，把"理"译作"依赖之物"。从而使"理"这一与"太极"同义的形而上学之根据的理论便失去绝对威力，沦为无数事物的依附性存在。丁若镛积极接受了利玛窦的经验主义存在论，并主张"个体存在论"。他把个别存在的具体事物称作"气"，把人们称作事物之理或原理的解释为"理"，并把"理"解释为个别存在的下位属性。通过这个观点，丁若镛批判性地解构了传统朱子学的理气论。

盖气是自有之物，理是依附之品，而依附者必依于自有者。故才有气发，便是有理。然则谓之气发而理乘之可，谓之理发而气随之不可，何者？理非自植者，故无先发之道也。未发之前虽先有理，方其发也，气必先之。[②]

这是丁若镛23岁时针对正祖提问所提出的有关理气的主张。综观丁若镛的生平，他于23岁和李檗一起完成了关于《中庸》问题答辩的初稿，32岁时完成《中庸讲义》，1814年53岁时又重新修订完成了《中庸讲义补》。不过，关于理气论的主张，丁若镛在30～40岁时发生了变化。之前他主张李栗谷所说的区分实现万物的"理"并认可各自的意义的理论。不过，在写于40岁初期的《理发气发辨1》和《理发气发辨2》中，他虽然维持了李栗谷的区分法，但在研究退溪的理

① 关于上帝的意义和作用有各种不同的主张。金胜惠在《无言造化万物之天：西学思想对茶山的"天"思想的影响》一文中，认为丁若镛的上帝观虽然受了西学影响，其中还有一些重要的差异（金胜惠，2004）。琴章泰指出，丁若镛所谓的"天"意味着"天命"和"上帝"两个侧面（琴章泰，2001），不过丁若镛的"天"否定了天主教教理中的"圣肉身"部分，"天"的人格性质只维持在古代儒教经典的范围，看不出神秘的信仰（琴章泰，2003）。李光虎认为，丁若镛把上帝当作学问而非信仰，试图通过这种学问使儒学得到新兴。在丁若镛的眼里，"天"不仅仅是创造者，也是学问修养的对象（李光虎，2003）。金炯孝在《对实学思想家丁若镛的诠释方法》一文中指出，丁若镛的"上帝"只是监督人们道德行为的判官，而非形而上学意义上的超自然存在（金炯孝，2002）。成泰镛在《茶山哲学中没有启示的上帝》一文中指出，丁若镛的"上帝"为创造宇宙而赋予"太极"，使宇宙按照"太极原理"运转，自身却未直接介入，这与性理学家主张的"理"更相似（成泰镛，2004）。在伦理层面上，丁若镛认为人类因被上帝赋予神明，所以能够做出自律的道德判断。因而丁若镛主张的是不需上帝介入的心性论（成泰镛，2004）。丁若镛的上帝观与利玛窦的天主观有相似之处，同时也有一些差异，这也是天主教及其研究者所认同的观点。

② 丁若镛. 与犹堂全书·中庸讲义补（卷一）［M］. 首尔：骊江出版社，1989：65.

气说之后，他转而成为了退溪心性论的拥护者。所以说，20 岁到 40 岁，丁若镛坚持与西学相似的李栗谷的主张，40 岁之后，他开始变化为支持与心性论相关的退溪的学说。从他的履历可以推测出，23 岁时，他提出前文所引用的观点是想借助西学否定朱子学世界观的根本体系①。这里亦不难看出，丁若镛接受了利玛窦的基本主张。朱子学认为“理”先于万物，因此“虽先有理”这个表述不过是一个假设。按照丁若镛的观点，如果没有具体的“气”之作用，“理”的存在便无法确认、也没有任何意义，因而朱子的假设是不能成立的。

丁若镛认为，“气”不仅有“形”，还有“体”和“质”，能够成为其他万物实质性基础。万物只有通过“气”才具备体和质，才能够作用和运行。不仅如此，“气”能使万物具有各自不同的模样和形态。万物不仅有各自的体和质，还具有不同属性即“理”。于是，丁若镛不再认同朱子学理气论中“个体受之同一理”“事物之理内在于我心”之类的主张，全面批判了“理一分殊”之观点。

诚考理一，何得分殊？理一之说恐有流弊。②

万物不必如是作广大之言，天地万物之理，各在万物身上，安得皆备于我？犬有犬之理，牛有牛之理，此明明我之所无者，安得强为大谈曰皆备于我乎？③

按照朱子学的主张，“理”只有一个，那么这个“理”如何实现万物之多样呢？朱子学认为，一切事物通常以不同的方式实现“太极”原理，并用“气”之清浊粹驳说明后者的个体化问题。丁若镛首先对“理一”和“分殊”之间的关系本身进行怀疑。他认为这种说明没有说服力，按照朱子的理论，动物与人、小人与君子的差别只在于“气”之清浊，那么君子所要保持的品质也不过是“清气”而已。

性理家每以性为理。故集注谓人物之生，同得天地之理为性，此所谓本然之性也。本然之性无有大小尊卑之差等，特因所禀形质有清有浊有偏有正。故理寓于气，不得不随而不同。集注曰：“人于其间，独得形气之正为小异”，亦此说也。审如是也，人之所以异于禽兽者，在于形气，不在于性灵。庶民去形气，君子存形气，岂孟子之本旨乎？形气着体质也，与生俱生，死而后腐焉，庶民独安得去之乎？④

丁若镛认为，“理一分殊”无论如何都不能解释个体的生成条件，“万物皆备于我”也不过是牵强附会的观点。在他看来，“气”为自有之物，“理”为依附之

① 关于丁茶山哲学主张的变化问题，李光虎在《李退溪的哲学思想对丁茶山经学思想的影响及考察中》有所记载（李光虎，1996）。

② 丁若镛. 与犹堂全书 · 孟子要义（卷二）[M]. 首尔：骊江出版社，1989：47.

③ 丁若镛. 与犹堂全书 · 孟子要义（卷二）[M]. 首尔：骊江出版社，1989：39－40.

④ 丁若镛. 与犹堂全书 · 孟子要义（卷一）[M]. 首尔：骊江出版社，1989：51.

品,“万物一体说”没有任何意义。

二、对人的本质及自由意志的深思

(一)“人是万物之中的最高存在”强调的是人的责任

“万物一体”是儒学家最基本的主张,因为它简要地表达了他们对自然的理解。新儒学家认为人类之外的所有事物和人类一样,都被赋予“太极”一理。从原理上来看,人类与动物、植物没有什么区别。与其他事物相比,人类被赋予的“气”比较清,所以人类以高级的形式存在着。新儒学家认为有修养的人都是摆脱了污浊之气的人,他们就是通过这个标准来认识与自身同具有一理的事物的。不过,丁若镛断定这种理解不过是一种观念的错觉而已。他认为宋儒因为得不到官僚之位,无法担当统治万物的职责,所以他们才有了一种误解,那就是只有净化心体,才能够操纵万物。

万物一体,其再古经绝无此语。子夏曰:“四海之内皆兄弟”则有之矣。草木禽兽安得与吾为一体乎?中和圣人坐于丈室之中,喜怒哀乐发皆中节,而不得其位,无所猷为,则天地必不得位、万物不得育。必也得人主之位为尧舜,得卿相之位为皋、夔、稷、契,然后南正重司天,北正黎司地,议和掌历象,禹稷治水土,使益掌火作虞,烈山泽而焚之,以若予上下草木鸟兽,然后天地位焉,万物育焉。……宋元诸先生多不能得位行道,乃于位育之说,全以心体质感通为言,而不以行事为究竟。其言浩渺济荡,无可以着手着脚,多如是者。①

丁若镛认为万物都具有自己的本性。不仅如此,为了与万物缔结关系,人只有成为君主、丞相、官吏,才能统治万物的存亡。倘若只是沉湎在自己的世界里,相信世界万物与自己是一体的话,其实质只不过是逃避现实而已。宋元时代,很多儒学者在现实生活中得不到官僚之位,不能实现自身的“道”。于是,他们陷入了错觉之中。这是一种嘲讽。他们因为不能直接与万物进行交流,所以只是通过内心的想象来得到安慰。丁若镛认为即使成为圣人,如果得不到权位的话,依然无法达到教化万物的目的。

基于这一点,丁若镛把人类与动物、事物的本性进行了区分,主张只有人类才具有精神能力。关于这个问题,丁若镛的主张与利玛窦的三魂说有着相似之处。

性有三品,草木之性有生而无觉,禽兽之性既生而又觉,吾人之性既生既觉、又灵又善。上中下三级截然不同,故其所以尽之之方亦复悬殊:草木不过使遂其生性,则其性斯尽矣;禽兽不过使遂其胎卵飞走之性,则其性斯尽矣。……鸟能

① 丁若镛.与犹堂全书·中庸讲义补(卷一)[M].首尔:骊江出版社,1989:8-9.

使马牛羊豕爱亲敬长、各做人底事乎?[1]

……况草木禽兽,天于化生之初,赋以生生之理,以种传种,各全性命而已。人则不然,天下万民,各于胚胎之初,赋此灵明,超越万类,享用万物。今乃云健顺五常之德,人物同得,孰主孰奴?都无等级,岂上天生物之理,本自如此乎?[2]

根据丁若镛的观点,只有人类才能从上天即上帝那里得到"灵明",也只有人类才能享用万物。丁若镛的观点受到了《天主实义》主张的强烈影响。"人类是天地万物的主人,天地万物则只不过是人的从属。"根据丁若镛的观点,万物是为人类而存在的,它们存在的价值就是供人类享用。这种观点与传统的儒学观念完全不同。西方人把高贵的被造物——人类当作大自然的征服者,这种思想是危险、傲慢的。与此相似的丁若镛的观点也是有问题的。从日月星辰、草木禽兽都是为人类而存在的观点中可以看出,丁若镛的观点完全以人为中心。

嗟乎,仰观乎天则日月星辰,森然在彼,俯察乎地则草木禽兽,秩然在此,无非所以照人煖人养人事人者。主此世者,非人而谁?天以世为家,令人行善,而日月星辰草木禽兽,为是家之供奉。今欲与草木禽兽,递作主人,岂中于理乎?左右商度,人物之同此性,不敢闻命。[3]

不过,丁若镛所理解的人是万物之中最高存在的观点,重点不是强调人的权限和力量,而是强调人的责任。因此,人虽然是这个世界上唯一的主人,是统治其他事物的主人公,但是,人类不得不付出代价来满足各种复杂的欲望。从结果来看,享有自然并非是人类的目的,也不是人类责任的代价。他想说的只不过是人类之所以具有区别于其他存在的高贵地位,是因为人生前背负着沉重的担子。如果想了解丁若镛对这个问题的理解,我们有必要考察一下丁若镛对人类特有的决断及选择的能力,即"自由意志"的看法。

(二)自由意志和趋善避恶的选择

传统儒学所认为的恶并非是实体意义上的恶,只是一个相对的概念,即善过了头或者善不及便成了"恶"。换句话说,与"善"相对的"恶",在根本上不是独立存在的,从这一角度来看,"恶"被理解为"相对的不善"。所谓的对于伦理学上"善的修炼",并非是从行为上向善迈进,而是回归到人性本来的状态。不论在任何情况下,修炼都是向善持续变化和运动的过程。丁若镛则规定只有人类的本性才具有如此变化和活动的余地。换句话说,其他动植物都具有固定的本

---

① 丁若镛. 与犹堂全书·中庸讲义补(卷一)[M]. 首尔:骊江出版社,1989:47-48.
② 丁若镛. 与犹堂全书·中庸讲义补(卷一)[M]. 首尔:骊江出版社,1989:2.
③ 丁若镛. 与犹堂全书·论语古今注(卷九)[M]. 首尔:骊江出版社,1989:13-14.

性,不可以随意变化;只有人类才可以通过自身的努力改变现状。这个观点表明,上天赋予了人类潜在的本性,但是上天没有规定人类固定的状态。为此,丁若镛主张人类要通过自身的选择和意志来影响潜在的本性。

过不及之差在于人不在于物。诚以人之所能皆活动,禽兽之所能皆一定。既然一定,夫安有过不及之差乎?鸡之晨鸣,犬之夜吠,虎之搏噬,牛之觗触,蜂之护君,蚁之聚众,千年同俗,万里同风,夫岂有过不及之差乎?况草木之春荣秋瘁,先花后实,各有定性,毫发不差,安得以吾人之病通,拟之于群物乎?①

人虽然是万物的主人、享有万物,但是人可以不按照本性生活,可以随便改变行动。因此,人反而常常犯错。与人不同,动物是为人类献身的,它们都具有既定的命运,都按照被赋予的本性生活,因此,它们都不会犯错,这意味着动物也就没有被赋予行恶的可能性。如果没有自由行恶的可能性,也就不具备行善的可能性。因此,丁若镛认为人作为能够犯错的存在体,修炼伦理行为成为必需的条件。因为人能够犯"过"或者"不及"的错误,所以人必须摆脱不善的状态,具有向善行事的意志。

关于人性的问题,丁若镛非常注重孟子的行善说。因为人性具有上天赋予的先天性特点,所以人有趋善避恶的本性。不过,有了先天性这个属性,也不能认为所有人一出生就全部趋善避恶,而且就先天的善来说,与动物天生的本能也不是完全不同的。"水往低处流,火往高处烧",丁若镛觉得这样不付丝毫努力、完全出于本能的行善并不能充分解决伦理性的问题。为此,丁若镛认为仅靠孟子的行善说并不能解释人类固有的伦理危机。当然,这并不是对孟子全面地怀疑,只是在补充孟子行善说的同时,对方法论的改进而已。通过下面的讨论,可以看出丁若镛在孟子行善论的基础上增加的一些内容。

孟子之谓行善岂有差乎?但不得不善人则无功。于是又赋之以可善可恶之权,听其自主,欲向善则听,欲趋恶则听,此功罪之所以起也。……自此以往,其向善汝功也,其趋恶汝罪也,不可畏乎?②

对于动物来说,它们没有区分善恶的能力,也不存在趋善避恶的本性。因此,动物只是按照自己的本性做事,只有人才会做出伦理的判断和选择。为此,就算动物好好照顾自己的幼崽,我们也不能说它是善良的;即使动物残忍地杀死、吃掉其他动物,我们也不能说它是邪恶的。根据利玛窦的说法,我们没法断

---

① 丁若镛. 与犹堂全书·中庸讲义补(卷一)[M]. 首尔:骊江出版社,1989:4.
② 丁若镛. 与犹堂全书·论语古今注(卷九)[M]. 首尔:骊江出版社,1989:11-13.

定动物的行为是“礼”或“非礼”。[①] 因此，对于动物的行为，我们无从判断善恶。那么，人的情况又是怎么样的呢？人类具有认知本性需求的同时，也具有判断和选择是否跟随本性的能力。丁若镛把人类的这种“率性为善”或者“逆性作恶”的内心力量称为“权衡”。权衡具有秤和秤砣的作用。

权者，圣人之初喻也，有衡于此，其星五两也，置银子一两，则其权县于一两之星，乃得中也……权之所期，在乎中庸，圣人所谓择乎中庸，正是衡人之择星以安锤也……故权在于衡则物之多少可准，权施于事则义之轻重不差。[②]

丁若镛旨在通过秤和秤砣的比喻来描述人类纠结的内心。对于行善之人，决定如何做也是一种权衡。这是因为，虽然权衡也能够推动着行恶，但是人们首先意识到的是善以及哪种方向是向善。根据丁若镛的观点，上帝同时赋予人内心向善的本性和难以选择善的肉体条件。虽然人具有先天的善性，但是人也具有阻挠行善的肉体障碍。正是因为这两种要求的冲突，丁若镛认为人类向善必须要付出努力，发挥权衡的作用。

食色诱于内，名利诱于外。又其气质之私好逸而恶劳，故其势从善如登，从恶如崩。天非不知而使之然也，为如是，然后其为善者可贵也。[③]

人类与生俱来的肉欲和对名利、虚荣的追逐成为人类向善的真正障碍。喜欢安逸、讨厌吃苦受累、总是把好的一面展现给别人、希望获取比别人更多的利益……这些难道不是人的常态吗？丁若镛强调正是因为存在这些贪欲，我们向善的路犹如登山一样困难。不过，丁若镛也认为越是这样，我们做善事则越显得珍贵。如果说向善不难且大家都能做的话，为什么只有君子才能一生慎独、至死方休呢？在这种情况下，作为向善的能力，权衡具有深刻的意味。

丁若镛接纳了利玛窦《天主实义》的观点，主张人类被赋予自发追随上帝命令的选择能力，即“自由意志”。利玛窦认为飞禽走兽因为有“心”，所以它们也有意志。不过，即使动物有意志，也只不过是盲目的生物本性的冲动，与人类指向性、伦理性的“自由意志”完全不同。丁若镛也认为只有人类才能跟随意志自由选择伦理性的善。

同样，丁若镛也非常重视上帝赋予人类本性的先天伦理要求。正是因为被赋予了这种先天的要求，不论如何辩解，只要犯下恶果，罪行就不会被减轻。下面，我们一起来了解一下丁若镛对本性和权衡之间关系的理解。

---

① 参照第一部第一章第二节的引文及脚注。

② 丁若镛. 与犹堂全书·论语古今注(卷四)[M]. 首尔：骊江出版社，1989:25.

③ 丁若镛. 梅氏书平·阎氏古文疏证抄(卷四)[M]李篪炯，译. 首尔：文学与知性出版社，2002:25－26.

天既赋之以此性,故又能时时刻刻提醒牖启。每逢作恶,一边发欲,一边沮止,明沮止者,即本性所受之天命也。天命之谓性,非是之谓乎?若所谓善恶浑者。天之赋性既如此,则人之行善如水之就下,火之就上,不足为功能。故天之于人,予之以自主之权,使其欲善则为善,欲恶则为恶,游移不定。……然且可善可恶之理,既已参半,则其罪似当未减。所以作孽之不敢逭者,以性善也。性之乐善耻恶,既真确矣。拂此性而为恶,最其可逭乎?①

根据丁若镛的观点,权衡也来自于上帝的赋予。权衡是一种能力,具有可以行善也可以作恶的双重可能性。作恶是由于不可避免的肉体要求所引起的,而肉体要求是与生俱来的,与我们的意志没有关联。因此,把罪的责任全部压在人的身上是过高的要求。基于这一点,人们会认为可以避免一部分作恶的责任,但丁若镛警告人们抛弃这种期待。这是因为,虽然我们内心有乐善的要求,但是如果做出了错误的选择,内心的权衡选择了不善的话——即使这种导致错误选择的本性也是我们与生俱来的,那我们也只能对此全权负责。

丁若镛既强调权衡的自由选择和意志,又强调天生的本性。不过,在有了最好的选择的情况下,选择还有什么意义吗?举个例子。学生的职责是上学,如果学生因为不想去学校而中途退学或者经常旷课,那么该学生就要为此行为负重大责任。讨厌去学校的学生不得已而选择去学校,这种选择能够说是自由意志选择的结果吗?有些人会说这正是自由做出的选择。也许,在不得不做的情况下,学生选择去学校从表面看是学生决断的结果,但是,从结果上看,绝对是被动作出的选择。按照字面意思,自由选择作为决断之前的权衡,应该是不需要任何先决条件的。不论作出什么选择,都不应该担心得到任何损害或者付出任何代价,这才是真正自由的选择。不过,丁若镛所说的却不是这个意义上的无条件的选择。他所强调的人类的选择和权衡只是上帝所赋予的权利。那么,当我们想跟随上帝并从那儿实现本性的强烈要求时,这时候的选择才会让人类善良并感到幸福。这应该是丁若镛的意图。根据丁若镛的观点,当我们被赋予天生的本性时,我们只有采取尊重自由选择和意志的要求的态度,我们的生活才会更加圆满。

---

① 丁若镛.与犹堂全书·孟子要义(卷一)[M].首尔:骊江出版社,1989:34-35.

第二节 对朱子学的批判

一、对朱子学世界观的批判

（一）批判朱子学的“理一”论和“太极”论

丁若镛通过哲学著述深刻地批判了传统的朱子学世界观，而这正是其在西学影响下知识结构的变化引起的。丁若镛在接受西学初期，对朱子学的反感和批判尤为强烈。丁若镛对于传统朱子学的批判，涉及世界观、人性论、修养论等各个方面①。最近，许多研究者很自然地据此把丁若镛的哲学思想定义为反朱子学的范畴。丁若镛在50多岁时完成了《心经密验》，他希望通过这本书来完结自己的哲学理论。下面有三个观点表明了丁若镛为什么要批判传统的朱子学。

今人欲成圣而不能者厥有三端，一认天为理，二认仁为生物之理，三认庸为平常。若慎独以事天，强恕以求仁，又能恒久而不息，斯圣人矣。②

在批判朱子学观点的同时，丁若镛对天有了新的诠释、对“仁”和“庸”也有了独特的理解。通过这些，丁若镛想要提出自己特有的世界观、人性论和修养论。他批判了朱子学把天和“仁”当作孕育万物的理的观点，还认为君主历尽苦难达到的“庸”，其实普通人也可以轻易为之，等等。这里主要探讨丁若镛对朱子学理论中“理一”和“太极”观念的批判。

首先，从性理学的观点来看，丁若镛指出事物的原理、属性的“理”都不能成为世界存在的根源。丁若镛对把“天”“理”“太极”当作形而上学原理的既往朱子学的世界观进行了解构，主要阐明为什么“太极”“理一”无法成为天地万物存在的根源。

天之主宰为上帝。其谓之天者犹国君之称国，不敢斥言之意也。彼苍苍有

---

① 1815年，54岁的丁若镛完成了《心经密验》，并表示以《小学枝言》和《心经密验》完成了他的经学立场，认为这两本书充分表达了他的思想。不过正如本章下续引文所示，茶山在这时仍旧坚持着强烈批判朱子学立场的态度，因为性理学家每以性为理。不仅如此，肯定和接受西学特定观点的态度一直持续到茶山晚年。因此笔者在论述茶山接受西学、批判朱子学的部分和与西学保持距离、接受朱子学部分观点的部分时，使用的论据即茶山的著作，只能互相重复。在其50岁以后的著述中，与西学密切相联的部分与接受朱子学特定观点的内容混在一起。于是笔者首先根据逻辑结构对其作品的主题进行分类，即便是同一著述，根据主题立场的不同也要进行区分。如《心经密验》，既有对朱子学进行批判的部分，也有继承朱子学传统的部分。笔者把前者置于本书“西学接受与朱子学批判”部分，后者放在“朱子学的部分接受、与西学保持距离”部分进行论述。对朱子学采取部分肯定的态度的作品，都是茶山四五十岁前后的著述，如《西岩讲学记》（34岁）和《陶山私淑录》（34岁）之后的著述，如《论语古今注》（（52岁）、《孟子要义》（53岁）、《中庸自箴》（53岁）、《心经密验》（54岁）、《梅氏书评・阎氏古文尚书疏》（66岁）等。

② 丁若镛．与犹堂全书・心经密验（卷二）［M］．首尔：骊江出版社，1989：40.

形之天，在吾人不过为屋宇帡幪，其品级不过与土地水火，平为一等，岂吾人性道之本乎？大极图上一圆圈，不见六经，是有灵之物乎？抑无知之物乎？将空空荡荡，不可思议乎？凡天下无灵之物，不能为主宰。故一家之长昏庸不慧，则家中万事不理，一县之长昏庸不慧，则县中万事不理。况以空荡荡之太虚一理为天地万物主宰根本，天地间事其有济乎？①

丁若镛所说的上帝不是指空荡荡的天，而是指有灵性之物。正是因为有灵性，上帝才能创造、主宰万物。不过，朱子学所强调的世界的根源"太极""理一"并没有上帝所具有的灵性和知觉，因此，丁若镛认为"太极""理一"不能成为万物存在的根源。对于朱子学所说的"理"，丁若镛是如此发问的："夫理者何物？理无爱憎，理无喜怒，空空漠漠，无名无体，而谓吾人禀于此而受性，亦难于其为道矣。"②朱子学的世界观由理气论构成，其中作为事物的存在根源，"理一"占据着非常重要的位置。现在，丁若镛通过批判"理一"的概念，摧毁了朱子学说中传统的世界观。

性理学家所说的"理"没有感情、没有知觉、没有灵性，丁若镛便认为它无法主宰人类和动物。丁若镛对"理一分殊"论的批判也正是采取与此相同的逻辑。对于性理学家主张的"理一分殊"论，丁若镛批判其不过是在重复禅师观念的世界观。③

后世之学，都把天地万物无形者有形者灵明者顽蠢者，并归之于一理，无复大小主客，所谓始于一理，中散为万殊，末复合于一理也，此与赵周万法归一之说，毫发不差。盖有宋诸先生，初年多溺于禅学，及其回来之后，犹于性理之说，不无因循，故每日佛氏弥近理而打乱真，夫既曰弥近理，则其中犹有所取，可知也。

在此他反问道："理"是每个事物具有的属性，所有的事物如何有同一个"理"呢？如果有人主张万物只有一个"理"，丁若镛便认为这是"面壁参禅"的禅家态度。为此，丁若镛从"理"的原义这一角度对"理一"概念进行了批判。

理字之义因可讲也，理者本是玉石之脉理，故遂复假借，以治为理。……治理者莫如狱，故官之谓理。……曷尝以无形者为理，有质者为气，天命之性为理，七情之发为气乎？……静究字义，皆脉理、治理、法理之假借为文者，直以性为者有古据乎？④

---

① 丁若镛. 与犹堂全书·孟子要义(卷二)[M]. 首尔:骊江出版社,1989:38-39.
② 丁若镛. 与犹堂全书·孟子要义(卷二)[M]. 首尔:骊江出版社,1989:38.
③ 丁若镛. 与犹堂全书·孟子要义(卷二)[M]. 首尔:骊江出版社,1989:38.
④ 丁若镛. 与犹堂全书·孟子要义(卷二)[M]. 首尔:骊江出版社,1989:26.

丁若镛从各种经传中发掘“理”字的原意,“理”原本是玉的脉理,从脉理的意义上引申出了治理的意思,而治理的意思又诱导出了法理的意义。因而即使从脉理、治理、法理的情况来看,也不可以把“理”作为人性、天道根源的形而上学的意义来使用。因此,丁若镛认为“理”只具有事物具体属性和法理属性局限的意义。①

丁若镛在对“理”的攻击的同时,也展开对“太极”观念的批判。丁若镛认为《太极图》最上方的圆圈绝对不是人性的根源,很多学者批判丁若镛对此的过分执著只是白费力气:“又远取太极一圆之圈、先天二五之妙,曰心曰性,使学者恍兮忽兮,莫知其如头下手之处,岂非枉劳苦乎?”②根据周敦颐的《太极图说》,朱熹提出“无极”“太极”“阴阳五行”的概念,并认定这是化生万物的根源。朱子认为虽然“太极”看起来无形,但是“太极”有理。因此,它能够成为生成万物的根源。针对朱子说的“太极无形”这一点,丁若镛则反问:“无极作为真正形而上的存在,如何去与阴阳建立直接的关系呢?”

乃后世之论推尊太极为形而上之物,每云是理非气,是无是有,不知形而上之物何以有黑白交圈也。③

《太极图说》说一个白色圆圈为无极,指太极的形态。白色圆圈下面的黑白鱼纹环所环绕的第二个圆圈一半象征着太极的移动,一半象征着静止,这二者生成了阴阳之气。前文已述,丁若镛指出这个白色圆圈所代表的“太极理一”既无灵性也无知觉,无法成为万物的主宰。现在,对于白色圆圈移动形成阳、静止形成阴的说法,丁若镛也并不认同。他认为无形的形而上的存在是无法移动、形成阴阳之气的。由此,丁若镛认为太极不过是汉朝一部分学者提及的一团元气而已。不仅如此,丁若镛还指出,《周易》中所强调的象征世界起源的“太极”“两仪”“四象”,实际上都是不存在的:

太极两仪四象,皆揲蓍之名。太极者,太一之形。两仪者,两合之仪,四象者,四时之像。虞氏直天地为两仪,四时为四象,非矣。仪者,依仿也。象者,摸状也。岂实体之谓乎。④

“揲蓍”中包括象征性概念“太一”在内,丁若镛认为的“太极”意味着天地、

---

① 成泰镛在《茶山明善论的一考察》中(成泰镛,1984)认为丁若镛考证理字的原义、批判新儒学理气概念的做法不太恰当。他认为旧的概念在新的哲学中应该用新的方式表达出来,只不过要看新的儒学者们对其是否运用得当。不然,只运用古经原义的观点进行批判的行为不能称之为哲学的批评。笔者认为这种建议具有重要意义。

② 丁若镛. 国译茶山诗文集(卷十六)[M]. 首尔:民族文化促进委员会,1996:19.

③ 丁若镛. 与犹堂全书·易学绪言(卷二)[M]. 首尔:骊江出版社,1989:3.

④ 丁若镛. 与犹堂全书·易学绪言(卷一)[M]. 首尔:骊江出版社,1989:11.

阴阳分开之前混沌的元气。

太极者天地未分之先，混沌有形之始，阴阳之胚胎，万物之太初。①

无声无臭之同于无极者，臣以为无声无臭，是形容上天之不言不动之功化也。无极太极，不过以一团元气，从无物中凝成之谓也。②

在批判朱子学说中“理一”和“太极”理论的基础上，丁若镛把上帝理解为人类与万物存在的根源，他形容上帝时就采用“无声无息”“无色无味”等词语描述。丁若镛把《中庸》理解为关于鬼神的原本，他说正是因为这样的特征，我们才把上帝叫做“鬼神”。不过，现存的很多学者都坚持《太极图说》中无极就具有这样的特征。丁若镛则明确指出性理学家所说的无极不能成为上帝，他重申无极、太极只是指最原始的“气”。所谓最原始的“气”，只是意味着孕育阴阳、为了生成天地而潜在的气。从这一意义上来说，太极与具体事物并没有区别，都从属于存在领域，虽然它没有具体事物那样的形体，但也绝对无法与处于超越领域的上帝相比较。③ “既没有灵性也没有知觉的白色圆圈太极，如何成为我们人性和天道的根本呢？”丁若镛的批判彻底颠覆了朱子学的“太极”和“理一分殊”的世界观。

（二）批判朱子学的阴阳五行论

丁若镛对于“阴阳五行”的批判与对“太极一理”的批判是一样的。在丁若镛之前，洪大容等北学派的学者就曾对阴阳五行进行了批判。与他们相比，丁若镛进行了更为综合的论述。首先，丁若镛不仅提到了不同于人道的易道，还指出了“一阴一阳之道”与我们所说的“率性之道”是完全不同的。因此，阴阳的运动和金木水火土的变动并非生成世界上万事万物的根源，因而便不能成为人类顺应和追随的道。

夫阴阳造化金木水火土之变动，非吾身之所得由，则岂吾道乎？若云一阴一阳之谓道，本之易传，则是言天道。不是人道，不言易道，不是天道。岂可以吾人率性之道，归之于一阴一阳乎？④

由此可以看出，丁若镛认为阴阳五行组成的自然世界与上帝赋予灵性的人

---

① 丁若镛. 与犹堂全书·易学绪言（卷三）[M]. 首尔：骊江出版社，1989：3.

② 丁若镛. 国译茶山诗文集（卷八）[M]. 首尔：民族文化促进委员会，1996：30.

③ 柳初夏在《韩国的哲学思想》（柳初夏，2001）中说明了丁若镛的太极和上帝之间的关系。“从物质世界来看，太极和上帝各有自己的物质和精神。从物质和精神、身体和内心的源泉这点上来看，丁若镛的世界具有物心二元论的特征。离开物质世界，丁若镛存在界的外延是气和灵明。与太极是一团气相比，上帝则是无限。也就是说，太极是有限的，上帝则是无限者。上帝是创造天地、万物、人类、鬼神的源泉。因此，太极相当于上帝的创造物。由此来看，丁若镛主张的是灵明一元论，源泉的存在观以上帝为中心。”

④ 丁若镛. 与犹堂全书·孟子要义（卷二）[M]. 首尔：骊江出版社，1989：38－39.

间领域具有完全不同的根源。对于阴阳五行的认识，丁若镛与以往的朱子学者有着完全不同的主张。

阴阳之名起于日光之照掩。日所隐曰阴，本无体质，只有明暗，原不可以为万物之父母。……阴阳曷尝有体质哉？……由是观之，上天下天、水火土石、日月星辰犹在万物之列。况可以铜铁草木进之为万物之母乎？今试书之曰，天以阴阳水火铜铁松柏化生万物，其说自觉难通。分言之而远于理者，难混言之，岂得合理乎？①

况五行不过万物中的五物，则同是物也，而以五生万，不亦难乎？礼运曰："人者五行之秀气先儒所宗，皆此一言。今夫血气之伦刳而观之，不见金木等物，将于何验得此理？②

丁若镛主张阴阳只是指代明暗，它们原本就没有实体。这与朱子学所持的太极、阴阳之气都是万物生成之根源的观点是完全不同的。根据丁若镛的观点，用太阳光的照耀、遮挡来指代的阴阳无法成为万物的根源，同样，金木水火土也不过万物之中的种类，它们亦不能成为其他万物的母体。丁若镛把五行各自限定为万物之中的一种事物，并且还反问道：存在的动物之中如何找出金属、木的性质呢？由此来看，丁若镛持有实证、理性思考的态度。

丁若镛对阴阳、五行以及根本的太极概念的批判，摧毁了朱子学的世界观。现在，太极无法成为世界万物的主宰者或者是根源，阴阳五行也无法成为构成万物的根源之气。这是对信奉朱子理气论世界观的致命一击。丁若镛不仅加速了理气论世界观的解体，还自然地对以理气为依据的人性论进行了批判。

二、对朱子学人性论的批判

（一）批判朱子学以太极一理来说明人性

朱子学认为，太极一理内在于包括人在内的万物之中，而丁若镛从根本上对此进行了否定。丁若镛在解构万物同一存在论所依据的太极一理概念的同时，强调不同的事物都有其各自的价值。丁若镛认为人类的本性与动植物的"理"是完全不同的。动植物不能做人类所做之事也正是出于这个原因。于是，丁若镛开始攻击朱子学把人与物的本性统一为"理"的观点。

性理家每以性为理。故集注谓人物之生，同得天地之理为性，此所谓本然之性也。本然之性，无有大小尊卑之差等，特因所禀形质有清有浊有偏有正。……性理

① 丁若镛.与犹堂全书·中庸讲义补[M].首尔：骊江出版社，1989：2.
② 丁若镛.与犹堂全书·中庸讲义补[M].首尔：骊江出版社，1989：3.

家谓本然之寓于形气也,如水之注器,器圆则水圆,器方则水方,是明明把人性兽性打成一物,特其毛者为牛,羽者为鸡,裸者为人而已。孟子以犬牛之性别其同异,与告子力战,今乃以人性兽性浑而一之可乎?①

前文第一部分的第一章内容,我们曾经介绍,朱子把理气论的世界观比喻为水中倒映的月光。丁若镛认为朱子的这一论点吸收了佛教的神学观点并普及到了日常生活中。朱子等性理学者把人之本然之性比喻为器皿中的水。意即是说,器皿的形状虽然不同,但是器皿里面的水都是一样的。从结构与内涵上来看,这与千江印月的现象并无区别,旨在说明不同万物的本性之中存在着同一的太极之理。他们把这同一的理叫作"本然之性"。丁若镛攻击的就是这同一的"理",即本然之性。朱子每每谈及人类和动植物的本性,都主张所有事物中的太极之理都是同一的。在这个意义上,朱子认为本性即"理"。

本性即理的表现首先意味着人类的本性与事物的理是一样的,进而也就意味着人类和世间万物所有的本性与太极的理是一样的。不过,丁若镛怀疑人与动物到底有什么同一的依据。如果人类以外的所有动植物也都被赋予与人类相同的太极之理的话,那么这些主体的气质也就被早早赋予了同一的本然之性。不过,丁若镛认为这明显是违背事实的。因此,丁若镛用以下的观点对此进行了批判。

或羽,或毛,或鳞,或介,千变万化,而总之不出于贱品。天既赋形,有贵贱美恶,而其所赋之性通用一等,有是理乎? 一物各具一性,并无一物之内函有二性者。……何谓本然之性,人物皆同也? 先儒谓孔子所言是气质之性,孟子所言乃本然之性,而本然之性则人物皆同。审如是也,不特人皆可以为尧舜,凡物之得本然之性者亦皆可以为尧舜,岂可通乎?②

根据丁若镛的观点,上帝只赋予人类以灵性,也只有人类具有与上帝一样的灵性。观测历象,看天文,喜善避恶,追求善行……都是人类特有的能力。丁若镛认为动植物无法对对象进行综合理解,也不能实践与善恶相关的伦理问题。为此,他提出与过去荀子主张相似的观点,认为人类和动植物有着质的差别。

凡天下有生有死之物,止有三等,草木有生而无知,禽兽有知而无灵。人之大体,既生既知,复有灵明神妙之用,故含万物而不漏,推万理而尽悟,好得耻恶,出于良知,此其迥别于禽兽者也。③

---

① 丁若镛. 与犹堂全书·孟子要义(卷一)[M]. 首尔:骊江出版社,1989:51.
② 丁若镛. 与犹堂全书·论语古今注(卷九)[M]. 首尔:骊江出版社,1989:13-14.
③ 丁若镛. 与犹堂全书·论语古今注(卷九)[M]. 首尔:骊江出版社,1989:11-13.

朱子学的理解方式是通过太极一理来统一说明人性的意义，这在丁若镛看来不过是观念性的设想。从否定同一太极的自身世界观出发，丁若镛不可避免地凸显了人与动物的踪迹、个体的差异。①

（二）对朱子学“仁”的观点提出批判

丁若镛不仅否定了朱子所说的太极原理，对于被称之为天地之心的“仁”也有不同的观点。正如前文所述，朱子用“仁”来说明孕育天地的太极之力，还认为“仁”的本质与“元亨利贞”“春夏秋冬”“仁义礼智”有着相同的结构，并且在同一阶段里面能够得到持续的实现。不过，批判太极之理的丁若镛同样也不认可朱子学所主张的“天地生物之心”的“仁”的概念。从“仁”字的定义来看，“仁”生万物的形而上理论无法找出其原本的意义。对于朱子形而上学的“仁”的意义，丁若镛试图将“仁”定位为人伦关系中实践的结果。

古篆仁者人人迭文也。父与子二人也，兄与弟二人也，君与臣二人也，牧与民二人也，凡二人之间尽其本分者，斯谓之仁。天地生物之心干我甚事？为人子者孝于其亲曰：“我以天地生物之心孝于亲”，为人臣者忠于其君曰：“以天地生物之心忠于君”，恐于事体者有多少损伤。②

丁若镛认为儿子孝顺父亲只是尽心，他绝不主张歌颂天地生万物之心的“仁”。不仅如此，臣下忠诚于君主同样也只是尽职，他所强调的是不可丧失挽救世间万物的“仁”。在丁若镛看来，“仁”要求两个人之间有着密切的实际关系。而朱子认为，人与人之间的关系，或者人与动植物之间的关系，都反映着太极之“理”和“仁”之心。因此，孝子之心被理解为实践天地之“仁”的内心。如果连如此内在的本性根源都没有的话，人就不可能爱任何人。

与此不同的是，丁若镛则明确表示天地的生成原理、人类的本性、动植物的本性都是不同的。生成万物的至高无上的上帝为天地万物制造了不同的本性，其固有的英明只赋予了人类，而给动植物的则只是生命和知觉能力。根据丁若镛的观点，“仁”绝对不是根据太极原理而形成的先天的人类本性。像朱子所理解的那样，“仁义礼智”的本性，特别是“仁”的本性如果是提前被赋予了人类，那么，我们怎么会扔掉“仁”之心，又怎么会有选择的余地呢？由此看来，丁若镛认为“仁”并非先天的本性，他认为“仁”是通过后天的努力而实现的伦理行为。

仁义礼智之名成于行事之后。故爱人而后谓之仁，爱人之先仁之名未立也。善我而后谓之义，善我之先义之名未立也。宾主拜揖而后礼之名立焉。事物辨

---

① 崔东熙通过实态论（realism，朱熹把强调万物之基础的太极之理称为实态论）和有名论（nominalism，丁若镛把强调个体特殊性称为有名论）的比较，认为丁若镛强调不同个体之价值的观点具有近代特征（崔东熙，1995）。

② 丁若镛. 与犹堂全书·中庸讲义补（卷一）[M]. 首尔：骊江出版社，1989：36.

明而后，智之名立焉。岂有仁义礼智四颗，磊磊落落，如桃仁杏仁，伏于人心之中者乎？颜渊问仁，子曰克己复礼为仁，明仁之为物，成于人功，非赋生之初，天造一颗仁块，插于人心也。克己复礼之时，岂不费许多人力乎？孟子曰舍鱼而取熊，舍生而取义，明一生一义，皆在彼处，我得就彼拣择，舍其短而取其长也，若于赋生之初，原有一颗义块，插在心内，则又安得舍之取之乎？①

丁若镛强调“仁义礼智”特别是“仁”，都不是人内心固有的本性，这与朱子的观点是完全不同的。首先，朱子认为“仁义礼智”是存在于人内心的本性，而丁若镛并不认同它们存在于人的内心。不过，把朱子的主张理解为重新设定内心的根源更为妥当。丁若镛认为人只有在恻隐之心之类的具体心境形象化地显现出来时才有谈论的意义。并且只有把该出发点的恻隐之心作为跳板，不断加以扩充，才能够实现“仁”之心。只有到了这一瞬间，才可以说存在着“仁”这个概念。其次，正如前文所言，朱子的观点是“仁”的本性存在于内心，是通过恻隐之心表露出来的。丁若镛的主张则与此相反。他把孟子的恻隐之心、羞恶之心、辞让之心、是非之心等“四心”理解为“四端”，把“仁义礼智”理解为“四德”，并认为“四心”为善心之源，这被叫作“端始说”。

是知四心者，人性之所以固有也，四德者，四心之所以扩充也。未及扩充，则仁义礼智之名，终不可立矣。……虽然仁义礼智，竟成于行事之后，若以为在心之理，则又非本旨。②

丁若镛的“端始说”常被用来与朱子的见解作比较。这里所说的重点并不是将四端、四德的主次顺序进行单纯的比较，而是丁若镛想通过这新的观点来强调自己的主张。

根据丁若镛的观点，假如把恻隐之心内在的基础称为“仁”的话，我们即使不修炼，也会不自觉地靠向内心。这是因为内心已经存在了爱他人或攻击他人的本性。例如，在看到孩子落井之后，朱子认为人此刻动了恻隐之心，是因为人的内心存在着“仁”的本性；丁若镛则认为当务之急是先跑过去救孩子，救完孩子之后，再通过自己的善行来实现“仁”的修炼。

若其仁义礼智之名，必成于行事之后，赤子入井，恻隐而不往救，则不可原其心而曰仁也。箪食嘑蹴，羞恶而不弃去，则不可原其心而曰义也。大宾临门，恭敬而不迎拜，则不可原其心而曰礼也。善人被谗，是非而不辨明，则不可原其心

① 丁若镛. 与犹堂全书·孟子要义(卷一)[M]. 首尔:骊江出版社,1989:22-23.
② 丁若镛. 与犹堂全书·孟子要义(卷一)[M]. 首尔:骊江出版社,1989:23.

而曰智也。①

此例中，朱子学论述“四端”（四心）、“四德”的主旨不在于想不想救陷入危机的孩子，而在于讨论关于“四心”“四德”的先后顺序问题。丁若镛认为在四心的作用下，无论是谁都会跑去救孩子，而只有在闲暇时才有可能审视促使自己救援孩子的心境，从而明白“仁”的本性已渗透到人心。

仁义礼智知可以行事而成之，则人莫不俛焉孳孳，冀成其德。仁义礼智，知以为本心之全德，则人之职业，但当向壁观心，回光反照，使此心体，虚明洞彻。若见有仁义礼智四颗，依稀髣髴，受我之涵养而已。斯岂先圣之所务乎？知事夫孝为仁，则温情瀹瀡，便当朝夕着力。谓天地生物之心为仁，则惟瞑目端坐而已，知事君忠为仁，则匡拂扶持，便当奔走竭力。谓东方木德为仁，则惟土木形骸，自命曰燮理阴阳而已。知牧民慈者为仁，则怀绥惠恤，便当恪恭致力。谓满腔子一团和气为仁，则惟默然无语，闭门涵养而已。其功绩之所成就，岂不万倍以相悬乎？②

朱子学与丁若镛都强调“仁义礼智”，不过，他们之间最重要的差别是前者把仁义礼智当作先天的本性，后者则把其理解为实践的结果。丁若镛认为如果“仁义礼智”为先天的本性，那我们只需要把其展示出来即可。这样的态度，丁若镛用“向壁观心”“回光反照”来形容，并认为这就是把“仁”归结为先天本性而产生的必然结果。并担心人一旦就像山林的隐士那样，正襟危坐、探求阴阳五行的变转、追求内心造化的气象的话，却反而离人伦关系越来越远了。

今之谓学者，清平之世，遁入山林，山巾野服，默坐静存，君不召赴，民困不救。其注官而任职也，授之以军旅宾客财赋讼狱之任，则大臣弹之以非礼，言官击之以慢贤，惟经筵侍讲之职，指为当窠。朝廷待之以道士，都民望之为异人，位至卿相，犹称山林。苟究其故，盖其学术，大与古异。古学用力在行事，而以行事为治心，今学用力于养心，而以养心至废事故也。欲独善其身者，今学亦好，欲兼济天下者，古学乃可。此又不可以不知也。③

正是出于这样的担忧和警示，丁若镛强烈地批判了仁义礼智的先天内在性和朱子学“未发”状态下保存和培养人之本性的修养论。

---

① 丁若镛. 与犹堂全书 · 孟子要义（卷二）[M]. 首尔：骊江出版社，1989：23.
② 丁若镛. 与犹堂全书 · 孟子要义（卷一）[M]. 首尔：骊江出版社，1989：22－23.
③ 丁若镛. 与犹堂全书 · 孟子要义（卷二）[M]. 首尔：骊江出版社，1989：47.

三、对朱子学修养论的批判

(一) 批判朱子的“未发涵养论”

为批判朱子学的内在修养论,丁若镛把朱子“中和新说”中“未发涵养”作为批判对象。“中和新说”的核心思想是“人内在具有完整的本性——涵养本性”。根据“中和新说”的结构,可以从两个方面来思考“未发涵养之功”。第一,“未发”是指人思虑未萌时,在这种状态下人虽然天性俱全,不过思虑未萌时很难进行直接回归本性的修行。第二,在这种未发状态下,思虑不能直接介入,所以平时必须进行涵养修炼,这样才可以保持如明镜止水般澄澈清静的内心状态。

那么,首先要看丁若镛对这第一个方面怎样进行批判的。朱子主张的“未发”之点在于思虑未萌、事物未至的状态,而丁若镛则指出“未发”者仅仅是喜怒哀乐等特定情感。这句话强调的是,除喜怒哀乐之情感以外,各种思维和意志在未发之时也仍然运行。

> 未发者喜怒哀乐未发而已。岂遂枯木死灰无思无虑,若禅家之入定然乎?喜怒哀乐虽未发,可以戒慎,可以恐惧,可以穷理,可以思义,可以商量天下之事变,何谓未发时无工夫乎?①

《中庸》中的“未发”原本指的是“喜怒哀乐”之未发。朱子把“未发”的状态定义为“思虑未萌”时的状态,丁若镛以此为批判点。朱子如此定义“未发”的状态,是为了确保人内心有思维所达不到的空间,即具有着“本性”的纯粹空间。丁若镛看破了朱子的这种逻辑,使儒学修养论区别于禅定这个佛教修养论。根据朱子对未发的定义,为了保持未发的纯粹的本性空间,最终得放弃意识和思维。不过,根据丁若镛的观点,思绪的放弃即意味着对所有修炼和修养的放弃。为了阻止这种危险,丁若镛主张应该像《中庸》的原文那样,把“未发”仅仅看作是喜怒哀乐的未发,而没有必要另外设定神秘空间。也就是说,在丁若镛眼中,纯粹的本性这个因素是没有必要的,相反,人性始终与具体的思维有着密切的关联。② 更进一步说,即使不细究未发时的修炼也可以。在这种情况下,因为没有喜怒哀乐的感情,丁若镛认为在没有特殊的感情动摇,也可以自由地思考、学习。

接着,丁若镛对“中和新说”核心思想的第二个方面进行了批判。为了在

---

① 丁若镛. 与犹堂全书·中庸讲义补(卷一)[M]. 首尔:骊江出版社,1989:7.

② 对未发概念的深思,可以说是丁若镛“性嗜好说”产生的重要契机。对于这个过程,本书第二部分有更为详细的说明。

“未发”之状态下本性得以璀璨,朱子提出了平时“庄敬涵养”之功,这意味着在没有特定事件的日常生活空间中严肃而恭敬地保持自己内心的修养过程。不过,朱子所提出明镜止水的学习在丁若镛看来,与佛家的坐禅没有什么区别。

明镜止水之说起于佛家,谓心体质虚明静寂如水镜也。然此须无思无虑,不戒不惧,一毫不动,而后有此光景。……若一以虚明静寂为主,一念才萌,不问善恶,属之已发,谓非水镜之本体,则是坐禅而已。天下万事原未商量,猝然过之,其喜怒哀乐果可以一一中节乎?吕氏谓“由空而后见夫中”,朱子曰“其不陷而入浮屠者几希”。其辨严矣。顾于明镜止水之说取之无疑,深所未晓。①

据朱子的“中和新说”,内心的本体即本性,就像明镜止水一样清澈透明,没有加入任何人欲。丁若镛认为这与儒学的传统没有任何关联,却与佛教所追求的自性清净心是一样的,他多次强调了儒教中的治心之法应该和佛教中的治心之法不同。

佛氏治心之法,以治心为事业,而吾家治心之法,以事业为治心。诚意正心,虽是学者之极工,每因事而诚之,因事而正之。未有向壁观心,自检其虚灵之体,使湛然空明,一尘不染,曰此诚意正心者。……今人以治心为诚意,直欲把虚灵不昧之体,捉住在腔子内,以反观其真实无妄之理。此须终身静坐,默然内观,方有佳境,非坐禅而何?②

为了清除一切分辨之心,佛教要求终止思维这个一切分辨之心的根源。通过禅定获得无分辨之心者,即悟者对于一切外物不带有善恶、真假等标准,可以与之结成如流水一般的适当关系。如果朱熹的涵养之功真的指向明镜止水的状态,那么,其结果不但未能确保道德主体,反而使主体走向消解。丁若镛指出,佛教修练想强调消除思维,这在朱子身上仍然存在③。朱子自己也曾批判过,强调“空”是佛教的主张,因为涵养之功虽然没有特别的思虑和事态,但并不像佛教以虚无的“空”为前提。对此,丁若镛认为,如果朱子的修养法指向的是如“明镜止水”般通透明亮的内在的本体,那么这与朱子本意恰恰相反,其实却与佛教的主张大同小异。

---

① 丁若镛. 与犹堂全书·中庸讲义补(卷一)[M]. 首尔:骊江出版社,1989:9.

② 丁若镛. 与犹堂全书·大学公议(卷一)[M]. 首尔:骊江出版社,1989:9.

③ 琴章泰在论述丁若镛的“心”概念时指出,丁若镛的“心”虽然具有自我省察的能力,但这并不是强调内向地审视“心”之本体,而是注重“心”所表现出来的外向性特征。丁若镛不仅批判了禅家的“面壁观心”,还批判了儒家没有具体行为的静坐涵养之修养方式也因宋学变质了。琴章泰认为,丁若镛所批判的是,如果按照性理学家的主张作内省修养,便会出现陷入禅家弊端中的危险(琴章泰,2002)。

（二）主张通过实践来实现修炼的价值

丁若镛指出朱子的未发涵养论所具有的弊端，并力陈修行者的修养只能在与具体的外部事态的关联中进行。如果没有具体的实践来修炼，只空虚地观照内心，这种态度反而会引起心病。

真体之湛然虚明、鉴空衡平难亦可贵，必其行事笃实乃保本真。直把此物求其空明，未有不内发心疾者。①

默坐反观亦必取我与人相接之际，一一点检，乃有依据，可诚可正。反观其未发前气象，将何补矣？……先辈治心学初年多得心疾，此先辈之所自言也。②

丁若镛把心之本体称作“真体”。按照朱子的观点，真体是指内心保持纯粹的天命之性的状态。不过，丁若镛认为这种保持内心天命之性的态度无法在现实中使内心趋于真实至诚。也正因为如此，性理学家认为，要想追求生命本体的真实，就必须修行，即通过实践来实现其价值。在具体的人伦关系中，如果不通过人与人的交际检验自己内心，那么修养反而会引起精神上的障碍。也就是说，为了追求“未发”之气象而抓住未发时通透明亮的内心不放，这种意图反而会成为无望的执着，使主体深潜于内心而成疾。这种内心回归的主张到底对我们的伦理道德体系有什么帮助呢？丁若镛正在苦思着这个问题。

一般我们容易把平时做好涵养之功，理解成是为在碰到各种事态、对象时应对自如而做准备。不过，丁若镛认为这种准备并不能自然地与外部事态直接发生关联。这是因为，如果没有恭敬上帝、反省自身的过错、深思各种道理等积极的思索，内在的本性修养最终无法适应生活中的各种具体事态。丁若镛的立场是，若没有明确的恭敬和恐惧对象（天）作前提，任何修养方式都难以取得实效。他重新思考了这一问题：究竟怎样才能让“涵养”“庄敬”“默坐”等修养方式不流于佛教的坐禅？

敬者，有所向之名，若无所向，亦无所用敬。惟本心涵养莫如敬以直内，故君子有对越主敬之工。然此工夫比之手口动作之功倍难倍高，岂可曰无所用心乎？若无故静坐，亦何异于坐禅也？③

惟敬天、敬神可为静坐之工，然亦必默运心思，或想天道，或穷神理，或省旧愆，或紬新义，方为实心敬天。若绝思绝虑，不戒不惧，惟务方塘一面湛然不波，则此静也，非敬也。④

---

① 丁若镛.与犹堂全书·大学公议（卷一）[M].首尔：骊江出版社，1989：30.
② 丁若镛.与犹堂全书·大学公议（卷一）[M].首尔：骊江出版社，1989：13.
③ 丁若镛.与犹堂全书·论语古今注（卷九）[M].首尔：骊江出版社，1989：38－39.
④ 丁若镛.与犹堂全书·心经密验（卷二）[M].首尔：骊江出版社，1989：30－31.

丁若镛强调"敬"的修炼的实际意义是以上帝为对象进行的敬奉的具体指向，因而涵养亦意味着敬惧上帝的修身养性。在此，丁若镛强调"敬"的修练必须具有明确的对象。如果像朱子学中以内在本性作为对象的涵养修炼一般若有若无，无所指向，那么与其说这是真正的修炼，不如说是佛家的坐禅。对丁若镛来说，不论是感情未发或已发，内心应当始终具有特定的指向。而且，这个对象应该是值得敬畏的上帝，是能洞察和透视自身缺点的存在。因为只有这样，在喜怒哀乐之情未发时，我们才会心怀谨慎和敬畏，切切实实地去努力。作为敬奉上帝的具体方法，丁若镛列举了理解天道、反省过失、寻找新的理智等积极的意识和思维过程。以上帝为对象的"敬"的修炼，不是单纯的畏惧的情感状态，而是反省与批判的思维过程。

第三章 批判地接受朱子学、与西学保持距离

第一节 有选择地接受朱子学理论

一、对朱子“人心道心说”哲学内涵的接受

（一）认同朱子“虽上智不能无人心，虽下愚不能无道心”的观点

丁若镛对朝鲜时期的传统学问和理念——朱子学的强烈批判一直是“茶山学”研究者们详细介绍和强调的一点。笔者也认为茶山先生对当时具有权威地位的朱子学的批判姿态具有非常重要的意义。从某种意义上来说，比起当今的儒学研究者来，生活在200年以前的丁若镛的视角反而更具有现实性和主体性。但是在对待当时最为强势的朱子学这一问题上，丁若镛的立场并不能简单地一言以蔽之。正如学者们现在所注意到的那样，丁若镛看待朱子学的立场包含着“连续性”与“非连续性”多个层面。从某个角度来看，对传统的全盘否定或全盘肯定要比这样选择性地吸收更容易。然而丁若镛在对朱子学保持总体的强烈批判的同时，依然不懈地致力于寻找朱子学中值得肯定的要素。

例如，对于在朱子心性论的“中和说”里提出的未发、已发的性情构造和已发的涵养修炼，丁若镛一直保持着批判性的态度。这一点我们已经在第一部分第二章“对朱子学的批判”这一节里讨论过。不过，丁若镛在1827年（66岁）《梅氏书平》修订本中的《阎氏古文疏证抄》部分，对朱熹60岁时的著作《中庸章句序》中的心性论重新进行了一番审视。在这本书里，丁若镛首先阐明了一点，即朱子的人心道心思想与孔子的“克己复礼”、孟子的“大体小体论”是一脉相承的。正是由于丁若镛对《论语》和《孟子》等古代儒学经典著作有着深刻的研究，因此能对朱子的人心道心思想追根溯源，并作出这番肯定的评价。不仅如此，丁若镛还对《荀子》中引用的《道经》的主张做出了全新的诠释，认为人心道心这一理念之所以能上升到儒学心性论之核心的高度，都是出自朱子的功劳。这一想法并不是他到了晚年才突然萌发的，在他50岁出头时所著的《论语古今注》里就曾作出了如下意味深长的评价。

孟子之没,道脉遂绝,籍灭于战国,经灭于秦项。……汉儒说经,皆就文字上,曰诂曰训,其于人心道心之分,小体大体之别,如何而为人性,如何而为天道,皆漠然听莹。……以己克己,是千圣百王,单传密付之妙旨要言。明乎此则可圣可贤,昧乎此则乃禽乃兽。朱子之为吾道中兴之祖者,亦非他故,其作中庸之序,能发明此理故也。近世学者,欲矫宋元诸儒评气说理内禅外儒之弊,其所以谈经解经者,欲一遵汉晋之说,凡义理之出于宋儒者,无问曲直,欲一反之为务。其为一二人心术之病,姑舍是,将使举天下之人,失其所仅获,昧其所仅明,滔滔乎为禽为兽,为木为石,非细故也。①

在这段引文里,丁若镛强调,儒学之所以能够重新步入鼎盛期,正是因为朱子在《中庸章句序》中阐明了人心道心的意义。② 尽管朱子通过《集注》和《章句》对四书五经作了大量的注解,但其中最精华的部分还是在于朱子对《古文尚书·大禹谟》中的人心道心思想所做出的哲学角度上的阐释。前文在"人心道心说的哲学内涵"这一部分里已经提到过,朱子认为人心道心的存在是以"形气"和"性命"二者分离为前提的。所有的人都拥有肉体,即便是圣人也无法摆脱与"形气"相生相伴的人心;所有人亦生性向善,因此也都具有来源于"性命"的道心。丁若镛十分赞同朱子"虽上智不能无人心,虽下愚不能无道心"这一观点。不仅如此,他还评论说"唯圣罔念作狂,朱子道这一句,正合周公之戒。"③从这句话里可看出,对于朱子谨遵古代圣人之志的境界和道德戒心,丁若镛致以深深的敬意。因此,丁若镛在对"上智"和"下愚"做出诠释时,直接引用了朱子的这一观点。

狂圣之性本只相同。克念而习于恶,则降而为恶。虽可圣之人罔念则移于狂,虽易狂之人克念可移于圣。其不肯升者名曰下愚,其不肯降者名曰上智。④

即便是圣人,也有可能因为一时不察而变成狂人。朱子的这一训诫与之前他所强调的"圣人无需一日三省"的内涵截然不同。朱子的圣人观是从"圣人无需人为反省"的层面来理解的。在同一著作中,丁若镛通过《易》的内容对此进行了强烈的批判:

---

① 丁若镛. 与犹堂全书·论语古今注(卷六)[M]. 首尔:骊江出版社,1989:1-2.

② 李光虎曾指出,丁若镛认同朱熹是使儒学重新进入中兴期的始祖,并且十分重视朱熹的《中庸章句序》及其中的"人心道心说"的价值(李光虎,2003)。他解释说,丁若镛在与李蘗的对话中得知退溪李滉的理气论尤为强调人心道心思想,后来他在解读退溪李滉的过程中,对朱熹的人心道心思想产生了强烈的共鸣。李光虎在别的论文中提过退溪的哲学思想对丁若镛的经学思想产生的影响(李光虎,1996)。这一观点与之前提及的李东焕的两篇论文《茶山思想中的"上帝"的出处和性质》及《对茶山思想中"上帝"出处的民间传说的考察》(李东焕,2005)中的观点有所出入,是重要的争论焦点之一。

③ 丁若镛. 与犹堂全书·心经密验(卷二)[M]. 首尔:骊江出版社,1989:40.

④ 丁若镛. 与犹堂全书·论语古今注(卷九)[M]. 首尔:骊江出版社,1989:16.

《易》曰:君子终日干干,夕惕若,厉无咎。夕惕若者,圣人省察之极工也。朱子谓三省非圣人之事。会子晚年进德工夫,盖微有这些子查滓去未尽。然汤以六事者自责,岂亦查滓有未尽乎?圣人未尝无省察也。①

但是在读完《中庸章句序》后,丁若镛的批判立场便发生了完全的转变。这是因为朱子在此作品中阐述了性气二元论及以此为基点出现的人心和道心,而这些理论正是支撑丁若镛的心性论和修养论的核心支柱之一。丁若镛在提到《孟子》时亦多次强调,是否具备出自于本性的道心,是区分人和动物的关键所在。譬如,他在《孟子要义》中说道:"孟子一生所察,即道心之存亡也。欲寡则道心亡者亦寡,欲多则道心亡者多。君子之所谓严省者,只这存亡而已。"②而来自于形气的人心只想着满足一己私欲,因此是十分危险的。对于这一点,丁若镛按照朱子的立场做出了解释:

孟子所谓耳口目鼻四肢之欲,固上圣之所不能无者。然我之所以答是欲者,能循正理,则不害其为善,专循私意,则乃至于陷恶。故书曰人心惟危。危者,善恶未判之境也。故朱子注大禹谟曰,人心易私而难公故危。夫所谓易私者,岂非易循人欲者乎?然则程朱之说,亦有符合处矣。③

这里丁若镛解释说,朱子之所以说"人心易私而难公故危",是因为人类十分容易按照感官上的私欲(即人欲)行事。由于人往往只忠实于自己的私欲,故而人心是会轻易诱人从恶的危险之物。当然,不管是朱子还是丁若镛,都否认人心是绝对丑恶的。在他们看来,因为每个人都有他人难以体会的饥饿与痛苦,因而会产生想除之而后快的欲望亦在情理之中。正因为如此,丁若镛并没有否认每个人都有感官需求和私己之欲。但是他又认为,肉体上的需求会将人们心中的天平向私欲倾斜,而实现这种需求又是人心的目标,因而人心也可谓是危险的。如此一来,由肉体需求所导致的人心之欲与想要将其抑制下来的道心命令就形成了一组对立的关系,而这正是丁若镛最感兴趣的一个命题。他反复强调的"洗心有法,不过一悔字"④亦是出于这个原因。在他看来,道心会让人们为人心之欲而感到后悔,因此,只有保持着这样的道心,人们的行为才能符合道德规范。

(二)否定朱子"惟精唯一,允执厥中"的修炼方法

朱子在阐述自己的人心道心说时,在《中庸章句序》里将人心和道心作了明

---

① 丁若镛.与犹堂全书·论语古今注(卷一)[M].首尔:骊江出版社,1989:12.
② 丁若镛.与犹堂全书·孟子要义(卷二)[M].首尔:骊江出版社,1989:53.
③ 丁若镛.与犹堂全书·中庸讲义补(卷一)[M].首尔:骊江出版社,1989:64.
④ 丁若镛.与犹堂全书·心经密验(卷二)[M].首尔:骊江出版社,1989:38.

确的区分,并用"惟精唯一"来概括让人心服从道心命令的修行法。朱子在序言里也提到,所谓的"精"是将人心与道心严格区分开来,使二者互不混淆;而"一"则是让人心服从道心,并且按照道心的要求行事。朱子在对此作出进一步说明时指出,自己所说的绝不是要抹杀掉人心或道心之中的任何一个,而是要使生而有之的人心及欲求能够受道心的支配。因为如果抹杀了两者中的一个,(惟精唯一的修养论)就会变成像佛教或道教一般的虚无的学问。① 正是出于这样的观点,朱子阐述了"精"和"一"的修炼,并强调只有将"精一"修炼到家,才能保证在任何情况下都保持不偏不倚、无"过"或"不及"的"时中"状态。这是朱子对人心道心的后半句"惟精唯一,允执厥中"的解释。朱子用形气和性命之分来阐释了人心道心的存在论背景,同时又用"惟精唯一"和"允执厥中"来指明了人心道心的修养论涵义。

人心道心,亦必是五帝以来相传之道诀,非后人之所能道也。今此二句,为万世心学之宗,岂可以出于荀氏,而少忽其尊信之诚哉!但"惟精唯一,允执厥中"二句,上承危微之戒,终恐龃龉而不安。何者?上智不能无人心,下愚不能无道心,朱子之说,圣起不易。然则人心道心,不可以择执其一,将何以惟精唯一乎?且所谓执中者,即中庸所谓执其两端,用其中于民也。中者,于凡事物之上,各有至极正当底道理者也。若就人心道心,求其中而执之,则必天理人欲,相杂相糅,为半是非之义,然后乃为执中。若云绝去人心,孤存道心,是之谓精一,则又何云上智不能无人心乎?人心道心,自一至言,允执厥中,自一炯戒。各观其旨,可以之道相连为文,终不合理。②

但正如上文所言,在朱子的人心道心说中,丁若镛只赞同其对人心和道心之间的关系所阐释和说明的部分,而否定了朱子接下来对"惟精唯一"和"允执厥中"解释的部分。这是因为古代儒学经典著作中出现的"惟精唯一"和"允执厥中"的原意都与朱子的观点有所不同。根据朱子的解释,"惟精唯一"是区分人心和道心的修炼,但是在其原始出处《荀子·解蔽》中,"惟精唯一"指的却是由于专注于某一事物(一)而达到了精通(精)的境界。因此,如果按照"惟精唯一"的本义来解释人心和道心的关系,则会得出"只专注于人心或道心的其中之一,而将剩余的另一个抹除"的结论。因而丁若镛认为,将"惟精唯一"这一用语连接在"人心道心"的后面,显然是不合理的。另外,根据《论语·尧曰》,"允执厥中"的意思应为在两个极端之间取一个中间值,以保持事物的平衡。按照这样的解释,人们应该从人心道心中各取一半拼凑起来,以达到折中的效果。这种说

① 参照本书第一部第一章第一节的引文和脚注。
② 丁若镛. 与犹堂全书·心经密验(卷二)[M]. 首尔:骊江出版社,1989:29.

法显然也无法站稳脚跟。最后丁若镛评价说，在梅赜所著的《尚书·大禹谟》里，可借鉴的部分也就只剩下了对人心道心二者的概念所解释的部分。而从朱子的《中庸章句序》里，丁若镛也只吸收了其中解释两者概念的部分，合计135字，其余对于“惟精唯一”和“允执厥中”的解释部分则完全被拒之门外。

不过，如果不考虑这种考证学上的用词区别，单从修养论的涵义来讨论的话，丁若镛与朱子的人心道心说区别并不明显。甚至可以说，丁若镛是以朱子“惟精唯一”的修养方法为模本，在此基础上进行了更为严谨细致的论证。对于这个问题，笔者会在第二部分第二章进行更为详细的分析解释。这里只针对修养方法的构成问题展开论述，以证明丁若镛和朱子的修养论的内涵是相同的。

凡有一念之发，则已惕然猛省曰，是念发于天理之公乎，发于人欲之私乎，是道心乎，是人心乎？密切究推，是果天理之公，则培之养之，扩而充之，而或出于人欲之私，则遏之折之，克而复之。君子之焦唇敝舌，糙糙乎理发气之辩者，正为是也。①

道心为之主，而人心听命，则从心所欲，为从道心之所欲，故不逾矩也。若众人从心所欲，则为从人心之所欲，乎陷于恶也。②

这里丁若镛主张，人在产生了某种念头后，应该严格审视它是顺应天理的道心还是顺从人欲的人心。换句话说，当发现某种心理之后，应该严谨地区分它是道心还是人心。从这里可以明显看出，这一涵养修炼与朱子“惟精唯一”中的“精”是一致的。在经过仔细地判断之后，对于那些顺应天理的道心，人们应该进行扩充和培养，而对于那些顺从人欲的人心，人们应该加以遏制和克服。这当然并不是说要抹杀人心而专一于道心，而是说应该控制人心，使其听从道心的命令。这一层涵义在以上第二段引文中体现得尤为明显。不难看出，这种使人心听从道心命令的做法与朱子“惟精唯一”中的“一”又是一致的。因为朱子曾强调过，人心和道心中的任何一个都无法消除，因而要时刻努力使人心的欲望服从道心的命令。通过论证我们可以看出，丁若镛所提倡的人心道心的修养方法与朱子的主张其实没有太大的差异。对于朱子的形气二元论及由此出现的人心道心对立格局，丁若镛予以了高度的赞扬。同样，与人心道心紧密相联的朱子的惟精唯一的修炼法也具有其严谨性，因此也具有充分的参考价值。

然而对于丁若镛来说，有问题的并不是“惟精唯一”的哲学内涵，而是它的下一句“允执厥中”。《中庸章句序》中朱子将“允执厥中”，即将“执中”的状态描述为经过修炼后所达到的结果——“时中”的状态。朱子认为，如果能够使人

① 丁若镛. 国译茶山诗文集(卷十二)[M]. 首尔:民族文化促进委员会, 1996:8.
② 丁若镛. 与犹堂全书·论语古今注(卷一)[M]. 首尔:骊江出版社,1989:24.

心时刻听从道心的命令，那么，在动静之中、言行之间便不会出现过度或者未及的失衡现象，这就是“中”（或者允执厥中）的涵义。但是，丁若镛并没有接纳把允执厥中的“中”理解为修炼结果的观点。对于丁若镛来说，所谓的“中”指的是人们在慎独的修炼中保持平稳的心理状态的过程，也就是说要在严谨自律的修炼中一直保持心静如水的平衡状态。关于丁若镛的“允执厥中”或“执中”的学习论，在本书的第二部将有多处详细说明。比如《尚书·尧典》里尧舜所提到的“执中”和孔子在《中庸》里“喜怒哀乐”之未发时的“中”，以及《古文尚书·大禹谟》和《论语·尧曰》里“允执厥中”等。这里丁若镛始终采取“中”的心态。即坚持不偏不离的心理状态和强调这种状态的修炼过程中的“执中”方法，可以说，丁若镛在吸收朱子的人心道心说时所出现的选择性接受的问题，归根结底是由于丁若镛原则性地坚持《荀子·解蔽》中的“惟精唯一”的本意，而没有接受朱子与此不同的解释。另一方面，对于丁若镛来说，朱子的允执厥中是以“时中”的角度来解释的，这与丁若镛修养论的整体体系并不符合，因而丁若镛自然会对之进行批判。因此，尽管丁若镛积极接纳了朱子的人心道心相对立、道德主体的意志等观点，但是在提及道德主体的具体修炼方法时，丁若镛提倡的则是一条与朱子完全不同的道路。

二、对《中庸或问》里“中和说”的接受

（一）只有君子通过修养才能达到“中”的状态

对于朱子在“中和新说”中的心性论结构及修养论内涵，丁若镛进行了强烈的批判。这是因为朱子在《中庸》的第一章里所诠释的喜怒哀乐的“未发”和“已发”，与丁若镛的观点是截然相反的。这一差异不仅仅体现在对未发、已发的定义上，还扩展到了未发、已发时的修养方法的层面。我们都知道，朱子认为人类将本性流露于外时便是喜怒哀乐未发之时。但丁若镛却主张从字面意义来解读其涵义，也就是说，喜怒哀乐之未发指的仅仅是这四种情绪未出现的状态。而由于受多种思维因素的影响，朱子所谓的寂然的“心之全体”并不是未发的本来面目。

不仅如此，丁若镛还认为，正是因为未发之时有多种思维因素在同时发生作用，所以在喜怒哀乐之类的复杂情绪还没有出现的“未发”之时反而是修炼的最佳时期。在丁若镛看来，即便是未发之时，也不应该以静坐的方式来审视或是修炼本性，因为朱子所提倡的这种修炼方法或多或少带着佛教的意味。不过，朱子曾说过其主张的未发时的涵养修炼实际上是日常的庄敬涵养的修炼。站在朱子的立场上，日常的涵养修炼也充分具备了修炼的资格和条件。因为这时只是动摇感情和压制思维的特殊事件、时机或状态还没有到来而已，平时业已习惯的行

为和自省方式依然可以发生作用。以此为前提，朱子提出，在未发时的涵养修炼中，道德修炼的主体也具有修养的意愿。但是丁若镛指出，如果不想让涵养或静坐修炼变成佛教的坐禅，首先就应该有一个明确的崇敬对象(上帝)，并且修炼主体应该具有能彻底反省和悔悟自身过错的直接思维能力，还需时刻将人伦道德关系放在心上。凭借这一论述，丁若镛一如既往地抨击了朱子所提倡的具有内省倾向的涵养修炼。这就是说，他依然无法接受这种预先察觉并且压制内在本性的修炼方式。丁若镛之所以会对此进行始终如一的批判，究其根源，是因为朱子在"中庸"中对未发、先发概念的解释(即中和概念的解释)方面，与其观点存在着差异。

喜怒哀乐情也，其未发，则性也；无所偏倚，故谓之中；发皆中节，情之正也；无所乖戾，故谓之和。①

心之全体湛然虚明，万理具足，无一毫私欲之间；其流行该遍，贯乎动静，而妙用无不在焉，故以其未发而全体者言之，则性也；以其已发而妙用者言之，则情也。然心统性情，只就浑沦一物之中，指其已发、未发而为言尔，非是性是一个地头，情又是一个地头，如此悬隔也。②

在《中庸章句》中，朱子解释说，喜怒哀乐之未发谓之"性"，已发谓之"情"。确切地说，未发指的是"心"之未发，朱子认为，心处于未发的状态是由于"性"维持原样，因此也可以简单地把未发称为"性"。在他看来，如果喜怒哀乐的情绪尚未被激发出来，那么，就意味着此刻的心灵没有任何偏重和倾斜，这种可谓之为"中"的状态正好最能体现出"性"的原始面目。而当"情"已经流露出来时，如果合乎事态发展，没有违和之处，那么，这时的"情"就可称之为"和"。但是，这里朱子所诠释的"中"与"和"的概念并没有包含具体的修炼方法。这是因为按照朱子的观点，未发、已发时的性情是所有人与生俱来的心理构造，具有普遍性。当然已发之时可能每个人的"中节"会存在差异，但是未发之时则不然，此时人人所持的本性都是一样的。这一观点在上述第二段引用文中体现得更为明显。朱子提出"以其未发而全体者言之，则性也，以其已发而妙用者言之，则情也"。显然，朱子剖析未发、已发的结构时套用了性情体用说的模式。因此，朱子强调，其"心统性情"论是适用于所有人的、具有普遍性的心性论。

丁若镛对朱子的这一主张进行了强烈的抨击。他认为，《中庸》里的"中"并不是指寂然状态下心的本体，而是指修炼中的人通过"执中"来守住自己的本心。而"和"则通常是指正在修炼修养的人在遇到事情时表现出适中的感情。

① 朱熹. 四书章句集注·中庸章句(卷一)[M]. 郭齐勇，导读；曾军，整理. 长沙：岳麓书社，2008：26.
② 朱熹. 朱子语类(卷五)[M]. 黎靖德，编. 北京：中华书局，1983：76.

因此,丁若镛的中和概念并不是对一般人的心性构造的普遍概括,它指的是只有慎独、戒慎恐惧的少数君子才能达到的执中的修养状态。然而,与《中庸章句》或部分《朱子语类》不同的是,在《中庸或问》中,朱子表达了与以往观点不同的立场,这一点引起了丁若镛的注意。因为朱子在《中庸或问》里提到,"中"指的是那些正在修炼涵养的君子通过戒慎恐惧来维持无所偏倚的心理状态,而只有这样的君子才能达到"中"的境界。

惟君子自其不睹不闻之前,而所以戒谨恐惧者,愈严愈敬。以至于无一毫之偏倚,而守之常不失焉,则为有以致其中。……尤于隐微幽独之际,而所以谨其善恶之几者,愈精愈密。以至于无一毫之差谬,而行之每不违焉,则为由以致其和。①

这里丁若镛所关注的是朱子"只有奉行戒慎恐惧的君子才能达到'中'的境界"这一论述。因为在《中庸章句》里朱子曾把"中"定义为无喜怒哀乐情绪的空寂心灵的本体,是所有人共同拥有的。然而与之相反,在《中庸或问》里朱子却把"中"解说成只有一贯遵行戒慎恐惧的君子才能达到的境界。据此,丁若镛认为,朱子在"中和"的概念的理解上存在着两个立场,一是将其视为所有人心性构造上普遍存在的状态,这是丁若镛强烈抨击的;另一个则是将其视为只有君子通过修养才能达到的特殊的状态,这是丁若镛所接受和赞成的。因此,朱子在《中庸或问》中的这一论述能引起丁若镛的特别关注,可说是理所当然。

(二)接受朱子《中庸或问》中强调的执中、慎独的修养论

丁若镛曾在多处指出自己所要论证的观点,朱子在《中庸或问》里已明确提出了。

朱子于《中庸或问》,以戒谨恐惧,为致中之本,其说至精至确。由是观之,则喜怒哀乐未发,非心知思虑之未发,岂冲汉无眹之象乎?②

因此,他对《中庸章句》中的"中和说"与《中庸或问》中的"中和说"作了严格的区分,并指出前者是错误的,而后者才是妥当的。

众人亦有未发已发,但未发而中,已发而和,非众人之所得有也。经曰:致中和,致者用力推致之也。中和既是用力推致之物,则岂众人之所得有乎?朱子于章句,以为众人之本性,于或问以为君子之用力,盖以程门诸说,原自不明,故朱子或从或违,致相矛盾,臣以为致中和者,慎独君子之事,当以或问为定论矣,汩

① 丁若镛.与犹堂全书·中庸或问(卷一)[M].首尔:骊江出版社,1989:9.
② 丁若镛.与犹堂全书·中庸讲义补(卷一)[M].首尔:骊江出版社,1989:64.

乱如泥，块然如石者，安得为天下之大本乎?①

君子在喜怒哀乐的情感被激发出来之前也常常会进行思考和反省，并审视自身的善恶。根据丁若镛的观点，喜怒哀乐之类的情绪往往会不期而遇，如果平时我们没有预先修炼，就难以将其控制在适当的范围内。所以，人们应该怀着对上天的敬畏心理，坚持对自身的瑕疵进行彻底的反省（慎独），并借此来维持自己心灵的公平与坚定（执中）。在丁若镛看来，只有在日常生活中坚持"慎独"和"修身"，才会在喜怒哀乐的情绪不期而至时将之控制在适当的范围内。如果把未发、已发理解为本体论上与生俱来的性情，平时不下功夫修炼，那么，人们便几乎不可能在实际的现实生活中把感情控制在合理的范围内。

朱子于章句，以此节为通论天下人之性情，于或间，以此中和之德谓由于戒慎恐惧。两义相盭，不能变通，于是百藤千葛，都由此起。盖自程门论学之初，已多谬戾。朱子作或问一书，辨之极详，今不再述。……故或通论众人，或单言君子，或以为本心体用，或以为慎独之功效，左倾右仄，趣不归一。此，学者之深恨也。②

丁若镛认为，朱子在《中庸章句》和《中庸或问》中体现出来的截然不同的立场，是由于伊川学派的学术特性所导致的。伊川学派中各种各样的学说互相混杂交融在一起，有时候产生让人无所适从的负面效应。正是这种众说纷纭、莫衷一是的问题让朱子萌发了纠正伊川学派错误学说的念头，因此写下了这本《中庸或问》。不过，在丁若镛看来，这本书并没有完全达到预期的效果。因为正如上文所述，朱子在为中和说做注解时，有时候把它解释成是所有人类的本性，有时候把它视为有修养的君子独有的境界，此外还会把它说成是本心的体用或是慎独之功效。在这里需要补充的一点是，事实上从朱子的立场上来看，《中庸章句》里未发时的"中"指的是作为"体"的本性，而《中庸或问》里"致中和"的"中"与"和"则是从"用"的角度来谈论的修炼结果。朱子以"体"和"用"这两个不同的范畴来诠释了自己性情说，因此站在他的立场上，《中庸章句》和《中庸或问》在体系上是承前启后的。丁若镛自己也承认《中庸或问》中的"致中"状态是慎独的功效，即某种程度上的结果。那么便可以说朱子在《中庸章句》里阐述的是本性的面目，《中庸或问》中阐述的是修炼的结果。不过朱子并没有为"中"的心境赋予内在的意义，只单纯地将其视为慎独的结果，这一点是丁若镛无法认同的。因此丁若镛除了强调慎独之外，还努力把保持内心平衡的执中修养论也归

① 丁若镛. 与犹堂全书・中庸讲义补（卷一）[M]. 首尔：骊江出版社，1989：7.
② 丁若镛. 与犹堂全书・中庸讲义补（卷一）[M]. 首尔：骊江出版社，1989：5－6.

入到具体的修养论中。不仅如此,丁若镛还对能与《中庸章句》的体用范畴形成连贯体系的《中庸或问》中的观点进行了加工,执意将其解释成正在进行的修养过程,并以此来证明自身的观点。依丁若镛所见,如果说把中和解释为人类的本性仅仅是逻辑性地论证了所有人无需努力便能拥有的心性构造的话,那么,将中和理解为君子独有的境界便是诠释了只有努力修炼的特定人群才能实现这种修养状态。对于丁若镛来说,有别于他之前彻底批判的《中庸章句》的观点,朱子在《中庸或问》里的中和说是具有非常重要的学术意义的。因为朱子在《中庸或问》中的修养论为丁若镛所强调的执中、慎独的修养论提供了直接的线索。

三、认同朱子学的哲学价值

如果比较丁若镛对其他学术倾向的批判和对朱子学的批判,会很容易发现他对朱子学的儒学基本精神反而持更为拥护的态度。在《五学论》中丁若镛为性理学做了如下定义:"性理之学所以知道认己,以自勉其所以践形之义也。"①按照他的理解,性理学家努力了解自身内在的本性,探究事物之"理",并通过这样一个过程领悟天理和天道。在他看来,《易经》《中庸》《孟子》等经典已经很好地将上述目标和方向传达给古人,而性理学家们对性理问题的钻研则可视为是古代明君的基本精神的体现。然而,当时的朝鲜儒学家们渐渐丧失了这种学术上的基本方向,只一心追求做孤傲清高的隐士或山林居士。对于这一点,丁若镛做出了辛辣的抨击,讽刺说:"长生辇毂之下者,为此学则入山,故名之曰山林。"②字里行间反映了当时学术界的这种风气。

不过从另一个角度来看,这类批判也反映出丁若镛对俗儒的抵触情绪。诚然,丁若镛非常憎恶那些利欲熏心、舞权弄势的儒生利用隐遁人士安贫乐道的外皮来掩饰其浅俗丑陋的行径,但是,他并没有用这样的眼光来看待朱子本人及性理学的学术方向。这点可以从很多地方得到验证。尤其比较一下他对只热衷于考证儒家经传字义的汉代训诂学所持有的批判立场便不难看出,对于宋代的性理学和朱子的学问态度,丁若镛采取的是肯定的态度。

诂训之学所以发明经传之字义,以达乎道教之旨者也,……然其诂训之所传受者,未必皆本旨。虽其得本旨者,不过字义明而句绝正而已。于先王先圣道教之源,未尝窥其奥而溯之也。朱子是为之忧之,于是就汉魏诂训之外,别求正义,以为集传本义集注章句之等,以中兴斯道,其丰功盛烈,又非汉儒之比。今之学者考汉注以求诂训,執朱传以求义理。而其是非得失又必决之于经传,则六经四

---

① 丁若镛. 国译茶山诗文集(卷十一)[M]. 首尔:民族文化促进委员会, 1996:19.
② 丁若镛. 国译茶山诗文集(卷十一)[M]. 首尔:民族文化促进委员会, 1996:19.

书其原义本旨,有可以相因相发着,始于疑似而终于真的,始于彷徨而终于直达,夫然后体而行之,行而验之。下之可以修身齐家为天下国家,上之可以达天德而反天命。斯之谓学也。①

丁若镛解释说,朱子和性理学的基本精神在于努力探究自身的"性"和事物的"理",并将"道"付诸实践。从这点上来说,宋学比单纯训诂经传字义的汉代学问要更接近圣人的境界。朱子出于对汉学弊端的忧虑而写下了很多关于经传的注释书,这一功绩被丁若镛盛赞为"重新振兴了儒学之道"。从这一点也可以看出茶山先生对朱子及其学问的看法绝对不是片面性的。为何丁若镛一方面彻底批判朱子的世界观、人类观和修养论,另一方面又提出想要领悟经传中的义理必须以朱子的著作为原本呢? 这是由于尽管各自的主张相互对立,但是,朱子做学问的态度和目标与丁若镛是完全一致的。丁若镛将包括朱子在内的性理学家的学术态度简明扼要地概括为"其必欲体行于心与身,则是矣"。②

丁若镛所著的四书六经注释书里也提出,君子通过修身来端正心性是修炼的关键之所在,而且个人修养的目的并不在于潜化于内心,而在于将之外化到自己的家庭、国家和天下。丁若镛承认,朱子学的基本方向就是将个人修养扩及外部。

对朱子学做学问的态度和目标的认同使得丁若镛能够以开放的视角来理解朱子学的核心理论所具有的重要价值。通常我们认为,丁若镛完全抵触理气性情之说,但事实上他对此问题的看法并非如此简单。尽管丁若镛确实对朱子学家们的世界观和人性论进行了严厉的批判,但也肯定他们用孜孜以求的精神探求性命之理和诚正之义的功劳。丁若镛对他们的学说和争论所具有的价值做出了如下阐述。

清儒之学长于考据,考据之法精于诂训而略于义理,又积伤于理气性情之说。凡理气性情之说欲一篲以清扫之,自以为折衷汉宋而其实宗汉而已。宋未必尽非,而性命之理存而勿论;汉未必尽是,而迂僻之解信之不疑。其护短匿疵之谕倍严于俗儒之卫宋,此之流弊将不知性命为何物、诚正为何业,其害可胜言哉? 宋之屈伸姑舍,尧、舜、周、孔之前果可以字句诂训之学继之承之乎? 宋未必尽是,而其欲体行于身与心则是矣。岂若汉儒治章句、述诂训以冀博士之荣禄者哉?③

这里丁若镛提出,"理气"与"性情"之说阐明了"性命为何物,诚正为何业",

① 丁若镛. 国译茶山诗文集(卷十一)[M]. 首尔:民族文化促进委员会, 1996:20.
② 丁若镛. 国译茶山诗文集(卷十一)[M]. 首尔:民族文化促进委员会, 1996:20.
③ 丁若镛. 梅氏书平 · 阎氏古文疏证抄(卷四)[M]. 李篪炯,译. 首尔:文学与知性出版社,2002:22-23.

并主张这才是窥探尧舜周孔之道奥秘的捷径。对于跟他处于同一时期的清朝儒士们的学术风气,丁若镛评价说,尽管他们自称折衷了汉学和宋学,但实际上只不过遵循了汉朝的训诂之法而已;此外,他们欲将宋学的理气性情说以一帚清理之的学术态度也令他十分叹惋。丁若镛自己也可以说是大力清理和废除宋代新儒学的人,但为何会做出这样的评价呢?思及于此,我们便能了解到丁若镛尽管批判了理气性情说,但并没有将之全盘否定。尤其对于心性论及修养论等方面的理论,他不仅认同,甚至还积极接受了其中的观点。这一点我们在讨论丁若镛对朱子的人心道心说的态度时已经述及。丁若镛对朱子的人心道心说的积极提倡,是对儒学传统的心性论和修养论的肯定,也是对汉代、清代的训诂学和考证学的学术主张的否定,是通过对彼此相互的比较所做出的自然而然的选择。

第二节 丁若镛哲学与《天主实义》的区别

一、"上帝"与"天主"的涵义与作用的区别

(一)承认上帝主宰与统御万物,但不认可上帝创造万物

通过与《天主实义》的邂逅,丁若镛颠覆了朱子学里带有理气论性质的世界观,这成为其哲学体系形成过程中的重要转折,同时也是他接受人格化、主宰化的上帝观的起始点。不仅如此,丁若镛还认为,正如上帝和人类的本质等级不同,人类和动植物也有着不同的本性,由此他提出,只有人类才具有好善耻恶的先天"嗜好",以及一心从善的自由意愿。然而,事实上以天主实义为代表的西学观点与丁若镛的哲学观点之间,依然存在着不可逾越的鸿沟。之前的诸多研究一直强调丁若镛的主张与天主实义之间的相似之处,这是由于丁若镛的哲学思想在朝鲜儒学史上占据着独特的地位。丁若镛带有去朱子学色彩的世界观、实体观等,在传统儒学史上可谓是"前无古人",而研究者们通常认为这都是由于其全盘接受了外来的西学观点而形成的。不过,近来这些研究倾向出现了一定程度的转变,不少学者开始认为丁若镛的学术观点与西学存在着一定程度的差距。因为尽管丁若镛在某些部分所强调的观点与利玛窦的思想具有相似之处,但他强调的整体背景和意图却与利玛窦的完全不同。如果按照这样的观点来分析丁若镛的观点,我们可以发现有不少地方都与《天主实义》的观点不相符合。

比如灵魂不灭论、来世上帝审判说、天堂地狱说等。其中,后两者的差异体现得相对比较明显,因为丁若镛从未在自己的正式著作中讨论过来世上帝的审

判，也从未描述过死后的另一个世界。有人认为研究丁若镛与利玛窦、《天主实义》的关系时应与研究其与朱子学的关系时区别对待，可以把他未明确表达出来的意图当作“沉默的证据”，但笔者认为这种研究方法具有一定的局限性①。当然，与对朱子学的公开批判或拥护不同，丁若镛几乎没有直接提到过利玛窦或西学著作。因此研究这二者间的关系时不能沿用研究丁若镛与朱子学的关系时的方法。尽管如此，笔者还是认为通过对丁若镛以文字记录下来的观点之间的比较来展开研究更为妥当。

丁若镛在《周礼·大宗伯》中曾对鬼神作了分类，他认为世间存在着天神、地示以及人鬼等②。所谓人鬼是指先人死后的鬼魂，即接受子孙祭祀的灵魂。其实在朱子学传统的“魂魄说”中早就有这种享受子孙祭祀的鬼魂的概念。传统的魂魄说认为，虽然人死后魂飞上天，魄散入地，但当祭祀的那天到来时，在子孙虔诚的意念下，人的魂魄会重新得以短暂的归一。不过，不能因为丁若镛提到过接受祭祀的人鬼就认为他同意人死后灵魂不灭的观点。这一点与朱子学中虽然提到了祖先灵魂却未曾言及人类灵魂的不灭性是相似的。以下是丁若镛最具代表性的讨论人死后意识形态的段落：

神形妙合，乃成为人。神则无形，亦尚无名。以其无形，故借名曰神。心为血府，为妙合之枢纽。故借名曰心。死而离形，乃名曰魂。孟子谓之大体，佛家谓之法身，其在文字，无专名也。先儒言性，亦太浑融，今人又或差误。生则曰性，死则曰魂，其实性与魂异，性非吾人大体之全名也。余谓性者，主于嗜好而言。若所谓谢安石性好声乐，魏郑公性好俭素。或性好山水，或性好书画，皆以嗜好为性。性之字义，本如是也，故孟子论性，必以嗜好言之。其言曰口之于味，同所嗜，耳之于声，同所好，目之于色，同所悦，皆所以明性之于善，同所好也。性之本义，非在嗜好乎？③

丁若镛把人死后的“心”或“大体”称作“魂”，而“性”则是人活着的时候从属于“大体”的一部分，因此“性”不同于“魂”。不过，他仅仅提到死后的心或大体称作“魂”，至于这“魂”具体是怎样的则未提及。而利玛窦部分认同儒家的魂魄说，认为“人有魂魄，两者全而生焉，死则其魄化散归土，而魂常在不灭”，④即

① 例如崔奭祐在《茶山丁若镛的西学思想》（崔奭祐，1997）中主张，研究者不能直接按字面意思来理解丁若镛的思想，应该从字里行间分析推论出其真正想表达的内容和意图。但是，笔者认为，通过丁若镛本人认可的著作来阐释他的思想才是最值得称道的研究方法。即便是本人写下的文字，如果之后因为无法认同其价值而将其删除，那么，这一段落便不能作为研究范本。另外，来自于教会的无法确认是否为丁若镛本人所著的段落也不能成为分析和理解丁若镛的重要依据，而那些在此基础上更进一步，要推论未直接记述下来的隐含之意的研究方法也是不甚妥当的。

② 参照本书第一部第二章第一节的引文及脚注。

③ 丁若镛. 与犹堂全书·孟子要义（卷一）[M]. 首尔：骊江出版社，1989：32.

④ 利玛窦. 天主实义（卷三）[M]. 宋荣培等，译. 首尔：首尔大学出版社，1999：3.

魄会消散归无，而魂则永久不灭，并明确提出因为魂从根本上来说不同于“气”，因此也就无从讨论“聚散”的问题。当然，丁若镛也并不认为“心”或“魂”是“气”，因为二者都与神明相关，故而不能从“气”这一物质层面来进行解释。即便如此，也很难从丁若镛的观点中推测出人死之后灵魂会怎样，因此，我们无法从现有的丁若镛著作中考证出他接纳了西学中死后灵魂不灭的观点。丁若镛极少提及死后灵魂的概念，所以他的只言片语既无法成为“魂不灭说”的论据，也无法成为“魂散灭说”的论据。① 丁若镛是二元论的拥护者，他认为人的肉身来自父母，而灵魂却来自上帝，至于这上帝赐予的神圣灵魂死后将会如何，则还有待于进一步的论证。不过，从丁若镛亲自执笔的文稿来看，这一问题很难得到更有说服力的推论。

另一方面，丁若镛对上帝的作用和权力的理解也不同于《天主实义》中的天主。丁若镛不仅完全没有提及死后上帝的审判这一概念，而且也从没有表达过上帝的审判决定着人死后上天堂或是下地狱的观点。这样看来，不仅是死后审判的问题，造物主上帝的创造行为的问题也有待进一步的讨论。因为丁若镛的文献中虽然几乎未曾提及人类死后上帝的作用，却曾简略提过上帝创造并主宰人和万物的作用。这一部分常常被用来强调并证明《天主实义》中的天主与丁若镛的上帝之间具有相似之处。前面的引文也提到过，丁若镛极力主张自己所说的上帝不是指自然世界的天地或天空，而是创造天地、改变天地的一种本质上的存在。② 通过这段引文可以看出丁若镛把上帝神化为“造化”“宰制”“安养”万物的实体。这里值得注意的一点是，他所用的“造化”与“宰制”“主宰”之间存在着区别。也就是说，他所说的上帝不仅仅是万物的主宰者，更是创造万物的最根本的存在。这很容易给人们造成这么一个印象：丁若镛所谓的上帝与利玛窦的上帝相似，它不仅是一个主宰者，更是一个造物者。现在让我们看看在下面一段引文中，丁若镛对“造化”一词的涵义所做出的解释：

> 夫谓有形生于无形者，造化之谓也。今以太易以为生物之本，可乎？王弼云，帝者，生物之主。纬家之说，不足述也。③

这段引文是丁若镛用来批判汉代的谶纬说的。此外，他还曾以《乾鑿图》为例，作了批判性的说明：

---

① 对于这一问题，琴章泰对此做出了如下总结：“从丁若镛的著作中很难找到他对人死后‘魂’的存在形式的解释，这是因为丁若镛的‘魂’的概念是在解释儒教经典著作时提出来的，而对于儒教经典中未提及的问题（即死后“魂”的存在形式的问题），他并没有多加笔墨描述。既然没有明确的论据表明丁若镛的‘魂’的概念是偏向不灭说还是散灭说，那么往两种方向进行进一步考证都具有一定的可行性。”（琴章泰，2003）

② 参照本书第一部第二章第一节的引文和脚注。

③ 丁若镛. 与犹堂全书 · 易学绪言（卷一）[M]. 首尔：骊江出版社，1989：30.

乾鑿图云,夫有形者生于无形,则乾坤安从而生? …… 太易者未见气也。……案:易子为字,包函日月,是亦含气之始,何谓未见气乎? 常怪陈希夷太极图坎离相交,阴阳已著而尊之为无形之道,其说盖本于太易矣。①

他认为汉代学者将无形生有形的概念错误地理解成了在不存在“气”的“太易”状态中产生了万物。按照他的解说,所谓“太易”或者“易”既然已经将日月包含在其中,就分明是有“气”的物体,那么便绝不能将“太易”说成是无形之物。在这一段落中,丁若镛借助王弼的话表达了自己的观点:有形之物的实际创造者便是上帝,换言之,所谓的无形存在指的不是别的,正是上帝本身。而无形的上帝使得天地间诞生了有形的各种存在,这便是丁若镛所谓的“造化”。这与他在《春秋考征》中说到上帝造化万物时的涵义是一致的。

但若仔细推敲我们就可以发现,丁若镛的“有形的万物诞生于上帝”的观点与“由无的状态生太极与万物”并不构成直接对应的关联。也就是说他所指的并不是从无到有的创造过程,而仅仅是说无形的上帝诞生了有形的万物,即无形的上帝是万物产生的根本源头。那么,从这个角度出发,我们就有必要再来思考一下丁若镛引用王弼的时所提到的“生物之主”的概念。不仅是王弼,其他性理学家也经常使用类似于“天地生物之心”的表达方式。作为他们的惯用表达,“生物之主产生万物”所表达的并不是人格化的造物主创造万物的过程,而是自然界的演变和生成过程。例如,丁若镛曾将意为创造、改变万物的“造化”一词运用到了下列段落中。

万物在上天造化之中,如鱼在水中游泳呼吸,不能离水。②

上天之载,广大神妙,无所不能。天何不加廓乎? 地何不加阖乎? 日月何不常明乎? 四时何不常和乎? 想造化之妙而观造化之迹,则人犹有所憾矣。有所憾者,非真以天地为小也,谓造化之广大,宜不止此。③

从这两段引文中可以看出,丁若镛是通过整个自然界的变化和生成过程来解释上帝的造化行为的。他把个体与上帝的关系比喻成了鱼和水的关系,而这很难与人为的创造过程联系到一起。因为无论水对鱼有多么重要,我们也不会认为是水创造了鱼。因此第一段文字虽然表明了上帝与万物之间存在着紧密相

① 丁若镛. 与犹堂全书·易学绪言(卷一)[M]. 首尔:骊江出版社,1989:30.
② 丁若镛. 与犹堂全书·中庸自箴(卷一)[M]. 首尔:骊江出版社,1989:16.
③ 丁若镛. 与犹堂全书·中庸自箴(卷一)[M]. 首尔:骊江出版社,1989:13-14.

关性，但没有直接说明上帝的造化是一种创造行为。① 第二段文字也是如此。丁若镛以天地之广阔、四季之交替、日月之样貌为例来说明上帝的造化规模之庞大。这些自然界的事物本身就十分庞大，而作为使些这自然界万物变化及运行的上帝，其造化则更是无穷无尽②。丁若镛所谓的上帝的造化行为与过去传统的儒学家们的观点大致相同，都是指涵盖事物整体变化的根源性的主宰行为。③

东方的正统学说很早以前就习惯于用“造化翁”或“造物者”来称谓上天。在朝鲜儒学史中，相对于“造化翁”这个称谓，“造物者”的使用频率要占压倒性的多数，但这两者并不都具有创造者的涵义。如尹善道的《孤山遗稿》（卷一）和徐居正的《四佳诗集》（卷二）记载的诗都曾使用“造化翁”一词。而李滉的《退溪先生文集》中《与李大成》等书信，以及与李滉进行辩论的奇大升《高峯先生文集》中的《俯仰亭记》里都曾出现“造物者”这一用语。从典籍中不难发现，从传统意义上来说，“造化翁”“造物者”并不代表着儒学家们认为世上真的存在着一个真正人格化的创造主，而是指自然世界自身的运行与变化是如此之和谐，仿佛是被谁故意操作过一样。因此，当人们看到世界自我运行后事物所出现的变化，想要追溯原因及其根本主宰者时，就会用到类似于“造物者”或“帝”的表达方式。例如，朱熹在引用程颐的话时曾如此表述：“以形体谓之天，以主宰谓之帝，以功用谓之鬼神。”④丁若镛曾引用王弼提及“帝”的句子，但那也仅指代主宰自然变化的根源。丁若镛自己亦云：“无极而太极，则是其义虽本出于‘道生一’三字。彼云道生一，是于太极之上，明有造化之本。若云无极而太极，则所谓太极

---

① 一些研究者部分认同丁若镛的上帝具有“创造”作用，但他们亦曾提到过其创造的具体方法与天主实义中的创造方法非常不同。成泰镛在解释丁若镛的创造观时曾引用过下面这段文字（成泰镛，2004）。“西瓜之始生也，其小如粟。而就其体中，求其所以渐大之故。则先自蒂始，小舒为圆形。复收为花脐，花跗之所落乃实乃胀。以成大瓜。天地创造之初，其法亦必如此。北辰者，瓜之蒂也。渐舒为圆形，复收为南极。南极者瓜之脐也。”（《易学绪言》《陆德明释文抄》）成泰镛通过这段文字对茶山所说的创造过程做了如下分析。上帝在天地分化之前创造了太极的元气，而具体的事物正是通过太极的展开而机械形成的。如前文第二章第二节里所述，丁若镛曾把太极阐述为天地、阴阳二分之前的混沌的气。那么如此一来，太极作为万物的初始和有形之物的开端，是由上帝创造而来的逻辑便可以成立了。在此基础上展开论述，便可说是由上帝创造了有形之物的开端——太极，而世间万物皆由太极自然而然地衍生而来。成泰镛指出，从后面所述的这一层面上便能看出，茶山所理解的创造过程与西学的观点是互不相同的。因为太极衍生万物的过程是机械性、理法性的，而这一过程里并没有直接涉及上帝的创造行为（成泰镛，2004）。笔者认为这有理神论的创造说的色彩。

② 金荣一在自己的博士学位论文《茶山的上帝思想研究：以其中庸解释为中心》中也通过这段文字证明丁若镛认为上帝不是创造主。他认为，常被译为创造的“造化”一词仅仅指上天主宰着万物的生成、变化，而非创造每一个实际存在的个体（金荣一，2000）。

③ 丁淳佑在《茶山眼中的天和上帝》中提出茶山所谓的“造化”不是人格天主的创造行为，而是指万物生而复灭的自然规律（丁淳佑，2006）。“造化”一词被儒生频繁使用，如天地造化、造化之枢纽、茫茫造化工等。丁淳佑认为，茶山的上帝并不具有创造者的本领，而是带有主宰性、超越性色彩的形象化身，而这一特征在儒学传统著作中早就有了充分的体现（丁淳佑，2006）。笔者认为丁淳佑的这一评价有助于准确地把握茶山的上帝思想。

④ 朱熹. 朱子语类（卷六十八）[M]. 黎靖德，编. 北京：中华书局，1983：9.

者，是又自然而生，无所为本也。未论经旨得失，而老子之意亦一变，而为异说矣”。①这里所说的“太极之上，明有造化之本”，我们可以这样来理解：虽然从表面上来看，丁若镛认为上帝孕育了万物并且促进万物发展，但作为造化的根源，上帝只发挥着主宰和统御的作用，并未提及有创造的作用。在《天主实义》中，天主在完全虚无的状态下创造万物的行为被再三强调。但是，考虑到丁若镛往往是依据古代儒学的经传来改进自己的理论体系，而这些古代经传中又几乎完全没有提及“创造说”，因此可以说他关注并接受西方的创造学说的可能性并不大。笔者认为，尽管他使用过“造化”这一概念，并且提到过“太极之上定有本源”，但对于他来说，上帝的作用依旧不是创造，而是主宰及管辖万物的生成和变化。而在干涉人类道德行为的方式上，《天主实义》中的天主和丁若镛主张的上帝，两者在意义与作用上的区别体现得更为明显。下面将从这一问题出发，分析《天主实义》与丁若镛的观点之间的差距。

（二）丁若镛的哲学观点与《天主实义》间存在本质的差别

丁若镛用“天命”来解释上帝在人们实际生活中所发挥的作用。他主张上帝的命令——天命会随时通过内在的心灵（即道心）传达至人们心中。来看看他的论述：

> 道心与天命不可分作两段看。天之儆告我者，不以雷不以风。密密从自己心上丁宁告诫。假如一刻蓦有伤人害物之志，萌动出来时，觉得一边有温言以止之者曰咎皆由汝，何可怨彼？汝若释然，岂非汝德？丁宁谛听，无所熹微。须知此言，乃是赫赫之天命。循而顺之则为善为祥，慢而违之则为恶为殃。君子之戒真恐惧，亶在此也。②

按照天主教的观点，天主对于人类的支配作用是通过“创造”和“事后审判”这两点来实现的。作为被造物，人在短暂的现世里会得到天主所赋予的“自由意志”，因此，当人们为非作歹、违反天命时，天主明明了然于心却会不动声色，因为人们所有的罪恶和背叛所产生的代价都要在其死后如数承担。当然，尽管利玛窦认为来世的审判和赏罚最为重要，但他并不否认在现世天主会进行补偿和惩罚。不过这主要是天主因为担心愚人们没有认识到其存在而临时采取的赏罚，因此绝不是天主最主要的审判。

> 设令善恶之报，咸待于来世，则愚人不知来世之应者，何以验上天之有主者？将益放恣无忌。故犯彝者，时遇饥荒之灾，以惩其前，而戒其后。顺理者时蒙吉

---

① 丁若镛．与犹堂全书·易学绪言（卷二）［M］．首尔：骊江出版社，1989：3－4．

② 丁若镛．与犹堂全书·中庸自箴（卷一）［M］．首尔：骊江出版社，1989：5．

福之降，以酬于往，而劝其来也。然天主至公，无不尽赏之善，无不尽罚之恶。故终身为善，不易其心，则应登天堂，享大福乐而赏之。终身为恶，至死不悛，则宜堕地狱，受重祸灾而罚之。其有为善而贫贱者，或因为善之中有小过恶焉，故上帝以是现报之。至于殁后，既无所欠，则入全福之域，永享常乐矣。亦有为恶而富贵者，乃行恶之际，并有为善存焉，故上帝以是偿之，及其死后，既无可举，则陷深阴之狱，永受罪苦矣。夫天宇内外，灾祥由天主欤？由命欤？天主令外，故无他命也。①

利玛窦解释说，上帝在人死后发挥的最重要的作用有两个，其一是让今世犯下错误却没被惩罚的人们死后付出代价，其二是让积极行善却没得到奖赏的生灵死后享受福祉。故利玛窦如是说："仁者为能爱人，能恶人。苟上帝不予善人升天堂，何足云能爱人？不迸恶人于地狱，何足云能恶人乎？夫世之赏罚，大略未能尽公。若不待身后以天堂地狱，还各行之当然，则不免乎私焉。弗信此，乌信上帝为仁为公哉？且天堂地狱之报，中华佛老二氏信之，儒之智者，亦从之。太东太西，诸大邦无疑之，天主圣经载之。吾前者揭明理而显之。则拗逆者，必非君子也。"②既然如此，那么现世里上帝便不会每天都通过人类的心灵来干预其道德行为，这种说法不符合天主教的基本主张。另外，丁若镛认为上帝是通过"道心的命令"介入到人类每一天的生活中，也就是说，上帝仅仅是靠良心的谕令来干预人们的生活，而非通过电闪雷鸣等自然灾害的方式发出警告。而从存在论的角度来看，这道心的性质和上帝的性质之间是有着直接关联的。对此丁若镛做出了如下解释。

天命不但于赋生之初，畀以此性。原来无形之体妙用之神，以类相入，与之相感也。故天之儆告，亦不由有形之耳目，而每从无形妙用之道心，诱之诲之。此所谓天诱其衷也。③

在这里，丁若镛把人心和上帝间的关系描述成了同类之间的相互感应，这不禁让人联想到了传统的感应理论。上帝是神明的存在，而人类亦被上帝赋予了神明，是灵明的存在。这来源于上帝的神明在人类的心中安栖，因而上帝便能随时畅通无阻地直达人的内心。对此他表述如下："天之灵明，直通人心，无隐不察，无微不烛。照临此室，日临在兹。人苟知此，虽有大胆者，不能不戒慎恐惧矣。"④他强调，无论在何等隐秘黑暗的角落里，上帝的神明都能直接到达人们心

① 利玛窦. 天主实义(卷六)[M]. 宋荣培等，译. 首尔:首尔大学出版社，1999:15.
② 利玛窦. 天主实义(卷六)[M]. 宋荣培等，译. 首尔:首尔大学出版社，1999:24.
③ 丁若镛. 与犹堂全书·中庸自箴(卷一)[M]. 首尔:骊江出版社，1989:5.
④ 丁若镛. 与犹堂全书·中庸自箴(卷一)[M]. 首尔:骊江出版社，1989:5.

中。当然,从存在论的角度来说,此处说的"同类"绝不意味着完全一致,因为正如前文所述,人们"神形妙合"的状态与纯粹作为神明而存在的上帝有着本质上的区别。

如此一来,"同类相感"便可以理解为上帝的命令——天命和人类的心理——"道心"间的紧密关系。也就是说,在丁若镛看来,人性、道心的威严等同于干预人类道德行为的天命的威严。[①] 因此,人类只需注意自己所感受到的道心的警告,便相当于是在遵照上帝的命令行事。此外,丁若镛还提出,人类的这种自发式的行为是招来善或灾的唯一途径。按照丁若镛的理解,上帝主管赏罚的行为便成了人类的自发行为所导致的必然结果。

考虑到这一个层面,我们便有必要再仔细推敲一下丁若镛曾提到的上帝降下"福善祸淫"的涵义。一般来说,降下福祸的主体只能是上帝,因此,从这一角度入手时往往都会强调上帝的人格化的形象,丁若镛也曾用下列文字来刻画上帝的这一形象:

> 中庸曰天命之谓性,大学曰顾諟天之明命,朱子以性为理,故遂以天命为理也,虽然赋于心性,使之向善违恶,固天命也,日监在兹,以之福善祸淫,亦天命也。诗书所言天命,岂可概之曰本心之正理乎?[②]

正如丁若镛极力主张的那样,创造主上帝肯定不是人们心中的道理或者太极,因此,所谓"天命"也不是来自没有知觉和灵明的"理",而是来自于上帝的给予。事实上前文讨论的"道心命令"也在一定程度上说明了这一问题。其实此处的关键在于,如何去理解丁若镛所说的上帝为善良的人赐福、给罪恶的人降祸,即让人福善祸淫的这一观点?往往丁若镛的反对者会针对这一部分对其进行抨击,批评他鼓励人们出于期待上帝奖赏的目的而行善,或者因为害怕上帝的惩罚而被迫自律[③]。但是这样解读丁若镛似乎太过于武断。丁若镛曾说过,

---

① 崔东熙在《韩国实学对西学的反应》一书中指出,正如康德为了使道德的树立成为可能而引入了神的存在一样,丁若镛强调人格化的神也是为了达到自己的特殊目的。丁若镛认为中庸的道是儒学的极致,因此他为了解释中庸而引入了慎独,为了慎独又引入了神鬼上帝(崔東熙,1995)。金炯孝也指出丁若镛的上帝观是为了强调内心的道德,而不是强调人物化的超越性存在(金炯孝,2002)。如前所述,成泰鏞也强烈表达过此类意见。他认为丁若镛所谓的上帝自始自终都没有直接干预过人类的活动,因为上帝的道德规范作用已经通过道心的命令得到了充分的体现。因此尽管丁若镛的上帝具有人格特征,但它完全不同于基督教的人格化的神。这说明丁若镛的上帝没能超越原始儒学中的上天的概念(成泰鏞,2004)。笔者也认为丁若镛虽强调上帝的人格化的主宰性,但他的上帝仅在自然运行过程中和人类道德判断的过程中(以道心和性的形式)发挥了作用。

② 丁若镛. 与犹堂全书·论语古今注(卷八)[M]. 首尔:骊江出版社,1989:139.

③ 比如李相翊在《从朱子学角度反驳丁若镛的伦理思想》一文中,曾指出茶山所谓的道德态度是指惧怕上帝惩罚、指望上帝奖赏的非自律性的态度,并批判这一观点歪曲了人的真实性和尊严性(李相翊,2003)。韩慈卿也不例外,其在《儒教与天主教之间的茶山:以人本性的理解为中心》中对茶山进行了强烈的批判,认为他已经成为对神顶礼膜拜的天主教信徒,是神的忠实拥护者,这种行为是对东洋精神的自我否定,是一种舍本忘根的行为。

“命,天之所以赋于人者,性之好德是命也,死生祸福荣辱亦有命。不知命则不能乐善而安位,故无以为君子”;[①]“祸福之理,古人疑之久矣。忠孝者未必免祸,淫逸者未必薄福,然为善是受福之道,君子强为善而已”。[②] 也就是说,“命”分两种,其中一种是天命的“乐善耻恶的本性”,而另一种则是人力不可控制的“生死祸福荣辱”。而对于后者,丁若镛也只是解释说,人虽努力生活,但仍然无法控制找上门来的命运。他承认,即便是善良的人也无法避免各种祸端。既然他觉得所谓“祸福荣辱”是洁身自好的人也是难以避免的,那么,在上述引文中提到的“福善祸淫”的问题上,他果真认为上帝会对万恶的人五雷轰顶、对善良的人赏予厚报吗?如果丁若镛抱有那样的想法,估计他就不会再提出如下的主张。

君子事天,不动而敬,不言而言。故小民事君子,亦不赏而动,不怒而威。此天人感应之妙。[③]

君子不赏,小民却感怀于心,自发努力;君子不怒,小民却深感威严,自觉服从。丁若镛以君子与小民之间的关系为例,解释了遵从上天的君子与上帝之间的关系。由此明显可以看出,他并不认为人们因为上帝施以惩罚而畏惧上帝,或者因为上帝降以福祉而盲目跟从。虽然大多数人认为福善祸淫是上帝人为评判的结果,但至少对于丁若镛来说,这一点并不能诠释人们与上帝的核心关系。因为他认为吉祥与灾难只是人们自己造成的结果,由此他主张,顺从“道心的命令”则福荫连连,违背“道心的命令”则引祸上身。可以说,人们所遭遇的祸福只是人自身的道德行为导致的必然结果。在《心经密验》中,丁若镛通过如下表述,清楚地阐述了忠实于自身之“本性”的人和与其相违背的人,即听从“道心”的命令和与其相悖而行的人会有不同的结果。

积善集义之人其始也,俯仰无怍,内省不疚。积之弥久,则心广体胖,睟然见乎面而盎乎背。积之弥久,则充充然有浩然之气,至大至刚,塞乎天地之间,于是富贵不能淫,贫贱不能移,威武不能屈,于是神而化之,与天地合其德,与日月合其明,遂成全德之人。……有一夫焉,今日行一负心事,明日行一负心事,欿然内沮,怛焉内疚,自弃则曰吾事已误,自弃则曰吾复何望。志为衰苶,气为之推夒,诱之以利则如犬豕之就牵,怵之以威则如狐兔之屈伏,憔悴枯萎,索然以就死。[④]

每天积德行善的人最终到达的境界是“心广体胖”“睟面盎背”“浩然之气”,意即有德之人心宽体胖,兼具温润之貌及敦厚之态,同时面露浩然之正气。不仅

---

① 丁若镛. 与犹堂全书·论语古今注(卷十)[M]. 首尔:骊江出版社,1989:38.
② 丁若镛. 国译茶山诗文集(卷十八)[M]. 首尔:民族文化促进委员会,1996:8.
③ 丁若镛. 与犹堂全书·中庸自箴(卷一)[M]. 首尔:骊江出版社,1989:30.
④ 丁若镛. 与犹堂全书·心经密验(卷二)[M]. 首尔:骊江出版社,1989:26.

如此,在丁若镛的笔下,这样有大德的人还与天地、日月一同享受着上天的仁德。事实上,在丁若镛看来,这便是人们能享受的幸福的最高境界。既然这类人生前能与天地一起享受最高仁德,那么便死后再无必要得到来自于上帝的补偿,更没有必要在活着的时候出于某种原因而追求其他的福分。因为这样的人已然达到了自足、圆满的境界。相反,那些每天违背良知、作恶多端的人则会意志日渐衰弱,精神逐渐萎靡,内心终日惶恐不安。他们会如禽兽一般苟且度日,最终悄然而落寞地结束自己悲凉的一生。这世上不会有比这更悲惨的结局,因而他们也没有必要在死后承受比这更悲惨的惩罚。在丁若镛看来,这些由恶因造成的恶果便是行恶之人最悲惨的下场,而这种悲惨的下场大概就是我们在这个世间受到制约的最重要的原因。至少就这一点来说,丁若镛与利玛窦站在了不同的立场上,在丁若镛看来,人们完全没有必要讨论死后的祸福。

至此,我们便能看出丁若镛所说的福善和祸淫只是人类的道德行为造成的两种不同的结果。不过,即使这样,我们也会产生这样的疑问:人们会不会为了享受福祉而故意为之付出努力?换言之,人们会不会为了某种自私的利益而行善?然而在丁若镛看来,这种疑问本身就应受到严厉批判的。毕竟,能像丁若镛一样做到自始至终严肃对待自己的道德行为、坚持自己的一向原则和道德标准的人并不多见。丁若镛认为,所谓的道德行为绝不会与补偿或报酬挂钩,它只取决于内心无从逃避的“性”的需求。因此,行善也只是遵从自己内心“性”的嗜好,以使自己的内心愉快、安适的一个过程。

人每行一善事,其心必愉然以快,岂非适性故愉然乎?人每行一恶事,以欿然自蹙,岂非拂性故欿然乎?赤子入井,必急往援出而后安于心。鵖肉当前,必固辞不食而后安于心。斑白同行,必分其重任然后安于心。善之被诬,必暴其冤枉然后安于心。凡遇此而不能行者,皆恧蹙不安。其安与不安,岂非适性与拂性之故乎?①

我们积德行善是随“性”而为的结果。之所以要随“性”而为,是因为这样能让我们获得真正的内心平静。因此,这一问题与其说是行善与行善的回报的问题,还不如说是自己的“性”与随之而来的心灵愉悦的问题。对于丁若镛来说,当人们随“性”而行的时候,道心必然会变得更加强烈而广袤。孟子曾言,义理愉悦心灵就像禽肉取悦口舌(“理义之悦我心犹刍豢之悦我口”),与之相同,丁若镛在这里也只是对是否愉悦身心的事情加以了区分而已。在他看来,这种内心持续的快乐或不安才是福与祸的本来面目。既然上帝的命令便是自己良心的

① 丁若镛.与犹堂全书·中庸自箴(卷一)[M].首尔:骊江出版社,1989:3.

命令,那么上帝降下的祸或福最终也就导致人们因自己的行动而不安或愉悦。说到这一问题时,或许会有人回忆起利玛窦的一些主张,并质疑丁若镛提及的上帝和人之间的感应、内心的快乐和不安等问题在利玛窦的理论中也曾有过论述。但是对于利玛窦来说,神的作用绝不是仅仅停留在使人发自内心地恐惧或恭敬这一层面上——因为人死后的审判问题与由此而来的神的赏罚问题才是支撑着基督教发展的理论核心,也就是说如果人死后灵魂不复存在,单纯讨论现世的道德问题的话,基督教的观点是无法成立的。故《天主实义》中曾言:“今天下万国各有自然之诚情,莫相告谕而皆敬一上尊。被难者吁,哀望救,如望慈父母焉。为恶者扪心,惊惧如惧一敌国焉。则岂非有此达尊能主宰世间人心,而使之自能尊乎?”从这里不难看出,丁若镛和利玛窦虽然都曾提及同样的问题,但他们的观点存在着很大的区别。[①] 对于丁若镛来说,不管是来世里上帝的审判问题还是现世里上帝的人为干涉问题,都与其本意相距甚远。虽然他曾试图用“上帝的监视”这一说法来确保修养的真实性和严格性,但这也仅仅是为了更好地强调自觉按照本性与道心之令行事的实践行为。因为丁若镛想要着重突出的一点是,唯有人们自觉的道德行为才是愉悦和快乐的真正原因,同时也是适用于所有人的必然的原因。

二、对形式因之“本性”概念的批判

(一)丁若镛的心性论与利玛窦的本性论在“目的因”方面具有共性

众所周知,丁若镛心性论的核心要素是他的“性嗜好说”。但提到丁若镛的本性嗜好说时,曾有人提出质疑,认为“嗜好”这一概念的提出同样也来受到《天主实义》等西学书籍的影响。目前已有部分研究从这一观点出发,论证了《天主实义》的概念与丁若镛的本性嗜好说之间的关系。这些研究或主张丁若镛的本性嗜好说来源于《天主实义》,或认为两者的内容具有相似性,或强调丁若镛的本性嗜好说受到了《天主实义》以外的西学书籍的影响[②]。笔者想从“四因说”的角度出发,对两者之间的关系进行更为详细的分析;同时还将详细阐述利玛窦的本性概念和丁若镛的本性嗜好概念的差异——尽管都使用了嗜好这一概念,但丁若镛的论与利玛窦的论的前提条件各不相同。在此基础上笔者将证明丁若镛的心论与《天主实义》的观点具有不同的哲学逻辑。

---

① 利玛窦. 天主实义(卷一)[M]. 宋荣培等, 译. 首尔:首尔大学出版社, 1999:3.

② 如琴章泰的《茶山的“心”概念与利玛窦的灵魂论》(琴章泰, 2002)、宋荣培的《茶山哲学与天主实义模式的比较研究》(宋荣培, 2004)、郑仁宰的《西学与丁茶山的性嗜好说》(郑仁宰, 2005)、安泳翔的《通过与托马斯主义的比较看茶山的人心道心论》(安泳翔, 2005,在这篇论文里安泳翔还解释了茶山的性论与利玛窦理论的差异)、崔奭祐的《小议茶山西学》(崔奭祐, 1997)、金玉熙的《茶山 <心经密验> 中的心性论》(金玉熙,1997)等。

前文曾详述,丁若镛强烈地批判了朱子学的本性论,即从本质主义的角度出发,把本性看成是心的本体的观点。如果在人们心里存在着纯粹、完整的本性,那么,人们只需等待其本性发扬光大就可以了。但是,他批判了这种对本性的传统理解方式,认为这是消极的、概念化的态度。因此,他没有沿用太极、理气的元理,而是新引入了"嗜好""欲求"的概念来对本性作出诠释:"今观孟子言性皆以嗜好立喻,凡以是也,今人推尊性字,奉之为天样大物,混之为太极阴阳之说,杂之以本然气质之论,渺茫幽远,慌忽夸诞,自以为毫分缕析,穷天不发之秘,而卒之无补于日用常行之则,亦何益之有矣?"[①]这是丁若镛推翻内在的、本体论的本性论,重新树立富有活力的、实践性的本性论的过程。

性者人心之嗜好也,如蔬菜之嗜粪,如芙蕖之嗜水。人性嗜善,行善集义则茁壮,行恶负心则沮馁,先儒言性皆非孟子之本旨也。[②]

嗜好有两端,一以目下之耽乐为嗜好,如云雉性好山,鹿性好野,猩猩之性好酒醴,此一嗜也。一以毕竟之生成为嗜好,如云稻性好水,黍性好燥,葱蒜之性好鸡粪,此一嗜也。今论人性,人莫不乐善而耻恶。[③]

丁若镛将本性定义为人内心的嗜好。人类具有乐善耻恶的嗜好,这与荷花、水稻嗜水一样,都是与生俱来的。如果说雉和鹿之类的飞禽走兽喜欢高山和平原是可以当场发觉的嗜好的话,那么,水稻喜水和黍米喜干则是通过观察其生命的全部过程才能最终确认的嗜好。丁若镛认为人类兼具这两个层面的嗜好,而这两者都证明了乐善耻恶的本性的需求。在《心经密验》中,他用"嗜好之显于目下者""嗜好之验于毕竟者"这两类例子对这种道德嗜好进行了论证。之前的研究者在分析《心经密验》中的这两种偏好时,有时会将"目下之耽乐"视为动物的感官嗜好,将"毕竟之生成"看作植物等的天然、必然性的嗜好,将人的乐善耻恶看作理性嗜好或是理性需求[④]。笔者认为这种三分法不够恰当。因为丁若镛在列举了野雉和大麦的嗜好之后,解释说人乐善耻恶的偏好在"显于目下者"和"验于毕竟者"这两个方面均有所体现。对于前者,丁若镛解释说,每个人都有马上察觉到善可喜、恶可耻的能力,这就是能马上发现的嗜好。所以第一种"显于目下者"指的并不是肉体的、动物性的需求,而是人们乐善耻恶的道德需求中的一种。第二种情况更明显。人若能长时间坚持因乐善而积德、因耻恶而不为的话,最终便会养成"浩然之气",达到"心广体胖""睟面盎背"的状态。在论证

---

① 丁若镛. 与犹堂全书·心经密验(卷二)[M]. 首尔:骊江出版社,1989:25-26.
② 丁若镛. 与犹堂全书·大学讲义(卷二)[M]. 首尔:骊江出版社,1989:4.
③ 丁若镛. 与犹堂全书·心经密验(卷二)[M]. 首尔:骊江出版社,1989:26.
④ 安永翔,郑仁宰. 西学与丁茶山的"性嗜好说"[A]. 茶山学(7)[C]. 首尔:茶山学术文化财团, 2005:112.

自己的观点时,丁若镛列举了水稻喜水的例子来解释"集义"和浩然之气的状态。因此在第二种情况下区分植物的自然需求和人的道德需求也就成了多余之举。因为丁若镛想表达的是,正如直到最后才能证明水稻只有在水中方能茁壮成长一样,人也需要通过一生持续不断的验证来证明自己乐善的嗜好。所以,这两个层面的嗜好都是为了更好地解释人心的道德需求,其中,嗜好之"显于目下者"并不是指动植物或人体的低级需求,而"验于毕竟者"所指的也不是人类独有的精神需求——道德需求。不过,丁若镛在解释本性嗜好时强调,它不是后天习得的,而是每一个人生来便能感受到的。在他看来,人类对于善恶的需求就像动植物的本能需求一样,是一种先天的倾向①。正因为丁若镛是从这样的角度来理解人类天生所具有的特定要求(即嗜好),所以,丁若镛的"性嗜好说"是受到了利玛窦《天主实义》中的"性的需求"的影响。按照这样的思路来解读的话,就变成了丁若镛为了批判本体论的本性论而接纳了《天主实义》中的"性即嗜好"的观点。提到这一问题,我们有必要特别注意一下《天主实义》中利玛窦"其性所愿欲"这一表述。丁若镛认为"吾人灵体之内本有愿欲一端,若无此欲心,即天下万事都无可做"②。这是在强调,人们的内心有"愿欲",而这一"愿欲"能让人们实现任何的目的。在言及"本性"问题时,利玛窦和丁若镛都不约而同地提到了愿欲,这便成了研究者眼中利玛窦的《天主实义》与丁若镛的理论之间存在关联性的例证。

无徙物,无空则。且历举名品之情,皆求遂其性愿欲,而不外求其势之所难获。③

物类之所好恶恒与其性相称焉,故着形之性惟着形之事为好恶,而超性之性以无形之事为爱吾。吾察万生之情,凡禽兽所贪娱,惟色四肢安逸耳已。……若人之所喜恶,虽亦有形之事,然德善罪恶之事为甚,皆无形者也。④

从上两段引文中可以看出,利玛窦也认为本性是一种希望和意愿,即具有一种嗜好的意义。并且随着事物本性的不同,喜欢或是厌恶的对象也会有所不同。动物需要的是食物之类的有形的对象,而人的本性是无形的精神,因此需要的是积德行善之类的无形的行为。因而可以说,所有存在的个体都有自己所特有的本性,进而也都拥有喜欢或讨厌某事物的需求及嗜好。而对于这一问题,丁若镛也曾做出阐述:"有形之体,享有有形之物,无形之体,享有无形之物。餲食餒

---

① 关于言及丁若镛性嗜好说与利玛窦人性论的相似性的文章可参考前面的脚注。而成泰镛则认为,丁若镛的嗜好概念是从孟子的"口腹之欲"及人心的"义理之欲"中得到了启发(成泰镛,2001)。

② 丁若镛. 与犹堂全书·心经密验(卷二)[M]. 首尔:骊江出版社,1989:39。

③ 利玛窦. 天主实义(卷三)[M]. 宋荣培等,译. 首尔:首尔大学出版社,1999:6.

④ 利玛窦. 天主实义(卷三)[M]. 宋荣培等,译. 首尔:首尔大学出版社,1999:5.

鱼,粃糠糟粕,口腹之所享也;嘷尔蹴尔,嗟来躯肉,心灵之所享也。”[①]由此可看出,丁若镛与利玛窦都认同:第一,世间存在的个体都具有本性。第二,所有个体的本性又具有某种特定的需求。从这两个层面的比较上来看,丁若镛的本性论与利玛窦的理论十分相似。因此,有人认为丁若镛新提出的“嗜好”的论点是《天主实义》影响下的产物的观点也有一定的合理性。

不过,如果再进一步分析,便会发现利玛窦所强调的本性的需求只在“四因说”,特别是“目的因”的相关部分里被提起过。这里的目的因是利玛窦为了阐述包括人类在内的所有事物的一般本性而从亚里士多德的四因中选取采纳的一个概念。正如前文所述,亚里士多德提出四因说是为了通过这些原因的分析更全面地了解和认识事物。在此,我们有必要对其“四因说”理论进行回顾。按照亚里士多德的观点,对于任何对象我们都可以提出以下四个问题:第一,事物的组成要素是什么;第二,事物的涵义是什么;第三,事物的制造者是谁;第四,事物的用途是什么。这四个问题的答案依次是“物质因”“形式因”“动力因”和“目的因”。亚里士多德主张,如果能够用以上列举的四个方面解释某个事物,那么便可以说对该事物已有了正确的认识。[②] 这里的目的因回答的是“这个事物有何用处”的问题。这其实也是在回答“这个事物到底能有助于达到何种目的”,即“适合于达到何种目的”的问题。对照《天主实义》中的下列描述,不难发现之前利玛窦提到的“其性所愿欲”其实指的是事物本性所向,即所有的事物想要达到的目的。

凡物类各有本性所向,必至是而定止焉。得此则无复他望矣,人类亦必有止[③]

根据利玛窦的解释,事物的本性都会有其指向的目标,只有这一目标得以实现,事物才能真正安定下来。这也就是“求遂其性愿欲”的涵义。丁若镛所理解的本性也具有行善避恶的意愿。因此,如果人类具有本性的话,那么,这一本性所追求的目标便是善。在这一点上,丁若镛和利玛窦的人性论有其相通之处。但是,在对事物本性的涵义的理解上,利玛窦的本性论和丁若镛的本性嗜好说只在“目的因”这一方面具有相同点,而如果从“形式因”的角度来考察本性的涵义,情况就完全发生了转变。下面将就此问题作出分析。

(二)丁若镛对利玛窦本性论的“形式因”展开批判

我们需要注意的是,关于本性的涵义,其实在利玛窦的《天主实义》中就已

---

① 丁若镛. 与犹堂全书·孟子要义(卷二)[M]. 首尔:骊江出版社,1989:44.

② 关于亚里士多德对“四因说”的直接论述,可参考其著作《Physica》第194至195页。

③ 利玛窦. 天主实义(卷六)[M]. 宋荣培等,译. 首尔:首尔大学出版社,1999:14.

经作出明确的定义。他在讨论人性的概念及决定善恶的因素的部分中,首先对人性做出了如下的定义。

夫性也者非他,乃各物类之本体耳。曰:各物类也,则同类同性,异类异性。曰:本也,则凡在别类理中,即非兹类本性。曰:体也,则凡不在其物之体界内,亦非性也。①

按照亚里士多德的四因说,利玛窦在这里提及的“性”的概念应属于“形式因”。因为利玛窦对“性”这一概念下定义时,用的是以事物本身来诠释事物的方法,也就是说,利玛窦所指的“性”就是事物的本质。比如在我们说“苏格拉底是人”时,这里的“是人”就是苏格拉底这一个体的“形式因”,也就是他的“性”。而利玛窦在此把“性”定义成了“本体”。按照他的诠释,“本”的概念不存在于别的种类中,而只存在于跟事物本身同类别的物体里。而“体”不是空洞的观念上的规定,它实际存在于成为讨论对象的事物中。因此,这样以“本”和“体”来理解的利玛窦的“性”概念,可以说是使所讨论的个体区别于其他事物的“本质”。关于这一点,利玛窦在紧接这上面引文的段落中进行了明确的论证。

西儒说人云,是乃生,觉者,能推论理也。曰:生,以别于金石。曰:觉,以异于草木。曰:能推论理,以殊乎鸟兽。曰:推论,不直曰:明达,又分之乎鬼神。鬼神者,彻尽物理,如照如视,不待推论。……故曰:能推论理者,立人于本类,而别其体与他物,乃所以谓人性也。②

利玛窦沿用亚里士多德对人性的定义,将人的本性定义为“能推论理者”,他认为推理是使人有别于其他物种的“形式因”,也就是人的“本性(性)”。但是,我们应该注意到,此处提到的利玛窦和丁若镛的“性”概念的作用方式互不相同。利玛窦的“性”是为了定义各类物种的本质(形式因),是从根本上决定各类物种的形式因的概念。当然,各类物种由特定的形式因所决定,而这形式因同时也决定着该物种的目的因。比如如果说斧子的结构是形式因,那么,这个结构便决定了“砍伐”这一目的因。但是,不能说目的因就是该事物的本性或形式因,毕竟具有“砍伐”这个目的因的事物不仅仅只限于斧子。因此,在利玛窦看来,目的因不能直接定义各类物种的本性。从这一意义上来说,利玛窦的本性论观点中用形式因来解释的本性的概念似乎更为合适——如果没有形式因作为前提,那么目的因也就没有了存在的意义。而丁若镛的观点与之相反,因为他认为具有目的性的“性嗜好”的作用才是使人类区别于其他物种的核心要素。丁若

---

① 利玛窦. 天主实义(卷七)[M]. 宋荣培等, 译. 首尔:首尔大学出版社, 1999:1.

② 利玛窦. 天主实义(卷七)[M]. 宋荣培等, 译. 首尔:首尔大学出版社, 1999:1.

镛将“性”这一词用于表达人类与其他物种的属性区别(种差),直接指代着具有目的性的活动或作用。但这时的“性”概念是自荀子之后、新儒教传统上讨论人性与物性差异时一贯的表达方式,而不是指非本体的心的“嗜好”。成泰镛在分析丁若镛的“性”概念时曾指出,“性”概念中包含了喜爱和向往某物的天生的需求,同时也包含了事物的种差,即令该事物区别于其他事物的属性。[①] 如果说前者指的是人的本体——心的嗜好,那么后者指的便是区分人和事物的形式因,即利玛窦所说本体,或是本质对应的种差。丁若镛所指的作为本体的人性不是指“嗜好”,而是“灵明之体”,即“心”本身。我们回忆一下前文可知,丁若镛是从“生魂、觉魂、灵魂”三者的区分来讨论了“灵明之体”的能力,从而将人与动物区分开来。“嗜好”只是这“灵明之体”的部分功能,而不是能够作为充分必要条件将人与其他存在区别开来的本质或本体。在丁若镛看来,“性”对于“善”的先天需求是只有人类才具备的固有能力。

很明显,利玛窦的“存在体的本性具有需求和目标”的目的因观点和丁若镛的观点具有着某种紧密的关联。不过,与利玛窦不同的是,丁若镛从没有说过“嗜好”是人的本质,即“本体”。现在让我们来看看丁若镛将“性”的概念用于何处,而它与利玛窦的理念又有何种区别:

其在古经以虚灵之本体而言之,则谓之大体;以大体之所发而言之;则谓之道心,以大体之所好恶而言之,则谓之性。天命之谓性者,谓天于人生之初,赋之以好德耻恶之性于虚灵本体之中,非谓性可以名本体也。性也者,以嗜好厌恶而立名。[②]

丁若镛所谓的本体其实是以新儒学中传统的“体用”概念为前提的。笔者在此想强调的不是丁若镛沿用了新儒学“体用”的概念,而是说他使用了“体”这个词来指代人心。因为不管怎样都无法否认,“体”和“本体”是新儒学家早就使用过的表达方式。丁若镛把心的真面目——本体称作“大体”,把这个本体所发出的东西称为“道心”。大体或是道心都是指唯有人类才具备的“固有之心”,如果从这一意义出发,或许利玛窦会将其视为人类的本质,也就是人类的“性”。但是,丁若镛曾说过:“性者,吾人之嗜好也。先儒乃以为灵体之传称,其无差殊乎?”[③]他并不认为嗜好与本体(也就是心)具有同等的地位。因为“天既予人可善可恶之权衡,……就其上面又予之以乐善耻恶之性”,[④]故嗜好并不是定义人

① 成泰镛.茶山学的修身与修心[A].茶山学(5)[C].首尔:茶山学术文化财团,2001:74.
② 丁若镛.与犹堂全书·论语古今注(卷九)[M].首尔:骊江出版社,1989:11.
③ 丁若镛.与犹堂全书·心经密验(卷二)[M].首尔:骊江出版社,1989:26-27.
④ 丁若镛.与犹堂全书·心经密验(卷二)[M].首尔:骊江出版社,1989:28.

类本质的必要充分条件，它所指代的只是人的本体——心的部分功能：好德耻恶。

另一方面，对于丁若镛来说，“性”即“天命”，因此，听从“性”便是听从上帝的命令。出于这一原因，丁若镛把嗜好定义为庄严的天命和即时要求行善的道心的命令。从内容上来看，这与利玛窦在《天主实义》中提及的能从经验上进行推理的本性的概念截然不同。当然，由于二人共同使用了类似于“嗜好”的词汇，人们有可能会误认为丁若镛人性论是在翻版《天主实义》的人性论。其实丁若镛只是吸收了《天主实义》中“愿欲（或嗜好）”概念的部分要素，在整体框架上，实际上他的“嗜好性”概念是沿用了《中庸》里“天命之谓性，帅性之谓道”的传统儒学体系。丁若镛所强调的“嗜好性”是来自于上天先天道德的需求，它不会因为人的理性认知能力不同而有所差别。因为无论是谁都可以随时通过自己的良心来体验这样的道德需求。不能因为丁若镛提到了体现好恶的“性嗜好”就认为其性嗜好说与利玛窦的性论一致——尽管他为了批判朱子学中本体论的心性论而积极引入了嗜好的概念，但是也不能因此而将丁若镛的性嗜好与利玛窦所谓的人的本质或人性视为同等的概念。

三、与主知主义心论的差异

（一）强调先天的“善意志”存在早于主知主义所谓的理性思维和自由意志

从上文论述可以看出，丁若镛的本性嗜好说只在“出于对特定目标的欲求”这一层面上与利玛窦的观点相同。与形式因的情况相同，丁若镛并没有把嗜好本性理解为作为本体的人性。按照丁若镛的观点，人类的本体并不是天赐的本性，而是心这一“大体”所决定的。然而对于作为大体的心的性质和功能，丁若镛与利玛窦所持的观点并不相同。这是由于丁若镛的本性论与《天主实义》的观点不同而导致的必然结果。这里首先让我们通过《论语古今注》里的一句话来看一看丁若镛对作为大体的心是如何定义的。

> 人之大体既生既知，复有灵明神妙之用。故含万物而不漏，推万理而尽悟，好德耻恶，出于良知，此其逈别于禽兽者也。①

丁若镛说，人心可以推论并领悟万物之理，还能好德耻恶。这里的好德耻恶所指的就是前面我们所讨论过的“好善恶恶”的本性。这是因为灵明之心里已经包含了判断善恶的“性”嗜好。而推论并领悟“理”的思维能力，则是指理解天文历法之类的自然科学的能力。按照丁若镛的观点，在慎独的同时也照样能够

---

① 丁若镛．与犹堂全书·论语古今注（卷九）[M]．首尔：骊江出版社，1989：11.

不断思考并探求古今事物的各种各样的“理”。又如在产生某种心理时，人们会判断其究竟属于人心还是道心，而在作出这样的道德判断时，也正是思维能力在发生着重要作用。然而，丁若镛在言及万物之理的推论时，并没有将之局限在心性的修养问题上，而是以客观地探究人类之外的事物之理为中心，展开了详细的论述。如此一来，客观地探究事物之理、明辨善恶并且执意求善，便成了所有大体，即人心所具有的智慧。

而利玛窦认为，人的本质(本性)最首要的便是具有“推理”能力。前文已经讨论过利玛窦的人性论，这里有必要再次提起他所说的无形的精神所具有的三大能力。利玛窦解释说，记忆力、理性认知能力和意志力是无形的精神所具备的三大能力[①]。人的精神中存储着通过人类的感觉器官接受的丰富的感官信息，记忆力便是把这些感官信息记忆下来的能力；而理性认知能力是指将记忆保存下来的这些感官信息整合起来，判断其是否合乎事理的能力；在这个时候，意志力便会产生令人乐善耻恶的能力。按照利玛窦的见解，如果说理性认知能力能够正确地判断正误，那么意志力便是指根据这种判断而乐善耻恶的能力。如果将判断是非的理性认知能力与对善恶做出好恶反应的意志力进行粗泛的比较，会发现它们与上面引文中丁若镛所提及的两种功能——推论人心的思维能力和作为好德耻恶的嗜好的本性——十分相似。

然而，比较有关人心功能这个问题的论述，通过进一步的详细分析，我们依旧能轻易地发现两者之间存在着明显的差异。例如，利玛窦所强调的意志力实际上带有自由主义的色彩。因为即便理性认知已经做出了判断，认为某事是正确的，但我们的意志也依然有可能不会去追求这一正确的事物。而丁若镛所说的本性是人类与生俱来的一种好德耻恶的“善意志”，是由上帝即时传达到人的内心的。如果说利玛窦的“好善恶恶”是人作为主体的自由意志，那么，丁若镛的“好善恶恶”便是神的“善意志”在人身上的体现。这也正是丁若镛把人性称为天命的原因。如此说来，丁若镛所谓的本性嗜好指的并不是根据个人理性的判断来决定好恶，而是威严的上帝平等地传至所有人内心的命令。由此我们可以看出，尽管丁若镛和利玛窦都不约而同地提及“好善恶恶”的意志力，但是，这种意志力是从完全不同的角度上提出来的。当然也有一些研究者指出，《天主实义》除了提到“自由意志”外，还提到了“善意志”，即对待善恶的意志。这里的善意志是一种先天的道德倾向，而利玛窦却评述说这种没有理性的经验判断介入其中的善意志只不过是动物的意志，这说明在利玛窦看来，唯有人类的自由意志才具有理性的特点。

---

① 参照本书第一部第一章第二节的引文及脚注。

作为先天的善意志，丁若镛的“性”是抨击朱子学的本体论观点时的武器，但同时亦是传承儒家传统的基石。丁若镛赞同利玛窦把本性视为“嗜好”的观点，并以此为基础对朱子的本性论进行了抨击，但在把“性”理解为无法逃避的“天命”并被通过道心传达至人的内心世界这一点上，丁若镛的观点反而更接近朱子的看法①。丁若镛认为上天所赋予的本性先天就存在于人的精神世界里，使人向善、行善，这与利玛窦以理性为中心的主知主义的立场有着极大的区别。与丁若镛不同，利玛窦提出：“性之善为良善，德之善为习善。夫良善者，天主原化性命之德，而我无功焉。我所谓功，止在自习积德之善也。孩提之童爱亲，鸟兽亦爱之。常人不论仁与不仁。乍见孺子将入于井，即皆怵惕。此皆良善耳。……见义而即行之，乃为德耳。彼或有所未能，或有所未暇视义，无以成德也。故谓人心者始生，如素简无所书也。”②利玛窦认为神的创造物都具有善的倾向，在这一点上人和动物并没有什么区别。利玛窦更倾向于将人性比喻成白纸的状态，否认人性本善。他认为通过实际经验和理性的判断来“习善”才是最重要的。前文把这种观点称为主知主义的观点，因为利玛窦认为人类的理性思维能力才是领悟和实践“善”的最重要的支柱。而丁若镛对此持有不同的观点，他认为，人首先该被赋予的就是直观而感性的“性”的需求。这并不是单纯的嗜好，而是上天的绝对意志和命令。因此，如果没有这种天赋的本性嗜好，那么，再怎么理性地思考及决定（通过“权衡”）都难以实现哪怕是微不足道的小善。

若于是不予之以乐善耻恶之性，使之嗜于善而肥于义，则毕世尽力，求为些微之小善，亦难乎其果行，斯则性之于人，诚为无上至宝，可尊可奉，不可须臾而相违者也。③

很明显，丁若镛吸收了利玛窦提出的既可求善亦能从恶的人类“自由意志”的概念，并将之称为“权衡”。然而即便《天主实义》里强调的自由意志可以用“权衡”一词来取代，利玛窦的所谓的理性判断能力（人性）和丁若镛所谓的道德倾向（嗜好性）之间依然存在着重要的差别。因为丁若镛曾特别强调说，“先天的道德倾向”的存在要早于理性思维和自由意志，并且这种道德倾向到了现实生活中便会体现为“良心的命令”（道心）。

（二）丁若镛的人心道心观不同于主知主义的理性思维和意志力

之前对利玛窦和丁若镛的心论作比较研究的学者们一直强调，丁若镛所谓的

---

① 文锡胤在论文《茶山丁若镛眼中的道德问题》对利玛窦和丁若镛所谓的“精神”做了区分。他提到说，利玛窦所说的灵魂，或者精神的本质是思维，而丁若镛所说的精神（神）则具有很强的道德实践主体的色彩（文锡胤，2002）。安泳翔也同样指出，在“善”这个问题上，利玛窦认为“知性”的作用要优先于人类“意志”的作用（安泳翔，2005）。

② 利玛窦．天主实义（卷七）[M]．宋荣培等，译．首尔：首尔大学出版社，1999：3.

③ 丁若镛．与犹堂全书·心经密验（卷二）[M]．首尔：骊江出版社，1989：40－41.

人心、道心的区别和利玛窦所谓的兽心、人心的区别看起来是一致的。这点与丁若镛的本性嗜好说相似,都被认为是受到《天主实义》的影响。《天主实义》中有这么一段文字:"一物之生,惟得一心。若人则兼有二心。兽心人心也。……人之遇一事也,且同一时也,而有两念并兴,屡觉两逆。如吾或惑酒色,既似迷恋欲从,又复虑其非理。从彼谓之兽心,与禽兽无别,从此谓之人心,与天神相同也。……是以两相悖之情,必由两相背之心。两相悖之心,必由两相背之性也。"①而与利玛窦所谓的兽心一样,丁若镛所谓的人心是从动物性的层面,即以肉体上的需求为起点的心,因而丁若镛所谓的人心和利玛窦所谓的兽心具有相似之处。但是,我们不能忽略,丁若镛所谓的道心跟利玛窦所谓的人心其实互不相同。这里有必要明确一下丁若镛的道心跟传统学说的关系。针对这个问题,郑仁宰提出,虽然丁若镛以来源于身体知觉的感官需求来解释心灵的理性需求的方式明显受到了托马斯神学的影响,但这仅能说明他部分接受了耶稣会会员的影响。因为在郑仁宰看来,正如之前证明过的一样,将需求划分为肉体需求和精神需求的两分法是《孟子》之类的儒学经典中的典型划分方法,而以口腹之欲来形容心灵的需求或者说是义理的需求,这也是孟子的观点。不仅如此,即便没有受西学的影响,这一问题与朱熹的人心道心说中的肉体精神二分法、退溪或星湖学派的人心道心说等传统学说的关系也足以引起丁若镛的重视。丁若镛屡次强调了朱熹、退溪的人心道心说,并分多个阶段作出了评价,因此可以说,丁若镛的道心与传统的儒学之间有着传承关系。而利玛窦在《天主实义》中强调的人心是由心性而来的,他把这称为"无形的精神"。他提出"吾人一心,乃有司欲司悟二官"②,即把这种无形精神的特点大致归结为理性认知能力(司悟)和意志力(司欲)。可见,利玛窦所说的人心指的是能够做出理性思考和判断,并且遵从该判断结果的意志力,这与丁若镛在解释本性和道心时所说的"对善的先天需求"是有区别的。因此,利玛窦强调的与兽心相对立的人心并不是丁若镛的道心,如果一定要作比较的话,它反而与丁若镛所谓的"权衡"更为相似。因为丁若镛的权衡是指客观地判断何者为人心、何者为道心,并决定(立意)去遵从二心之一的能力。

事实上,正如前文曾多次分析过的那样,丁若镛人心道心说的核心点是在关注朱子的人心道心说的过程中渐渐变得更加明晰的。在现实生活中,我们常常在来自于"性"的直接道德感情(道心)和来自于肉体的自私欲望(人心)之间彷徨。而丁若镛在这种彷徨于人心和道心的状态中引入了"权衡"这一概念,使得人们最终能够作出遵从其中某一种心理的决定。在由承接着天理或天命的道心

---

① 利玛窦. 天主实义(卷三)[M]. 宋荣培等, 译. 首尔:首尔大学出版社, 1999:5.
② 利玛窦. 天主实义(卷三)[M]. 宋荣培等, 译. 首尔:首尔大学出版社, 1999:5.

命令与由私欲所引起的人心欲望之间，首先要明确地区分何者为人心，何者为道心，然后必须让人心遵从道心的命令。可见，丁若镛强调的这一点更为清晰地揭示了朱熹人心道心说的哲学涵义。

朱子曾在《中庸章句序》中提出，道心源于性命之正。尽管对本性的理解不同，但是在“天命之性和由此而发的道心存于人们内心”这一点上，丁若镛和朱子产生了共鸣。道心可以不受主体意志的影响而瞬间化为良心的命令，从这一点上看，道心相对于主体来说具有着超越性的意义。但同时道心又体现为我们心中先天的道德倾向，因此，从这点上说，道心相对于主体来说也可以是内在的事物。因为从存在论角度来说，道心的来源——“性”是内在于我们身上的。这么说来，在“性”这一个层面上，良心的命令——道心便可以与上帝的命令彻底联系和统一起来。正是出于这一原因，丁若镛强调说，道心和天命是不可分的，不能把它们视为两种互不相同的事物。[①] 那么，即便是微不足道的善，也是依据“性”这一先天的道德倾向才得以实现的，也就是说，从存在论的角度来看，“性”的地位要高于“权衡”的地位。这一观点更接近于朱子的道心源于性命的观点，而不是利玛窦所强调的主体的理性认知能力与意志力的理念。尽管丁若镛从《天主实义》接受了“嗜好”与“权衡”概念，可在实际运用中却对它们进行了彻头彻尾的改造，使之灵活地融入到自己的哲学体系中。不管所谓的“嗜好”还是自由意志“权衡”，都是在“天命之性”和“人心道心”等传统儒学框架下进行解释的。

---

① 参照本书第一部第三章第二节的引文及脚注。

第二部 丁若镛哲学体系的特征

第一章 古代儒学的重新认识
第二章 丁若镛心性论的结构
第三章 丁若镛的修养论和经世学

第一章 古代儒学的重新认识

第一节 重新审视古代儒学中的上帝和人

一、上帝的意义、作用

（一）上帝是道德监视者，并纠正人们的错误思想和行为

正如许多研究者指出的那样，丁若镛的哲学之所以能够批判朱子学世界观，西学观起到了至关重要的作用。丁若镛否定太极与阴阳五行的统一世界观，突出了创造万物的上帝之存在，这也是西学决定性影响下的产物。丁若镛思想与西学的碰撞并不仅仅停留在对当时权威学风的批判上，由于积极吸收了外来价值观，丁若镛能以全新视角审视朱子学之前的古代儒学传统。本章所要讨论的内容正和这一问题密切相关。丁若镛试图倾注其一生研究和继承古代儒学精神，尽管如此，我们不能认为他是一个向古代洙泗学复归的人物。他借助西学、清代考证学、日本古学等多种学问及观点，以全新的视角对古代儒学的重要命题进行了诠释，在各种学问倾向的碰撞下，他重新审视的古代儒学理论体现了与以往的经学截然不同的风貌。

在上述各派思想中，对丁若镛影响最大的当属西学，这一点是毋庸置疑的。然而丁若镛与正祖相识后，开始关注起《十三经注疏》，并由此拓宽研究领域，形成了新的观点。正如前文所述，1790 年，29 岁的丁若镛以正祖的提问为契机，写下了《十三经策》，1791 年撰写了《孟子策》和《中庸策》等。这一过程使他摆脱了当时只沉浸于《七书大全》的学术氛围的困扰，涉猎历史上各种十三经注释，认识到有必要整理秦汉至明代的各种十三经注释。此外，1795 年丁若镛研读《退溪集》，撰写《陶山私塾录》和《西岩讲学记》，收集、整理和撰写朝鲜儒学家研究经学的各种学说。经过这一系列的努力，丁若镛在而立之年便对古代儒学有了独到的见解，广泛地关注起儒学传统。而丁若镛接受西学的过程也贯穿于其关注及研究从古代儒学至朝鲜儒学传统学问的过程。只有了解这些背景，才能公正地评价西学带来的理性冲击对其学问形成的影响。

在通过《天主实义》等西学著述对古代儒学进行重新审视时，丁若镛首先关注的是上帝的存在。他关注的是《诗经》和《书经》中俯视人类、监视人类的“上帝”，以及《中庸》中宴享祭祀、无处不在的“鬼神”。尽管丁若镛一再强调上帝的人格化，但这决不意味着他只重视存在者本身。在儒学传统中，“仁”被尊崇为最高的道德境界。为了给“仁”赋予现实的强制力，丁若镛设定了具有强大力量的人格化主体——上帝，并以此来代替“太极”或“理”等抽象概念。在解释古代经文著作时，丁若镛为何如此强调上帝呢？通过以下例文可以了解他的意图。

《诗》云：“明明在下，赫赫在上”；《诗》云：“荡荡上帝，下民之辟”；《诗》云：“昊天上帝，则不我遗”；《诗》云：“天之牖民，如埙如篪”；《诗》云：“昊天曰明，及尔出王；昊天曰旦，及尔游衍”；《诗》云：“畏天之威，于时保之”；《诗》云：“敬天之怒，无敢戏豫”。先圣言天若被其真切分明，今之言天若是其渺茫恍忽，岂可知耶。①

丁若镛将《诗经》和《书经》里出现的“天”看作监视人类、使人畏惧的人格化的绝对权威者，这样的上帝具有看穿并监视恣意放纵的人类内心的能力。丁若镛之所以要强调古代圣人曾谈论过的“天”，是为了表明他们已经知道有一个具有监视万物的主体的存在。具有这一能力的人格化主体在下达命令时，其天命不能简单地与“理”和“太极”等同起来。丁若镛强调，不能把上帝及上帝所下达的命令——天命，看作是自己内心的“理”。这说明丁若镛已经注意到，古代经文著作中的天命形象具有使人感到畏惧的力量。

诗书所言天命岂可之曰本心之正理乎？《诗》云：“畏天之命，于时保之”。若云“畏心之理，于时保之”，岂可通乎？《康诰》曰：“惟命不于常”；《诗》云“天命靡常”，心之正理岂无常乎。②

丁若镛认为，人心中的“理”不足以使人感到畏惧。不管良心发出何种呼唤，人都有可能违背它而行动。人们所真正畏惧的，并足以使人畏惧的其实另有他者。来看他的阐述：

师教之而恐惧，是伪恐惧也；君命之而恐惧，是诈恐惧也。恐惧而可以诈伪得之乎？暮行墟墓者不期恐而自恐，知其有魅魑也；夜行山林者不期惧而自惧，知其有虎豹也。③

在此丁若镛强调，要使良心的命令真正具备令人畏惧的力量，那么命令的主

---

① 丁若镛. 与犹堂全书·孟子要义(卷二)[M]·首尔：骊江出版社，1989：38－39.
② 丁若镛. 与犹堂全书·论语古今注(卷八)[M]. 首尔：骊江出版社，1989：39.
③ 丁若镛. 与犹堂全书·中庸自箴(卷一)[M]. 首尔：骊江出版社，1989：4.

体便绝对不能是人自身,而应是具有绝对权威的上帝。人们即使能够判断何为“正确之事”,也依然有可能掩盖这一判断。并且会将没有任何限制与羁绊的状态误认为是自由自在的境界,如流水一样,明明做出某种出格行为,却将其认作清澈见底的自由境界。丁若镛认为,这种状态才是黑暗而愚昧的。如果人们希望拥有对善恶的敏锐感知能力,就需要设立一个能够明确区分善恶的绝对标准。因此,丁若镛曾试图用上帝与鬼神的存在来解释绝对的善恶标准。

古人实心事天,实心事神。一动一静,一念之萌,或诚或伪,或善或恶,戒之曰:“日监在兹”。故其戒慎恐惧慎独之功真切笃实,以达天德。今人以天为理,以鬼为功用,为造化之迹,为二气质良能,心之知之杳杳冥冥,一似无知觉者。然暗室欺心,肆无忌惮,终身学道而不可与入尧舜之域,皆于鬼神之说有所不明故也。①

当善恶两种想法在人们心中较劲时,便说明在自身的欲望之外,还有着上帝的存在。丁若镛认为:“天下之人齐明盛服以承祭祀,则此祭郊祭也。郊祭也,郊所祭者上帝也。上帝之体无形无质,与鬼神同德,故曰鬼神也。以其感格临照而言之,故谓之鬼神。”他指出《中庸》里强调的鬼神其实就是上帝。② 这如同鬼神般的上帝一直监察着人们心里的道德矛盾,并强制人们遵循自己的命令。正是由于上帝的降临以及其严格的监视,《中庸》里“戒慎恐惧”的修练才得以实现。可见丁若镛所强调的上帝与《天主实义》里的天主具有相似的性质。他认为,想要真正做到懂得畏惧与慎行的慎独修炼,就要有像上帝那样能够让人们去供奉和朝拜的对象。因此,丁若镛在关注《诗经》《书经》以及《中庸》旧新说的同时,强调了上帝作为道德监视者的作用。

为什么丁若镛眼中的上帝唯独只在人们修练过程中产生心理矛盾时充当着监视者的角色呢? 如果严格比较,西方的天主在日常道德状况下会让人类发挥自由意志,而他所要做的便是让人们等待来世审判的降临。正因为天主给予了人类今生自由发挥意志的空间,所以来世里天主的奖善和惩恶便具有了正当性。但是,丁若镛所强调的古代经文著作里的上帝,绝不是对人类的今生和来世进行审判,上帝的作用集中体现在现世里人类内心激烈的道德挣扎中。当一个人产生不为他人所知的私欲时,上帝便会即刻告之“你的行为和想法皆为不义”。由此可以看出,丁若镛所说的上帝不单是外在监视者,他还具有纠正人们错误想法及行为的直接影响力。

---

① 丁若镛. 与犹堂全书·中庸讲义补(卷一)[M]. 首尔:骊江出版社,1989:20-21.

② 丁若镛. 与犹堂全书·中庸自箴(卷一)[M]. 首尔:骊江出版社,1989:1.

（二）上帝超越人类内心能力而存在，却又只有通过人类内心才能发挥其影响力

从表面上看，丁若镛所言的上帝与天主有类似的性质，但是在解释古代儒学的观点时，他所强调的上帝并没有在死后或在遥远来世中做出审判和处罚的权能。丁若镛明确指出，上帝的威严和力量不是通过物理学上的（有形的）要素，即补偿和惩罚来显示出来的。① 那么既然没有表示愤怒或提供明确补偿，人类和上帝之间为何能够互相感应？也就是说，人类如何去感知并领悟上帝的命令？对于这个问题，丁若镛已给出明确答复——我们在前面所分析的《中庸自箴》中具有代表性的两段文字很好地体现了这一点。

天之喉舌寄在道心，道心之所儆告，皇天之所命戒也。人所不闻而已。己独谛听，莫详莫严，如诏如诲，奚但谆谆已乎？……诗云"天之牖民，如埙如篪"，非是之谓乎？对越上帝之只在方寸，正亦以是，求天命于图箓者，异端荒诞之术也，求天命于本心者，圣人昭事之学也。②

道心与天命不可分作两段看，天之儆告我者。不以雷不以风，密密从自己心上丁宁告诫。……丁宁谛听，无所熹微。须知此言乃是赫赫之天命。③

这里丁若镛再次强调，人只有通过内心才能感受到上帝的命令。也就是说，人类只能通过内心来面对上帝，而且在内心里寻求"天命"就是对上天的侍奉。他批判说，假如不是在内心，而是在外在事物中寻找天命，这反而才是异端学说。那么，丁若镛为什么强调道心的命令才是上帝的命令呢？主张人的良心命令便是上帝的要求，丁若镛的这一观点其实存在着两个层面的因素。他之前曾指出，"畏惧内存于人心中的理"这种说法是不成立的。当然，这里所指的"理"并不具有丁若镛所说的道心的强大力量，只是概念上的"理"。但是，不管称其为"理"还是"道心"，如果存在于具有有限性的人类心中，那又怎能具备威严和力量？丁若镛之前对带有朱子学色彩的心中之"理"进行了攻击，但事实上这也说明人们自己所极力主张的正确心声，即道心的命令具有着局限性。尽管把道心的命令定义为上帝的命令，但是，如果这一命令只能通过心声来传达，那么，它与朱子学说中的"理"又会有多大差别呢？

不过，尽管这一观点中包含着丁若镛的苦恼，但却也蕴含其独特的解决方法。他虽然没有把上帝看作是完全外在的审判者或者是等待死后时刻到来的来生审判者，但也没有因此而将上帝完全视为人们心里的内在能力。他认为，尽管

---

① 参照本书第一部第三章第二节的引文及脚注。
② 丁若镛. 与犹堂全书·中庸自箴（卷一）[M]. 首尔：骊江出版社，1989：3－4.
③ 丁若镛. 与犹堂全书·中庸自箴（卷一）[M]. 首尔：骊江出版社，1989：5.

上帝的命令不同于人心的机能,但是也不能将其说成是完全独立于人心之外的存在。虽然不能把上帝等同于人类,但上帝的命令是经由人们的内心来传达的,丁若镛试图用这一解释来综合解决这个问题——上帝既没有怒气冲冲地惩罚,也没有赞不绝口地赏赐,但是为何君子却畏惧并遵从他?对此,丁若镛用了一个“妙”字来加以形容。这“妙”究竟指的是什么?人类虽然不是上帝,但是却可以清楚地认识并即刻感知到上帝的命令。丁若镛注意到了这一点并将之解释为“直通”或者是“相感”。①

丁若镛认为,上帝能够与人类互相感应,并能够即刻读懂人类的心思,这是因为人心有着独特的特性。人类只要拥有上帝一样的灵明性以及道心,就能够马上感悟到上帝的命令与要求。对于丁若镛来说,正是因为上帝拥有着与人心共鸣并触动人心的力量,所以其存在才具有现实意义。从这点来看,可以说丁若镛眼中的上帝与《天主实义》里的天主大相径庭。因为上帝是存在于人们内心引导其向善的实质动力,他使得人们如同自觉自发一般地追求仁善。

那么,为何丁若镛一定要强调上帝是超越了人类内心能力的存在,又为何说上帝只有通过人心才能发挥其影响力呢?这是因为这一观点中蕴含着丁若镛不得不强调的其固有的哲学立场。他深知人类的本性在道德实践面前是多么的软弱无力,因此必须对人类心性所无法取代的上帝的独立性加以强调,并把上帝塑造成一个不遗余力地监督人类行为的公正判官。因此他强调:“天赋我性,授之以好德之情,畀之以择善之能,此虽在我,其本天命也。凡人认作自己本性,所以慢之,一番推究,认得此性本系天赋,兹乃赫赫天命。”②也就是说,尽管天命通过内心来传达,然而这并不代表着天命便是自己的本性。不过,能够领会到天命的人心具有与上帝同等的灵明性。丁若镛解释说,这天命是人类固有的“心性”的先天需求,因此尽管它披着“上帝的命令”这层具有强制性的外衣,但它体现出来的是人类自发的欲望,即天性。这里丁若镛把“命令的强制性”转换成了“欲望的自发性”。一般来说,强制的命令和自发的欲望是一组相互对立的概念,丁若镛用其独特的方法,将带有强制性的天命转换成了人类自发的欲望。按照这一思路,尽管有监视自己的绝对者的存在,人类依然能够把伦理实践作为遵循自身欲望的自发行为。

二、人类先天的道德欲望

(一)重视先天本性的强大力量

丁若镛积极地接受了利玛窦所主张的亚里士多德式的世界观,即经验主义

① 参照本书第一部第三章第二节的引文及脚注。

② 丁若镛.与犹堂全书·中庸自箴(卷一)[M].首尔:骊江出版社,1989:4.

实体论。作为第一实体的个别者以独立的个体存在,而作为第二实体的属性则只能依附于个体而存在。这些带有经验论色彩的实体论同样也能用来解释丁若镛的理气概念。对于丁若镛来说,独立存在的实体就是指类似于人类和动植物的个别存在者。在此基础上更近一步,如果按照亚里士多德式的经验论世界观来理解的话,人类和动植物是具有不同特性和机能的存在者。

丁若镛察觉到,将人类和动物的本性等同视之的性理学最终会产生以下问题。假设平等地赋予人类和动物所谓的"本然之性",那么从存在论的角度看,其差异便仅仅是气质上的差异而已。性理学者们认为,虽然通过改变气质可以使善良的本性自然而然地流露出来,但如此一来,这便与以气为对象的养生学习具有了相似的涵义。因此在丁若镛看来,性理学家们的立场违背了《孟子》里以积道来培养浩然之气的观点,是一种具有存在论色彩的世界观,这一点恰恰违反了他们最初的意图。为了避免出现这一问题,丁若镛明确指出,人类和动物的差异不在于气质,而在于道心。道心的命令就是指人类先天的本性嗜好,即本性的欲望。这里所说的本性的欲望指的是人类向善避恶的先天道德倾向性。

人性之必好为善,如水性之必好就下,火性之必好就上。赋生之初,天命之以此性,虽贪淫虐杀,无所不为,而此性仍然不变。见忠臣孝子,则美之为善也与国人同,见贪官污吏,则疾为恶也与国人同,此所谓性善也。因此性感之,贪淫虐杀者,有一朝迁义之理,不善而能然乎。①

丁若镛指出,"本性"具有意欲行善的先天倾向,其本身就已是绝对善良之物。在他看来,只有出于"本性"的意志——善意志,才是绝对的善,而人心在这种意志之外还掺杂了其他的欲望,因而不是纯善的。因此,丁若镛强调,一个人即使再邪恶、再多行不义,他的本性都不会改变。而且,人类本性也绝不会因人而异。正如所有人都喜爱忠臣孝子、憎恨贪官污吏一样,人类具有着共同的欲望。"先天之性与绝对之善"这类命题,不仅存在于丁若镛的哲学体系中,更是性理学以及儒学由来已久的传统命题之一。丁若镛不仅强调人类的主观道德选择能力(权衡),而且也比任何人都重视先天之性的强大力量。丁若镛对天赋之性的强大能力的关注绝不亚于其对利玛窦的自由意志概念的重视,或者更甚。他强烈拥护"天性本善",认为哪怕是微末之善都要靠天赋本性才能得以实现。但是,在《天主实义》中,利玛窦则将天生的善视为无论是小孩还是动物都能拥有的东西,因此,人性的面貌便与"白纸"无异。这一点在前面一章中已阐明。

然而,丁若镛所强调的"性"概念不同于性理学中的"性"概念,它并不是指

---

① 丁若镛. 与犹堂全书·孟子要义(卷一)[M]. 首尔:骊江出版社,1989:32-33.

人心的“寂然本体”。他指出，不能把“性”看做是“大体”或“本体”，因此也不能理解为灵明的“全体之心”。

人方以灵明之全体为性，其必以嗜好为性者，何也？人有恒言，曰我性嗜脍炙，曰我性恶饴败，曰我性好丝竹，曰我性恶蛙声，人固以嗜好为性也，故孟子论性善之理，辄以嗜好明之，孔子引秉彝好德之诗，以证人性，舍嗜好而言性者，非洗泗之旧也。[①]

丁若镛常引用孟子和孔子的例子来解释本性嗜好说中“性”的涵义。孟子曾经论述说，正如口之于味、耳之于声都有着同一的欲求，心之于事理也有着共同的偏好欲求。丁若镛提出，自己也只不过是依据孟子的论述，借用肉体的嗜好来解释内心的嗜好，即本性的欲望。“吾所谓嗜好者，借形躯之嗜好，以证吾心之所好耳。”[②]与以往的性理学不同，丁若镛将本性解释为嗜好，这其中古代经文著作的观点可说是起了很大的影响。在下文中，我们将一起了解丁若镛是通过古代经文著作中的哪些内容来构建自己的本性嗜好论的。

（二）善与恶的道德水平差异是先天的，而非理性判断的产物

从《天主实义》中我们不难看出，利玛窦明确地将“理性的推理能力”（或称“理性的判断能力”）定义为人类最卓越的能力。他认为，虽然汲取和储藏感觉信息的记忆力是基础，但这只不过是一种初步的能力。而易被人误会的善意志也是必须依赖于理性推理的附带能力。利玛窦在解释对于善恶的好恶的章节中明确地表明，所谓的好恶如果没有理性判断的介入，便只是动物般的盲目需求，而人类则只会偏好并追求被理性判断为正确的事物。不过丁若镛却提出了与此相对立的主张。因为对于利玛窦来说，根据理性判断所体现出来的聪慧与愚笨的差异，是人们选择善恶方向的关键，然而这一差异对于丁若镛来说并不成为根本性的问题。在其论述道德善恶这一问题上，这一点体现得尤为明显：

天下之大善未必皆聪明敏慧，天下之大恶未必皆聋瞽鲁钝，则受天地清明之气者未必为善人，受天地浊秽之气者未必为恶人。……气质能使人慧钝，不能使人善恶，有如是矣。……气质之于善恶其不相关如此，则气质之说虽发之可也。[③]

今闾巷卑微之民椎卤如牛，而能成孝子之行者不可胜数。妇人清歌妙舞、辩慧机警者鲜不为淫，而黄首黑面、怐务陋劣者多辨烈女之节。善恶之不系乎清浊

---

① 丁若镛. 与犹堂全书·中庸自箴(卷一)[M]. 首尔:骊江出版社,1989:3.

② 丁若镛. 国译茶山诗文集(卷十一)[M]. 首尔:民族文化促进委员会,1996:19.

③ 丁若镛. 与犹堂全书·论语古今注(卷九)[M]. 首尔:骊江出版社,1989:11－13.

也如此。[①]

丁若镛指出，与生俱来的气质有清明与浑浊之分，这种差异可以决定人们是聪慧还是愚昧，但是这种差异对人们的善恶选择却几乎没有任何影响。上述例文曾多次出现在丁若镛为《论语》和《孟子》所作的注释中。过去朱子学说认为，人类修养能力的差异是由气质的先天性决定的，丁若镛对此进行了强烈的批判。但是，不能据此就认为丁若镛赞同利玛窦对这一问题的论述。丁若镛在人们本性对善恶的选择这一问题上的立场与《天主实义》的观点是相互对立的。在道德问题上，《天主实义》最注重的是由理性判断所决定的智慧；而丁若镛则认为，本性是人类天生的嗜好，它指的是人们对善恶的即时需求或是抗拒，其中没有掺入任何的理性判断或者是智慧判断。由此可见，丁若镛的本性论与主知主义的传统全然不同，它强调的是孟子所提出的先天性道德向往，[②]即认为本性嗜好是人类与生俱来的，当所有人都处于善恶的矛盾中时，他们都同等地持有向善的欲望。在丁若镛看来，先天性气质的差异决定"贤"或"不肖"的差异，即智慧与愚笨的差异，而这一差异在人类在出生时就已经被决定，它与善恶的伦理问题没有任何关系。在这里值得我们注意的是，人生来就具有不同的气质，但每个人都无一例外地拥有身体，身体的感觉器官只执着于追求自身的欲望，丁若镛称之为小体的欲望或者是小体的嗜好。所有人都拥有着小体的欲望，无论是否具备智慧的判断力，人们都喜欢安逸、美食以及悦耳的声音。而道德行为指的便是人们意图克服这样的肉体欲望、服从道心命令的行为。丁若镛认为，在这一问题上，不管是圣人还是凡人都是如此。

这种独特的观点使得丁若镛在上智下愚这个问题上也体现出了与以往的经学传统不同的立场。以韩愈(768—824)为代表的一部分人主张本性三品说，他们把《论语》中出现的上智和下愚分别看成一种品性，在此两者的中间又加入了一个倾向性并不明显的"中人"。丁若镛对此观点进行了强烈的攻击："智愚者，谋身之工拙。岂性之品乎？性相近，只是一等而已，安有上中下三等乎？上中下三等之说，为千古之大蔀，不可以不辨。"[③]他强调，上智和下愚不是人性的先天性差异，而仅仅是修养的结果不同而产生的道德水平的差异。即使丁若镛承认，先天性气质的差异决定了"贤"或"不肖"的差异，而这一差异又决定了人类先天的理性差异，但是他同时也指出，真正的上智与下愚的差异并不是指因先天的气

---

① 丁若镛. 与犹堂全书·论语古今注(卷九)[M]. 首尔：骊江出版社，1989：11－13.

② 对此张福东在《丁若镛的道德哲学中关于恶的问题》这一篇论文中进行了详细的说明(张福东，2004)。他指出："在茶山眼中，人类的善恶跟由先天性气质的差异决定的聪慧或者愚昧毫无关系。茶山认为，在有智慧的人当中，恶人所占的比重更大。"

③ 丁若镛. 与犹堂全书·论语古今注(卷九)[M]. 首尔：骊江出版社，1989：10－11.

质差异而产生的智力水平的优劣，而是指由于努力程度不同而表现出的善与恶的道德水平差异。

以其不移之故谓之上知，非以上知之故不得不不移也。以其不移之故谓之下愚，非以下愚之故不得不不移也。①

丁若镛认为，那些为了不步入“恶”途而不断努力反省的人才是最有智慧的；相反，为了不进入“善”境而费尽心机的人是极其愚蠢的。然而，这里的“思”并不是指利玛窦观点中的理性判断，而是最终能够听取并服从道心的命令的一种意志力，对于这一问题，下面章节会进行进一步的分析。丁若镛认为道心的命令，即本性的欲求的出现并不以理性思考为前提。本性的嗜好作为上帝和道心的命令常常在人们耳边萦绕，那么问题的关键便在于人们是否会服从这一命令。丁若镛把上智和下愚即聪慧和愚笨这一主题与“人心道心说”的修炼直接联系起来理解的缘由也在于此。

事实上笔者关注的问题是，丁若镛在用新的角度审视古代儒学经典的过程中，是否采取了批判西学、部分肯定朱子学的态度。丁若镛在西学的影响下对古代儒学的人性论进行了全新的考察。然而在这过程中，他发现自己无法完全认同《天主实义》中的观点——这可并非他的初衷。利玛窦强调经验学习，提倡以此来提高理性判断能力，但在丁若镛看来，对本性向善的欲求绝不是能通过修炼获得的，它是天命所赋予的先天之物，是所有凡夫俗子都能自我领悟的。因此即便是没有文化的愚笨之人，都能够依照自己的良心生活，做一个虔诚的道德之士。丁若镛对古代经文著作中的各种修养方法的深入研究，以及对人类向善的学习方法的关注，都是为了确保这些伦理实践的普遍可能性。

第二节　对古代儒学心性论和修养论的洞察

一、“慎独”和“中庸”的涵义

（一）慎独是恭敬谦逊、虔诚畏惧的修行态度

丁若镛承认人格创造主上帝的同时，又强调通过人类灵明的心灵传递上帝的命令（即天命）的内在特点。同时，丁若镛认为任何人都可以感知并领悟到内在天命，这与人类智慧高低是无关的。根据丁若镛的观点，所谓的天命是指人类对善的先天欲求，也就是“性”。既然所有人的“性”都是天生被赋予的，那么便

① 丁若镛. 与犹堂全书·论语古今注（卷九）[M]. 首尔：骊江出版社，1989：10－11.

可以说向善的道德行为具有了普遍性。丁若镛在各类古代经文著作的内容中找到了具有普遍性的道德实践根据。他的这一哲学立场并未完全沿用西学的观点,但也不能因此认为他完全照搬了古代经文著作的内容。丁若镛以自己固有的问题意识,致力于刻画古代儒学的特定面貌,而在这一过程中,他对西学的看法也发生了一定改变。进一步说,在与西学保持一定距离的同时,他开始有选择性地接纳了自己曾经极力反对的朱子学传统的观点。

这种转变同样涉及古代儒学传统中的修养论。在人的心性结构及其具体修养方法的问题上,比起西学的方法论,丁若镛更加倾向于传统儒学的固有修养方法,即一直持续传承至朱子学的修养论体系。在他的修养论中,包括了对上帝的慎独修行,遵从天命的率性或尊德性的修炼,至诚和执中的修炼,在接触具体事态、受到肉体欲望的干预等更加复杂的情况下的克己复礼的修炼,大体小体、人心道心的修炼,忠恕的修炼,等等,而这一切形成了一个有机的整体。对此,在下文"丁若镛的修养论"中将会进行更为详细的论述。在这复杂的修养论的领域中,也许会存在可与西学的修养论相比较的要素,但显而易见的是,丁若镛在悠久的儒学传统中同样发掘出了不少可以为己所用的观念。

正如大家所知道的,《中庸》第一章以"天命之谓性,率性之谓道"为开篇。根据丁若镛的观点,上帝的命令,即天命意味着赋予人类的"性"。当然,上帝不单是为了赋予人类本性而出现的,他通常在道德行为上监视着人类。因此,人们对上帝的干预会感到恐惧。丁若镛认为这种方法是通过人们尊重和遵奉自己在内心中所感知到的本性嗜好来实现的。来看他的阐述:

> 唯是天命之性,乐善而耻恶,每遇一事,其善恶在前,一循此性之所欲向,则可无误差,故曰率性之为道。率者循也。如锯者循墨,渡者循桥,不敢左右,斯谓之率性也。只此一條为吾人免恶成善之资斧。若无此性,即虽智如神明,毕世而不能作丝发之善矣。故中庸之工,唯在乎尊德性。谓此性即修德之绳墨也,而天之所以赐我而成德者也。故尊之奉之,不敢失坠然也。①

这里他把遵从"本性嗜好"称为"率性",把尊重和遵守"向善之性"称为"尊德性"。因为他相信,如果一开始上天没有赋予人类这种德性,那么我们即使因拥有与上帝一样的神明而变得无比聪慧,也不能实践任何的善行。

但是在把这样的"性"称为德性的同时,丁若镛意识到,这与自己曾经严格遵守的"德是死后方能实现"的主张是相互矛盾的。他认为,类似仁义礼智的"德"是道德行为得以实践之后才能确定的。既然如此,那么,人类与生俱来的

① 丁若镛. 梅氏书评·阎氏古文疏证抄(卷四)[M]. 李篪炯,译. 首尔:文学与知性出版社,2002:25-26.

本性的嗜好又怎么能被称为“德性”呢？以下就是丁若镛本人对此的回答：

德者，行吾之直心也，不行无德也。孝弟忠信、仁义礼智斯为之德，未及躬行，安有德乎？然而谓之德性者，性本乐善，随感而发者，无非善心，扩充此心，可以为仁义礼智，故名其性曰德性也。此性所受本上天之命也。受天命者不敢不尊之，如奉君命者不敢不敬之也。①

根据丁若镛的观点，只有在实践之后才能冠以“德”之美名。然而先天的道德喜好——本性，之所以能够被称为德性，是因为“性”的欲望正是使人实现“仁义礼智”的根本基础。在这里，丁若镛依旧运用了“扩充”这一方法。他认为，如果不断扩充从天命之性中所生出的道心，那么，人们就必定能够达到仁义礼智的道德境界。也就是说，道心能使仁义礼智之“德”得以实现。因此，丁若镛提高了“天命之性”的地位，将其称为具有最高境界的德性。

率性者，循天命也。不义之食在前，口腹之欲溢发，心告之曰勿食哉！是不义之食也，我乃顺其所告，却之勿食。兹之谓率性。率性者，循天命也。四体苶然，常欲疲卧，道心告之曰偃哉！是怠慢之习也，我乃顺其所告，厥然起坐。兹之谓率性。率性者，循天命也。②

德性者，上天之攸命，可不尊之乎？问学者，君子之恒业，可不由之乎？奉君命者，不敢行恶，必施之以德惠，尊天命者，不敢行恶，必道之以仁义，其义一也。③

在此，可以把丁若镛主张的“德性”或“性”理解为天命，把遵循“性”定义为“服从天命的行为”。如果人们为了遵从天命而必将遵循“性”，那么何种行为才算是遵循“性”的行为呢？如果“性”的喜好是通过道心的命令而具体展现的话，那么人们只需努力接受下达命令的道心的要求就可以。但是，人们如果想洞察微小的道心命令，就必须要具备一个先决条件，那便是慎独与至诚的态度。所谓慎独和至诚，指的是侍奉上帝时恭敬谦逊的、虔诚到极致的态度。丁若镛认为，“独之为至诚，至诚之为慎独。既然无疑则未发之中，已发之和，惟慎独者当之”④。在他看来，小心谨慎的慎独学习与诚挚地维持自我的至诚学习几乎是一致的。而这两种学习方法的目的都是为了实现《中庸》中的“中和”思想。

至诚者中和也，无息者庸也。篇首曰，致中和，天地位焉，万物育焉，上节曰，

① 丁若镛.与犹堂全书·中庸自箴(卷一)[M].首尔:骊江出版社,1989:25.
② 丁若镛.与犹堂全书·中庸自箴(卷一)[M].首尔:骊江出版社,1989:3.
③ 丁若镛.与犹堂全书·中庸讲义补(卷一)[M].首尔:骊江出版社,1989:53.
④ 丁若镛.与犹堂全书·中庸自箴(卷一)[M].首尔:骊江出版社,1989:6.

惟天下至诚，可以赞天地之化育，中和非至诚乎？[①]

慎独只能致中和，何也？……当此之时，小心翼翼，昭事上帝，常若神明照临屋漏，戒慎恐惧。惟恐有过，矫激之行，偏倚之情，惟恐有萌，持其心至平，处其心至正，以待外物之至。斯岂非天下之至中乎？[②]

在上述引文中，丁若镛强调，人们慎独就能达成“中和”，而至诚就是“中和”的状态。不难理解，这是在说为了遵循“天命之性”而采取慎独的态度，同时还要保持至诚。可是，这种慎、诚的状态能实现中和，这又是什么意思呢？按照过去《中庸章句》中朱子的理解，所谓的中和，指的是“未发”的性所具有的平静和“已发”的情所蕴含的和谐。但丁若镛试图按照自己的修养论体系来解释《中庸》，因此在他看来，所谓的中和绝不是朱子所说的情性。他所主张的中和是君子始终保持的极其恭敬、虔诚的修养态度。

丁若镛在解释未发时采取“执中”态度，认为人们如同感觉到上帝在窥视般小心翼翼，唯恐自己会出现偏倚之情或不正之行，这就是极致之“中”。这里丁若镛想表达的是，人们只有怀着畏惧而又恭敬的态度，即慎独和至诚的态度时才不会偏袒自己的私心。也就是说，只有这样才能维持“中”与“和”的状态。从这个层面来看，我们可以更清楚地理解丁若镛强调慎独和至诚的修炼态度的原因——只有通过畏惧而又恭敬的态度，才能从根本上杜绝人心出现偏倚这一弊端。

（二）中庸是一种慎独和至诚的修炼态度

丁若镛认为，“执中”或“允执厥中”的学习才是尧舜的《秘典》和《尚书》的真谛。[③] 在他看来，尧舜主张的“执中”是通过孔子而传承下来的，因为其“执中”和孔子在《中庸》里诠释的未发时的“中”具有相同的涵义。这些内容诠释“中”是所有有修养的圣人和君子积极追求的态度，而不是凡人的本性。

尧舜曰：“允执其中”；《中庸》曰：“喜怒哀乐之未发谓之中”，一则圣人用力以执持也，一则君子用力以推致也。曷尝以人性名之曰中乎？[④]

这无疑是丁若镛批判朱子“中和”概念的一把利器。丁若镛对朱子进行了批判，认为其曲解了《尚书》中尧舜主张的“中”及孔子所继承的“中”的概念。朱子把“中”与“和”的概念理解为凡人所具有的普遍的心性结构，即情性的普遍体

---

① 丁若镛. 与犹堂全书·中庸自箴(卷一)[M]. 首尔：骊江出版社，1989：24.

② 丁若镛. 与犹堂全书·中庸自箴(卷一)[M]. 首尔：骊江出版社，1989：6.

③ 关于《尚书》中的尧舜的中庸修习，在本章节的后半部分将会进行讨论，并且在后面的“丁若镛的心性论和修养论”中也会有所提及。

④ 丁若镛. 与犹堂全书·孟子要义(卷二)[M]. 首尔：骊江出版社，1989：21.

用结构。对此丁若镛提出了质疑，认为不应该把“中”理解为“本性”，并提出《中庸》里解释的“中”指的是圣人和君子努力保持的内心公正的修炼态度。此外，丁若镛还对朱子把《中庸》中的“庸”简化为与佛教“平常心”相提并论的态度作了以下批判：

平常乌足以为至德哉？……惟佛书指月录，称赵州和尚参于南泉，问曰如何是道，泉曰平常心是道。古经无此说也。……本经下章曰庸德之行，庸言之谨，易曰庸言之信，庸行之谨。庸言者恒言也，庸德者恒德也，庸行者恒行也。孟子曰庸敬在兄，庸敬者，恒敬也。由是观之，庸也者，恒常也经常。岂平常之谓乎？总之，中庸者，天下第一义理。若谓之平常之理，则后世所谓卑之无甚，高论不幸近之，必非立教之本旨。①

由此可看出，丁若镛所理解的“庸”指的并不是“平常”，而是能够长期努力的坚韧性和实践意志。因此，为了反驳朱子的观点，丁若镛引用《尚书·尧典》中臣夔的事例来诠释了“中庸”二字的涵义：“直而温，宽而栗，刚而无虐，简而无傲。”②丁若镛并作了更为通俗的解释：“不偏不倚，无过不及之德。”丁若镛的这种解释不禁让人想起朱子在解释《中庸》里“中”的状态，即本性的模样时，也曾用过的表述——“中者，不偏不倚，无过不及之名。庸，平常也。”③从表达方式上看，丁若镛和朱子的观点之间并没有明显的差异。那么，丁若镛引以为豪的——朱子等古代学者们未曾解释，由他自己破解的——尧舜和孔子的真正意图又是什么呢？

直观来讲，朱子“不偏不倚”的状态指的是人类普遍拥有的“性”的面貌，即未发时的本然之性。然而丁若镛所讲的“不偏不倚”的状态，指的是“慎独”的君子通过刻苦努力所保持的“执中”的修炼状态，对此下文中将作更加详细的说明。朱子在《中庸章句序》中解释与人心道心说相关的“允执厥中”的涵义时，再次使用“无过不及”来说明“性”之不多也不少的模样。在这里，用“无过不及”这一表达来诠释的“时中”概念是以结果的形式出现的。如果开始的时候“无过不及”是用来描述未发时“性”的面貌，那么与此相反，在对“人心道心”“惟精唯一”“允执厥中”等内容所作的注释中，“动静语默”间的无过不及状态则是被解释为达到了“惟精唯一”的修炼结果的特定状态，即“时中”。这里需要指出的是，在比较朱子对于未发时的“性”的描述（不偏不倚，无过不及）与对“时中”的描述（无过不及）时，若把前者理解为人类普遍具有的心的本体，而将后者理解

① 丁若镛. 与犹堂全书·中庸讲义补（卷一）[M]. 首尔：骊江出版社，1989：9－10.
② 丁若镛. 与犹堂全书·中庸自箴（卷一）[M]. 首尔：骊江出版社，1989：8－9.
③ 朱熹. 四书章句·中庸章句（卷一）[M]. 郭齐勇，导读；曾军，整理. 长沙：岳麓书社，2008：25.

为通过修炼来实现这一本体的“用”的状态的话，这一说法便具有了合理性。但是，丁若镛不仅反驳了未发时本体论的心性论，同时也拒绝接受一切无法从修养论角度理解的“中”的概念。因此，朱子的上述基于体用模式的理解也并不为丁若镛所接受。

丁若镛把尧舜的“允执厥中”和孔子的《中庸》里未发时的“中”统一解释为“执中”的修炼。同时还使用“不偏不倚，无过不及”的表述来指代“执中”的修炼状态。在丁若镛看来，朱子在解释孔子的未发时的“中”这一概念时，把未经陶冶的人性普遍定义为“不偏不倚，无过不及”的状态，这是在扭曲通过君子修养才能达到的“中”的涵义。并且他还认为尧舜的“允执厥中”指代的是修炼的过程，而朱子的“不偏不倚，无过不及”是用来描述修养的特定结果，即“中”的状态，因此这是对原义的误读。丁若镛认为朱子的这种解释方式忽视了所有正在修身养性的人们所付出的努力。因为无论是尧舜的“执中”之训诫，还是孔子要求维持的未发之“中”的教育理念，所指的都是通过虔诚畏惧和谦虚谨慎的慎独修炼来维持心境之公正公平的修养方法。

但是，笔者认为丁若镛对“中庸”的这一解释可以成为他批判朱子学说的一把利器，同时和西学又保持着一定的距离。因为，丁若镛通过古代经典所发掘出来的“允执厥中”或“执中”的修行论，事实上在类似于《天主实义》的西学书中是难以找到的。前文已述，《天主实义》中利玛窦提到心有三种功能，即记忆能力、理性判断能力以及意志力，其中最重要的是理性判断能力，并且只有在这种判断的意志驱使下的行为才具有道德层面的涵义。但是在这一过程中，人类的理性判断及意志怎样才能成为不带偏见的公正判断、公正意志呢？在这个问题上，利玛窦并没有提及更多的方法。而丁若镛则不同，他通过《尚书》和孔子的观点来强调“执中”修炼具备的作为预备修炼的重要意义。而这种预备修炼是通过“慎独”和“至诚”的态度来端正、均衡自己的认识后才得以实现的。人类会把自身的主观欲望误解为道心的命令——即使领会到真正意义上的道心的命令，也会若无其事地进行自我欺骗。丁若镛认为，人们只有通过修炼来保持自己不偏不倚的心态，使自己不偏向于任何方向，才能更好地加强对天命的感知能力。

二、克己复礼和大体小体论

（一）接纳朱子的人心道心说，并认为克己复礼即人心服从道心

丁若镛注意到，在进行尧舜和孔子所强调的中庸时，有必要将“恕”的方法运用到具体的人伦关系中。因为平日的执中修炼只在运用于道德类文章时才具有真正的价值。但是在丁若镛的修养论体系中，被孔子所强调的“恕”的方法并不是独立存在的，它与慎独、至诚、执中以及中庸的学习有机地联系到了一起。

丁若镛还认为，只有“恕”才能实现中庸之道，而要实践“恕”则要以克己复礼为前提。

欲行中庸之道者，非恕不能。一恕字可以贯万事万物。……有求乎子则事父之道在我也，有求乎臣则事君之道在我也，有求乎弟则事兄之道在我也。①

仁者人也。爱亲敬长忠君慈众，所谓仁也，求仁者必强恕。强恕者必克己。朱子以绝私欲为仁，良以是也。然克己是求仁之方，非即为仁也。学者宜审焉。②

以上表述很好地体现了丁若镛对《论语》中“恕”概念的看法，他认为“恕”是使整个修养论得以完成的媒介，发挥着中枢作用。

儒家无传道法也，然执一恕字，以临论语中庸大学孟子。其千言万语，无非一恕字之解。夫子之道，真是一恕字而已。③

丁若镛坚定地认为，只一个孔子的“恕”字，就能将《论语》《中庸》《大学》《孟子》等古代儒学经典的实践价值概括起来。

以往的新儒学传统惯于把孔子的“忠”理解为“尽己”，把“恕”称为“推己”，从而把二者加以区别，丁若镛对此进行了批判，并用“恕”的概念来概括孔子的“忠恕”：

夫子本云一以贯之，而会子乃言忠恕二字。故学者疑二之非一。然中庸既云忠恕达到不远，而及其释义，仍是一恕字而已。则忠恕即恕。本不必分而二之，一以贯之者恕也，所以行恕者忠也。④

那么“恕”究竟指的是一种什么概念呢？丁若镛把它简单明了地界定为两个人之间的关系。父子之间，君臣之间，弟兄之间，在所有的这种两人的密切关系之间皆可以实现“恕”。丁若镛在强调孔子的“恕”时曾说，在两个人之间，如果自己想从对方身上得到什么，就应该先为对方做什么。

我好色，便知民亦好色；我好货，便知民亦好货；我好逸，知民之亦好逸；我恶贱侮，知民之亦恶贱侮。……日用常行万事万物之情之欲，皆备于我，不必问其情察其色，而后知人之与我同也。……故所求乎子以事父，所求乎臣以事君，所求乎前后者，徐行后长，所求乎左右者，坐不横肱。此孔子所谓一贯，谓万物纷错，我以一恕字贯之也。孔孟之学，其真切卑近如此。而先儒于孔子所谓一贯之

① 丁若镛. 与犹堂全书·中庸自箴(卷一)[M]. 首尔:骊江出版社,1989:14.
② 丁若镛. 与犹堂全书·论语古今注(卷八)[M]. 首尔:骊江出版社,1989:21.
③ 丁若镛. 与犹堂全书·论语古今注(卷二)[M]. 首尔:骊江出版社,1989:20.
④ 丁若镛. 与犹堂全书·论语古今注(卷二)[M]. 首尔:骊江出版社,1989:20.

说，孟子万物之解，皆言之大广，释之太阔，同天地万物之理，而一不具于方寸之中。浩浩荡荡，靡有涯崖，使后学茫然不知如头着手之处。岂不恨哉？①

孔子所谓“恕”中的揣摩修炼方法是指通过对自己心意的揣摩迅速领会他人心中的期待，这是其优点所在。如果自己对父母有所期待，那么首先就应该知道父母对作为子女的自己有何期待。因为当我们达成父母所愿时便也会从父母那里得到想要的待遇。当然，丁若镛的本意并不在于提倡人们为了这样的结果而故意先施予善行，只是让人们了解人心是如何运作的，以及它的欲求是什么罢了。在此处，丁若镛对孟子所说的“万物皆备于我”的涵义做了解释。按照他的理解，这句话的意思并不是说一个人的心中包孕着天下万物的道理，而是说人心拥有一种推己及人的能力，因为自己所喜欢的东西他人也喜欢，自己所讨厌的东西他人也讨厌。如此一来，按照丁若镛所言，我们并不需要通过直接询问或察言观色之后才能知道对方所期待的是什么，因为我们可以迅速地揣摩到别人的喜好与厌恶等。正因为如此，丁若镛认为孔子的“恕”这种思想在教化和管理百姓的问题上也是关键。

在丁若镛看来，孔孟的修炼方法都非常浅显易懂，是适用于任何人的修炼方法。虽然我们只能为他人做到自己对于自身的期待，但是，即便只做到这一点也是道德上的一个极大的进步，这一论述正是以孔孟的修养论为前提的。当然，这种修养法里蕴含着一个信念：一个人想要得到的东西其他任何人都希望得到。不过，丁若镛和其他儒学者没有考虑到的一个问题是，究竟这样的欲求是否能为人类所共有？如今以我们的观点来看，这样的怀疑不无道理。但是，对丁若镛而言，更为重要的是我们能否听从这种不言自明的常识性道德命令，这是一个关乎意志的问题。在这个问题上，放弃或战胜自己欲望和追求的“克己”修炼具有至关重要的地位。一般来说，无论是谁，都不能在不放弃自己所拥有的某些东西的前提下为对方提供他所想要的东西。当然，这里并不是提倡不管对方想要什么都无条件答应。因为就像孔子“克己复礼”的字面表述一样，我们之所以想要克服或放弃自己的私欲，是为了实践“礼”，而不是为了草率鲁莽地满足他人的私欲。

非礼欲视，故曰非礼勿视；非礼欲听，故曰非礼勿听；非礼欲言，故曰非礼勿言；非礼欲动，故曰非礼勿动。初若不欲，何谓之勿？欲也者人心欲之也，勿也者道心勿之也。彼欲此勿，两相交战，勿者克之，则谓之克己。②

---

① 丁若镛. 与犹堂全书·孟子要义》(卷二)[M]. 首尔：骊江出版社，1989：40.

② 丁若镛. 与犹堂全书·论语古今注》(卷六)[M]. 首尔：骊江出版社，1989：1－2.

人有一种违背礼的欲求。丁若镛将之定义为人心的欲求,即由肉体的欲望引起的心欲,这是构成"己"的一个轴心;而另一方面我们有着命令自己克制非礼言行的心,丁若镛把它称为道心的命令,这道心便构成了"己"的另一个轴心。在人心和道心产生矛盾时,如果能够让人心服从道心的命令,并在道心驱使下只采取合乎于礼的行动的话,就实现了孔子的"克己复礼",同时也是一个"己"控制了另一个"己"的过程。

丁若镛以这样的方式对孔子的"克己复礼"做出了诠释,不过他认为这是以人心和道心相互对立为前提的,克己复礼的过程也就是人心服从道心命令的过程。而基于这二者之间的关联,丁若镛在理解孔子的修行方法的同时也间接接纳了朱子的人心道心说。当然,"人心道心"的用语出自于《荀子》中引用的《道经》,但是,丁若镛觉得,《道经》里人心道心的真谛直到朱子这里才得以发扬光大,也就是说,朱子对人心道心关系的关注使孔子的"克己复礼"精神得到了再度宣扬。

孔子曰:"修己",曰:古之学者为己,此我本有之己也。孔子曰:克己复礼为仁,此我战胜之己也,明有一己克此一己,既有二己,胡无二心?既有二性,胡无二心?君子之道,察乎此而已。明目张胆,以察乎此,而人鬼以判,圣狂以分。……但此百千之心,静察其分,不出乎人心道心。非人心则道心,非道心则人心,公私之攸分,善恶之攸判。①

在这里,丁若镛解释了闪耀着尧舜精神光辉的孔子的修炼方法,他认为人心与道心,即以一个"己"来战胜另一个"己"的修炼构成了孔子的修炼方法的核心。由于这一修养论的一贯传统,丁若镛盛赞了孔子、孟子直至朱子的人心道心说。在这一问题上,由于受到周边的政治状况的影响,曾经对朱子学说进行全面批判的丁若镛也无法再始终如一地维持过往的否定态度。更何况《道经》中"人心惟危,道心惟微"的句辞也正是因为朱子才闻名天下,被众人所真正理解。众所周知,与今文《尚书》中的《皋陶谟》篇相比,朱子更为欣赏古文《尚书》中的《大禹谟》篇,并以此为基础展开自己的论述。但是不能因为丁若镛批判朱子就认为他只认可《皋陶谟》篇而非《大禹谟》篇,并且完全摒弃了朱子的人心道心说。这一评价未免太过于片面。因为对于符合自己一贯哲学立场的主张,丁若镛从不会轻易地摒弃或是忽视。特别值得一提的是,丁若镛在晚年时期对《尚书》给予了更为高度的关注。他通过《皋陶谟》篇主张"人心道心"的心性论和修养论。笔者认为,丁若镛之所以能在批判的同时又对朱子学说的特定层面持友

---

① 丁若镛. 梅氏书平 · 阎氏古文疏证抄(卷四)[M]. 李篪炯, 译. 首尔:文学与知性出版社, 2002:22-24.

好的接受态度,是因为他对古代儒学的经典有着充分的理解。在笔者看来,尽管与西学的智慧碰撞所产生的火花成就了丁若镛对古代经文著作的全新解读,但这一过程同时也促使丁若镛对儒学传统思想和朱子学进行了深入思考,这不能不说是一件意味深长的事。

(二)大体小体论的实质是在道心的命令下节制人心欲望,使行为合乎礼法

人的内心常常在顺应天命的道心命令和源于肉体的欲望之心二者间矛盾、徘徊、对立着,这一过程被丁若镛形容为裁判的审理过程。这不禁让人想起了孔子提到的内心的"自讼"过程。以下例文中丁若镛所提到的自己之"过"指的就是人心的欲望,而成为裁断标准的"令"就相当于道心的命令:

天命人欲交战于内,克己如克讼然。人能自见其过、令二者对辨于内,必能见其是非,而知所以改过矣。①

从以上例文可以看出,丁若镛把人内心的道德矛盾理解为经裁判后臣服于法令的过程。丁若镛认为,既然人们已经充分地理解了有着明确标准的善和不善之间的差异,那么,所谓的道德任务也就成了改正自己的"过"并努力使之符合善的标准的过程。这告诉我们,当自身同时拥有由道心传达的善之天命和由肉体引起的危险或不善的人心的时候,我们应该按照道心的命令来控制自己的欲望之心。丁若镛在解析孟子的"大体小体"时也遵照了这一观点。

大体者无形之灵明也,小体者有形之躯壳也。从其大体者率性者也,从其小者循欲者也。道心常欲养大,而人心常欲养小。乐天知命则培养道心矣,克己复礼则制伏人心矣,此善恶之判也。②

丁若镛在解释《孟子》里出现的"大体小体"的观点中也强调了灵明精神和肉体的二分法。与前文解释的《中庸》里"率性"或"尊德性"的修炼方法一样,在这里,丁若镛也把孟子"遵从大体"的主张理解为"率性"。那么也就是说,遵从"道心"的行为最终变成了通过遵从大体来顺应天命的行为。所以,丁若镛把知天命且乐从天命的行为称为培养道心、抑制人心的行为,把按照天命克服自己私欲的行为称为遵从大体的行为。丁若镛常说,天命和道心不可分割,按照这一观点,乐知天命和遵从道心的命令也就拥有了共同的立足点。

不过,按照《孟子》的观点,人们之所以想要培养大体,抑制小体,是因为人心具有"思"的能力。丁若镛对孟子的"心之职为思"的文段做出了如下解释:

耳收声而纳之于心,目收色而纳之于心,是其职耳。耳目但修其职分而已,

---

① 丁若镛. 论语古今注(卷二)[M]. 首尔:骊江出版社,1989:44.

② 丁若镛. 孟子要义(卷二)[M]. 首尔:骊江出版社,1989:29.

顾何尝使此心强从其所纳哉？其所纳，利于大体则从之者，为从大体，违之者，为从小体。其所纳，利于小体而从之者，为从小体，违之者，为从大体，如斯而已。其能或从或违者，以心官之能思也。苟一思之，必不可从小而违大，养小而害大，苟不思之，必至陷溺其心而失其从违之正，心之能思，岂非幸欤？①

眼睛和耳朵等感觉器官的本职工作是把各种信息传至心灵。但是，是否要遵从这些感觉信息取决于人内心的决定，而非眼睛和耳朵之类的感觉器官。所以，丁若镛在诠释《孟子》时提出，我们之所以能够选择是否要遵从那些有利于或是不利于大体、小体的信息，是因为人心具有思考的能力。如果我们思考正确的话，肯定会培养大体而抑制小体；反之则会违背大体而遵从小体。因此，丁若镛强调，如果想要遵从大体而广施善行，则思考能力在其中将会发挥重要的作用。

在此，我们有必要进一步探讨人心的思考能力。因为“思考”二字在这里并不仅仅意味着我们通常所指的理性推理能力或是分析能力。丁若镛在解释心的种类时曾说过：“心之为字其别有三，一曰五脏之心。若云比干剖心，心有七窍，是也。二曰灵明之心。若尚书曰各设中于乃心，大学曰先正其心者是也。三曰心之所发之心。”②也就是说，人的心作为“灵明之全体”，具有思考的能力。而对于心的思考能力（心之官思），丁若镛解释道：“《说文》曰：心者一身之主宰，则庶几无误，而同一心字，原有三等。其一，以灵知之全体为心。若所谓心之官思及先正其心之类，是也。其二，以感动思虑之所发为心，若所谓恻隐之心、非辟之心，是也。其三，以五脏之中，主血与气为心，若所谓心有七窍，是也。第一第三，有一无二，若其第二之心，可四可七可百可千。”③他认为“心之官思”的涵义与《大学》里的“先正其心”、《虞书》里的“各设中于乃心”，即前文提到的“允执厥中”是相同的。因而丁若镛所诠释的孟子的“思考”，与《大学》中端正心态的诚意、正心修炼，《中庸》里的未发时执中修炼，以及《虞书》《尧典》里的“允执厥中”修炼有着相同的涵义。在丁若镛看来，这样的修炼指的都是通过慎独和智慧的态度来保持无所偏倚的公正心态。

那么就可以说，通过孟子“心之官说”这一表达，丁若镛想要提倡的是通过慎独和诚意去顺应天命和道心的虔诚状态。因此，丁若镛所理解的孟子的主张并不像利玛窦一样完全依赖源于理性的经验推理能力。因为利玛窦主张，相比于善良本性的强大力量，人们利用理性进行经验性推论的判断能力更有价值、更

---

① 丁若镛．孟子要义（卷二）[M]．首尔：骊江出版社，1989：29.

② 丁若镛．国译茶山诗文集（卷十九）[M]．首尔：民族文化促进委员会，1996：30－31.

③ 丁若镛．国译茶山梅氏书平·阎氏古文疏证抄（卷四）[M]．李篪炯，译．首尔：文学与知性出版社，2002：23－24.

加高贵；而丁若镛坚定不移地认为，天命、本性以及道心的命令才是道德行为的强烈驱动力，所以，我们在道心的命令与人心的欲望产生矛盾的瞬间会进行理性的思考，这便是强烈感觉到道心的偏好并决定顺应于它的判断行为。

另一方面，丁若镛认为孟子所使用的"能思"的表述依然有所欠缺，所以，他又重新引入了"权衡"的概念。那么，丁若镛此举究竟取得了何种效果呢？下面将通过再次讨论一下前文第一部分第二章中所列举的一段引文，来观察这一效果。

孟子之谓性善，岂有差乎？但不得不善，人则无功。于是又赋之以可善可恶之权，听其自主，欲向善则听，欲趋恶则听，此功劳之所以起也。……自此以往，其向善汝功也，其趋恶汝功劳也，不可畏乎？①

在丁若镛的理解中，孟子的性善说虽然美好，但是，如果仅凭孟子的主张，善的优点将无法成为人的功劳。他认为，即使孟子对心的"能思"这一固有能力有所提及，但是，仅以此还是无法把人性的善良明确归为人的功劳。所以丁若镛用"权衡"这一自由的选择和意志来对孟子的性善说进行了补充。如此一来，丁若镛在反思孟子的"性善"，即天命所赋予的先天之性的过程中，更加明确了哪些方面仍需要补充。孟子乐观地认为只要思考过后我们就会遵从大体，从而成为"大人"，但是，丁若镛并不认为遵从天命是如此简单的事情。他认为通过补充权衡这一选择和意志可以更为明确地定义道德主体的"思考能力"。那么，在关系到"思维"能力的问题上，丁若镛认为道德认识与科学认识处于何种关系呢？从其传统性理学的整体世界观（即道德与科学相统一的观点），可以看出他曾努力将道德认识与科学认识进行区分。他认为，所谓道德领域中的思维，是指顺应道心和天命的意志，具有明显的权衡特点；相反，科学中的思维能力与认识能力，是经验主义的科学精神或者是亚里士多德的认识能力。在其著述《心经密验》中，丁若镛把两种思维能力列举在了一起。②

丁若镛引入了"权衡"这一表示意志力的概念，用以强调人们即便已洞悉道

---

① 丁若镛. 与犹堂全书・论语古今注（卷九）[M]. 首尔：骊江出版社，1989：11－13.

② 笔者认为，通过丁若镛的论述，很难了解到这两种认识构成何种联系。柳初夏在《丁若镛的认识论和科学指向》一文中批判道，丁若镛把通过感觉和思维进行的科学认识之萌芽还原为道德认识，未能使其发展为近代方法论，反而使其退回到中世纪的上帝观。"丁若镛的认识论在前面已表现出来了，这并非是对感觉的积极评价，而明显地表现出中世纪的局限。他没有把思维对感觉的综合能力看作是与科学认识相连的先验性通觉，而看作是根据道德原理选择或拒绝的一种实践价值观的行为。换句话说，他把由感觉和思维形态表现出来的认识问题还原为道德、实践问题。他以感知和悟性（理性）思维的地位及局限形态表现出的原始认识论的觉醒，没有在他的意识中发展为近代的科学方法论，而似乎更多地与中世纪的道德实践意志相结合，这一点在他对道德性的理解中表现得更加明显。他认为道德性在人的后天活动中形成，而其根源却来自于唯一的绝对者上帝。"（柳初夏，1997）茶山把小体的感觉用具从属于大体的道德命令，从而阻碍了将以小体即人类感觉器官的认知内容作为第一资料的经验科学认识的发展。

心的命令和天命，却仍有不遵从的可能性。就这样，由于用权衡的概念来改造了《孟子》"思"概念，丁若镛终于能够对人类道德行为上的功劳和罪恶做出明确定义。

然而，尽管从存在论角度上来说，人心和道心的地位有着显著差异，但是在现实生活中反而是道心甚微，人心甚强。所以，丁若镛强调，《孟子》所主张的修炼的真谛在于保存这微微的道心，抑制强烈的人心。

孟子曰：人之所以异于禽兽者几希，小人去之，君子存之。……人是有形，故其食色安佚之欲，同于禽兽，此人心之危也。天命之性，乐善耻恶，而形强神弱，不能刚制，此道心之微也。几希之微，而不能保存，则禽兽而已，岂不危哉？①

丁若镛在研究《孟子》的大体小体论时指出，"孟子一生所察，即道心之存亡也"②。可以说现在丁若镛已经构造了一个框架，使得《论语》中"克己复礼"的修炼和《孟子》中"大体小体"的修炼都可以用同一个逻辑来做出解释，而这一框架便是"人心道心说"。不仅如此，丁若镛还认为"古之所谓存心者将亡而保之也，今之所谓存心者心有工而不忘也。上篇曰人之所以异于禽兽几希，君子存之，小人去之。凡所谓存心者，皆存几希之谓也。……几希者道心也，道心犹有存者则人也，道心无攸存者则禽兽也，道心全存而不亡则圣人也。"③即《孟子》中提及的"求放心"或是"存心说"也是为了留存微弱的道心的修炼。丁若镛按照自己连贯的逻辑，将《论语》和《孟子》的重要修炼方法都归纳为人心道心的矛盾以及想要培养道心的修炼论。这也显示出了因为朱子而重新受到关注的《道经》的人心道心说对丁若镛的心性论和修养论的巨大影响力。④

对于人类而言，有不言自明的道心的声音，也有无法消除的肉体的欲望。那么，又还能有何事比努力在道心的命令下节制自身欲望，使行为合乎礼法更为重要？正是通过这样一个反问，丁若镛自信地在《心经密验》中作出了如下论断："到朱子这里才得以重新诠释的'人心道心说'才是心学的永恒宗旨。"

---

① 丁若镛. 梅氏书平・阎氏古文疏证抄(卷四)[M]. 李篪炯，译. 首尔：文学与知性出版社，2002：22.

② 丁若镛. 与犹堂全书・孟子要义(卷二)[M]. 首尔：骊江出版社，1989：53.

③ 丁若镛. 与犹堂全书・孟子要义(卷二)[M]. 首尔：骊江出版社，1989：3－4.

④ 一部分关于丁若镛的研究认为，"人心道心说"出自《古文虞书・大禹谟》这一巨著，是朱熹尤为强调的内容，因而也是丁若镛批判的对象。他更为推崇的应该是《今文虞书・皋陶谟》中的"知人"和"安民"以及《大学》中的"用人"和"理财"。我认为这种观点具有一定的道理，但未免有失片面。李峰奎在他的《茶山学研究的最新动向及展望》(李峰奎，2005)与《通过史书注解来看丁若镛的政治论》这两篇文章中提出，朱熹试图以《大禹谟》中的"人心道心说"为中心来继承先秦儒学，但茶山推翻了朱子的理论依据。他还认为，茶山以《皋陶谟》作为反对朱熹立场的实践性、政治性的方案。笔者认为茶山通过《虞书・皋陶谟》所树立的政治哲学立场当然是一个很重要的论题，但是也不能因此认为茶山否定了所有与《大禹谟》中的人心道心说相关的观点。关于此缘由在本论中已被阐明。茶山在完成《自撰墓志铭》以后便投身于对《虞书》的修订之中，直到去世为止。如果说《皋陶谟》的知人安民论在他的经世学中占据着重要的地位，那么《大禹谟》的人心道心说在他的心性学中也同样占据着重要的地位。

三、“孝弟慈”与德的实现

（一）君子以自己的修养感化百姓以实现孝弟慈

丁若镛一方面强调通过平日里“允执厥中”或“执中”来维持心之公平的重要性，另一方面又强调通过“克己复礼”“人心道心”来加强人们在现实生活中应对道德矛盾的意志和努力。他还指出，在这些具体实践中，只有抑制自己的欲望（其中一个自己）并遵从道心的命令（另一个自己）才能充分地实现“恕”。① 如此一来，可以说对丁若镛而言，“恕”的实践是最终运用到人伦关系中的至关重要的修炼阶段。最初在《大学》里，“恕”字曾出现在如下例文中：“所藏乎身不恕，而能喻诸者，未之有也。”②丁若镛把《大学》经文里的“恕”字解释为推恕，意即通过率先垂范自己所追求的孝弟慈的德行，可以唤起百姓的孝弟慈之心：“絜矩则我有孝弟，乃可以求诸民，絜矩则我无不孝，乃可以非诸民。”③丁若镛的信条是“自己想要行使孝弟的话，百姓也同样会如此”。因此，他在《大学》里十分强调将己之心推及百姓之心的“恕”的方法。我们应该注意到，丁若镛在此所提到的“恕”的方法与《论语》中孔子所说的涵义有点不同。因为孔子认为自己想要做的事情首先要为别人做到，而《大学》中丁若镛的论点则是自己持有孝弟慈之心的情况下可以要求百姓也同样具有孝弟慈之心。这两者之间存在着一定的区别。

那么，丁若镛想要通过“恕”的实践原理来努力实现的《大学》中“孝弟慈”的三种德行又是从何而来呢？1791 年丁若镛在回答曾祖的策问时，就已经表明《大学》的最大用处莫过于阐明了“孝弟慈”三种德行。

> 大学之极致，大学之实用，不外乎孝弟慈三者。今欲明大学之要旨，必先将孝弟慈三字，疏涤表章，然后一篇之全体大用，乃可昭也。④

当然，这里丁若镛利用自己“以经证经”的独特的考证方法，把《大学》的明德阐释为“孝弟慈”。

> “周礼大司乐，以六德教国子，曰中和祗庸孝友。中和祗庸者，中庸之教也，孝友者，大学之教也。”⑤

除此之外，在《大学公议》中，丁若镛提出文王在诠释“德”时说，要警惕不孝

---

① 参照本书第二部第一章第二节引文及脚注。
② 朱熹. 大学、中庸集注[M]. 程百晓，译注. 北京：传统文化研究会，1990：9.
③ 丁若镛. 与犹堂全书 · 大学公议（卷一）[M]. 首尔：骊江出版社，1989：34.
④ 丁若镛. 与犹堂全书 · 大学公议（卷一）[M]. 首尔：骊江出版社，1989：8.
⑤ 丁若镛. 与犹堂全书 · 大学公议（卷一）[M]. 首尔：骊江出版社，1989：8.

和不友，惩罚不孝顺的子女和不恭敬兄长的弟妹以及不爱护子女的父亲，这便是“明德即孝弟慈”的证据——而朱子的主张则与此不同，朱子认为《大学》的明德是指应了解的事物的天然之理——丁若镛主张应简明扼要地把孝道（孝）、友爱或者恭敬（弟）、爱（慈）这三种家人间的强烈亲密感理解为明德而加以提倡，并认为明德是通过“格物致知”实现的。

《尧典》曰慎徽五典，曰敬敷五教者，父义母慈兄友弟恭子孝也。……兄友弟恭，合言之则弟也，父义母慈，合言之则慈也。然则孝弟慈三字，乃五教之总括。太学之教胄子，胄子之观万民。其有外于此三字者乎？……盖尧克明孝弟慈之德，以尽修身之工。而家齐国治，天下遂平，不可曰克明虚灵不昧之德，以亲九族也。①

丁若镛以《书经》以及《礼经》中的《周礼》等六经为根据，把四书中提到的明德或德性的概念解释为在“父母兄弟子”之间的人伦关系中体现的“孝弟慈”，并批判朱子学所解读的《大学》把“格物致知”变成了形而上学的修炼，甚至连正心的修炼也都要以理解事物繁杂的道理为前提。这一点也是常被用来证明丁若镛所解读的《大学》带有反朱子学或是脱朱子学特点的重要证据。朱子主张要想理解虚灵不昧的心之全体大用，则必须了解事物的表里和精粗，即事物之理。丁若镛却认为朱子的这一观点与尧舜的实践性修炼方法不符。他认为尧舜之所以能够修身治国平天下，是因为他们能把任何人都可以感受到的孝弟慈的情感付诸实践，而不是因为掌握了万物之理并最终了解了自己的本性。

盘铭康诰周雅之文，为新民之明验，则亲新二字，形既相近，义有相通，亲之者新之也。……总之两义不可偏废，今并陈之，以俟知者。②

在此，丁若镛以这样的观点强调亲民、新民可以通过君子将自身的孝弟慈扩展的方式来实现。他按照实践范围区分了孝弟慈的定义，如果说将孝弟慈实践于自己的家族及亲人时是“明明德”的话，那么，将之广泛实践于百姓时就是“亲民”。他认为在后一种情况下，为了让人们自觉地把孝弟慈付诸行动，执政者可以给老人及长辈以温暖，给孤儿以关爱，这样便能产生使百姓相亲相爱的“亲民”的实质效果。

孝者所以事君，弟者所以事长，慈者所以使众也。其下节曰上老老而民兴孝，上长长而民兴弟，上恤孤而民不倍。两节宗旨，俱不出孝弟慈三字。是则明

---

① 丁若镛. 与犹堂全书·大学公议（卷一）[M]. 首尔：骊江出版社，1989：7.
② 丁若镛. 与犹堂全书·大学公议（卷一）[M]. 首尔：骊江出版社，1989：11.

明德正义也。①

丁若镛按照一贯的逻辑将《大学》中的“明德”和“亲民”解释为了孝弟慈，这一点也同样体现在“善止于至善”的引文中：“止至善一句，虽为明德亲民之所通贯，而若其用力，乃是自修，非治人使止于至善也。……尧舜身先自修，为百姓导率而已，强令民之于至善，无此法也。”②在他看来，尧舜的方法是率先实践孝弟慈，继而使百姓纷纷效法——作为执政者，君子无法怂恿并强迫百姓达到至善的境界。

与其说这是用儒学中修己治人的原理来统治百姓，还不如说这是继承了君子以自己的修养自然而然地感化或教化百姓的传统。在这里，丁若镛是作为一个真正的儒学者来对待这一问题。因为他认为制定严厉的律法来压制百姓、让其服从上级的做法无法达到预期效果。因而有必要通过君子之德进行自然教化，从而使百姓自觉地尊重长辈、孝敬父母，并自觉帮助不幸的人。这种情况下，君子亲身力行、率身垂范是最好的方法。当然，丁若镛并不仅仅是提倡这种自然的教化，因为他在政治上提倡的是积极的入世思想，这一点会在下文的经世论中提到。如此看来，可以说丁若镛对于《大学》的解释只不过是先表明官腔的立场罢了。

丁若镛认为，在当时的百姓看来，王之所以为王，其关键便在于实践作为家庭伦理基础的“孝弟慈”。也就是说，只有懂得率先实践孝弟慈的人才能安民治国。《孟子》一书强调，孝弟慈是控天下于股掌之间的最好方法。孟子认为，天下之国都是由家庭构成，而家庭中又必然存在着父母和子女的关系，所以，如果能使百姓侍奉父母，尊敬兄长，不抵抗长辈，那么天下子民就都得到了教化。他坚定不移地认为，通过延伸家庭之道来理解治国之道才是最有效的方法。在这一点上丁若镛也不例外。他们都认为只要实现了对“父母兄弟子女”的孝弟慈，治理国家和天下便会是非常容易的事情。

总之古之圣王职务知要，故率天下以孝弟。三王异尚而尚齿则同。大学养老，天子袒而割牲，执酱而馈，以教诸侯之弟。民于是不好犯上，而祸乱不作，斯大智也。时君不职务，惟制坚甲利兵以御难，设深文重刑以遏犯上。彼既无本，将何以事君尽忠，以成仁哉？③

儒家思想中的执政之道，即执政者通过实践孝弟之德来感染百姓自发地服从和参与的做法，是以家庭成员之间先天性的强烈归属感，即父母对子女的爱与子女对父母的恭敬为前提的。立足于这一观点，新儒学家们高度评价了主张四

---

① 丁若镛.与犹堂全书·大学公议(卷一)[M].首尔:骊江出版社,1989:8.
② 丁若镛.与犹堂全书·大学公议(卷一)[M].首尔:骊江出版社,1989:12.
③ 丁若镛.与犹堂全书·论语古今注(卷一)[M].首尔:骊江出版社,1989:10.

海同胞主义的《西铭》等作品。而今天我们之所以很难轻易地去批判儒学传统，也是由于任何哲学家都无法轻易将矛头指向家族间的归属感和家人间的爱。具有进步性的当今西欧哲学的任何主题都无法使家族脱离哲学伦理，即使是喧嚣着要解散国家的激进无政府主义者也不会扬言解散家族。而孝弟慈的感情恰恰就是先天性的家族纽带关系的一种象征，因而不是被理性的批判就可以轻易推翻的。那么，为何传统儒学要通过家族间的孝弟慈来倡导所有道德的最高峰“仁”，又凭何确信可以通过延伸孝弟慈来治理国家？即使到了今天，这些问题依旧发人深省。

（二）德与行只能通过人伦上的具体实践来实现

丁若镛把《大学》里的“明德”简洁地定义为“孝弟慈”，并强调其中自“诚意正心”到“治国平天下”等所有箴言都是为了围绕着“孝弟慈”这一主题服务的。《大学》里的“诚意正心”修炼是实现孝弟慈最基本的前提。对此，丁若镛做了如下说明：

诚意正心为此经之大目。故先儒遂以此经为治心缮性之法。然先圣治心缮性，每在于行事，行事不外于人伦。故实心事父则诚正以成孝，实心事长则诚正以成弟，实心字幼则诚正以成慈。诚正以齐家，诚正以治国，诚正以平天下，诚正每依于行事，诚正每附于人伦。①

丁若镛的最终目的是为了在国家和天下实现人类最重要的道德范畴——孝弟慈。而其中的关键便在于“净化内心的意志”“端正自己的心态”的诚意正心的修炼。在论述通过“恕”的方法来实现《大学》中的孝弟慈的章节中，丁若镛强调，孝弟之心性是天命所赋予的嗜好。“孩提之童，无不至爱其亲，则人之孝弟，本天命也。”②那么，如果想要以“恕”的方式来实现孝弟慈，就必须首先用谦虚谨慎和恭敬虔诚的态度对待天命。因此，丁若镛认为，即使是在《大学》的修养论中，也是以“诚”的修炼方法来贯穿始终。来看他的阐述：“诚之为物，贯彻始终，诚以诚意，诚以正心，诚以修身，诚以治家国，诚以平天下”③，“不诚无物，故先言诚意，包括意心身家国天下，一归之于诚意”④。《大学》中的“诚意正心”修炼之所以能够与《中庸》里所强调的至诚和慎独修炼直接联系在一起，原因也在于此。

至诚积于中而威仪著于外，积中所以自修也，著外所以化民也。诚之能成己成物，其至理在此。⑤

---

① 丁若镛.与犹堂全书·大学公议（卷一）[M].首尔：骊江出版社，1989：13.
② 丁若镛.与犹堂全书·大学公议（卷一）[M].首尔：骊江出版社，1989：24.
③ 丁若镛.与犹堂全书·大学公议（卷一）[M].首尔：骊江出版社，1989：15.
④ 丁若镛.与犹堂全书·大学公议（卷一）[M].首尔：骊江出版社，1989：22.
⑤ 丁若镛.与犹堂全书·大学公议（卷一）[M].首尔：骊江出版社，1989：22.

《大学》中提到的诚的修炼必须要通过人伦关系中的实践才能得到实现及验证。因此,丁若镛强调,在教化百姓的过程中,诚的功效必须要对外显露出来。如果说《中庸》里的慎独和至诚修炼是独自面对天命的一种修炼的话,那么影响力波及全天下的《大学》中的修炼是便是从“诚”开始,将自己领悟到的天命一一实践于天下的具体修炼实践①。如此说来,如果《中庸》里的慎独或者执中修炼使得人们能够通过内心感受到上帝这一超越性的存在,那么《大学》就是对这种修炼加以延伸,使人们将道德实践运用到具体的现实生活中。

《大学》的中心主题——“德”与“行”,都只能通过人伦上的具体实践来实现。如果铭记了这一点,就不难理解为什么在这些古文经典著作里《大学》尤为强调实践的内容。《大学》中的“诚意正心”是人类自身修养的基础,然而其目的却是为了实现“治国平天下”。丁若镛明确指出,《大学》中三纲领全都与《虞书》所流传下来的尧舜的具体事业息息相关。

仲尼之学源于尧舜。故大学之明德新民,其在尧典曰克明峻德,以亲九族,以平百姓,以协万邦。其在皋陶谟曰慎厥身修,敦叙九族,庶明励翼,迩可远在兹,皆是修身齐家治国平天下之说。前圣后圣之言,若令符节。②

《大学》这样训诫人们:君子通过诚意正心的修炼来治国安民。根据丁若镛的观点,这正体现出孔子的《大学》继承了《虞书·皋陶谟》中的圣人的行迹。也就是说,君子之所以修身齐家是为了治国和平天下。正是出于这一原因,丁若镛强调说,《大学》的“治国平天下”这一章节中的用人和理财之论其实是对《虞书·皋陶谟》中的知人安民论的一种复制。以知人和立贤来感化百姓,以散财的手段来安民,这些是执政者们需要关心的最基本的事情。③

丁若镛强调,六经四书的修炼不是潜藏于一个人的内心的,这种修炼一定要运用到具体行为和人伦关系,特别是国家和天下的发展中。因此,我们通常认为丁若镛的实践性儒学的主题是对古代儒学的继承与发展,而这一过程也体现出了他本身独有的观点。因为他能够以上帝、天命、嗜好、权衡与明德即孝弟慈等独特主张来对古代儒学的经典进行一番全新的审视。更进一步来说,丁若镛所特有的心性论和修养论的基础就是在这个过程中形成的。下一章将探讨丁若镛在批判及思考儒学传统思想的过程中是如何形成自己的哲学体系的。

---

① 对于《中庸》和《大学》中的“学习”的异同,琴章泰(2004)曾经从几个层面进行了详细的论述。其中最显著的差异之一就是:《中庸》强调的是修养主体应对天命的日常预备修炼;而《大学》所强调的是修养主体则注重于国与治国层面的治道事业。

② 丁若镛. 与犹堂全书·中庸自箴(卷三)[M]. 首尔:骊江出版社,1989:8.

③ 金文植. 朝鲜后期对倾向思想的研究[M]. 首尔:一潮阁出版社,1996:234.

第二章　丁若镛心性论的结构

第一节　本性嗜好说论证和哲学内涵

一、本性嗜好说的涵义

（一）完成其哲学思想体系中的心性论

1815 年对于丁若镛的思想来说是很重要的一年，54 岁的丁若镛结束经学钻研，并宣称自己的哲学体系完全形成。他所作的《心经密验》的序文在哲学史上具有重要意义。

余躬居无事，六经四书既究索有年。其有一得，既诠录而藏之矣。于是求其所以笃行之方，唯《小学》《心经》为诸经之拔英者。学者苟于二书潜心力践，《小学》以治其外，《心经》以治其内，则庶几希贤有路。顾余一生放倒，桑榆之报顾不在是乎？《小学枝言》者所以补旧注也，《心经密验》者所以验之于身以自警也。从今至死之日意欲致力于治心之术，所以穷经之业结之以《心经》也。嗟呼！能践否乎？嘉庆乙亥中夏之晦，书于茶山之东庵。[①]

在《心经密验》的序文中，丁若镛强调《心经》[②]是治心成贤最重要的经典著作，他对《心经密验》作了如下自评："《心经密验》者所以验之于身以自警也。从今至死之日意欲致力于治心之术，所以穷经之业结之以《心经》也。"不同于其他经典的注释，茶山在给《心经》作注释之前，写了一篇虽然简短却非常重要的文章——《心性总义》。正如题目所示，茶山通过该文章逐条批判了以往的心性论，系统地论述了自己特有的心性论。

要注意的是，《心性总义》中所论述的心性论在 1827 年丁若镛 66 岁时，以更

---

① 丁若镛. 与犹堂全书·心经密验（卷二）[M]. 首尔：骊江出版社，1989：25.

② 《心经》由宋代真德秀（1178－1235）所编。该书收集了包括孔孟在内的圣贤有关"心"的言论，并对此作了新儒学家的哲学解释。新儒学重视的是心的体悟，因而不论在中国还是在韩国，该书都很受重视。中国明朝时程敏政所著的《心经附注》，韩国李滉所著的《心经后论》，以及郑逑所著的《心经发挥》，都是很有名的新儒学哲学著作。

精练的形态重新面世，那就是现收录于《梅氏书平》[1]后半部的《阎氏古文疏证抄》[2]。其中，引人注意的是，丁若镛考证《大禹谟》16 字心法之后，集中论证自己心性论的部分（《梅氏书平·阎氏古文疏证抄》4：23～26）。从体制和内容上不难看出，在这部分中，丁若镛对之前《心性总义》中论述的观点进行了加工和整理。总体上看，《梅氏书平·阎氏古文疏证抄》与《心性总义》两者的心性论没有多大差别。如果一定要找出差别的话，前者的心性论与"人心道心说"的关联更紧密，而且对后者的心性论进行了更为明晰的整理。

在构建丁若镛心性论固有体系的著作中，《心经密验》与《梅氏书平·阎氏古文疏证抄》是很重要的典据。前者是 1815 年茶山先生 54 岁时的作品，后者是在 1827 年茶山先生 66 岁时，从居住在京畿一带的文人洪奭周的弟弟洪显周那里得到清朝学者阎若璩所著的《尚书古文疏证抄》后的作品。二者都是在丁若镛对六经四书系统地注释完成之后所面世的作品，反映了丁若镛接受西学观点和批判朱子学的立场，尤其是《心经密验》更是明显地体现了这一态度。但是与以前相比，这两本著作对于朱子学的批判显得温和了很多。不仅如此，《梅氏书平·阎氏古文疏证抄》中还将朱子的"人心道心说"与孔子的"克己复礼"、孟子的"大体小体论"直接联系起来，并认为这一修养论主题可以一直回溯至尧、舜、周公等圣人。因此，从丁若镛 50 岁中期之后的著作中不仅可以看到他对西学观点部分的包容，还可以看到其对古代儒学和朱子学做出的连续说明，这体现了他平等对待两者的立场。因此下文在论述丁若镛心性论的固有性的这一章节里，将重点提到《心经密验》和《梅氏书平·阎氏古文疏证抄》两部著作。

观察《梅氏书平·阎氏古文疏证抄》或《心性总义》，我们会发现无论在论证的分量还是在论证的力度上，都可以说丁若镛独特的本性观念——本性嗜好说是其心性论的核心。正如前文所述，他的本性嗜好说是在新儒学和利玛窦的本性观念的批判性较量中形成的。以朱子为代表的新儒学将本性理解为人类内在的太极原理，利玛窦则把本性理解为人类的形式因，即人类的本体。不过，在丁若镛看来，本性并不是本体或实体，而是人心所具有的嗜好。那么，现在就让我们通过丁若镛的论证来分析一下他的本性嗜好说具有何种哲学涵义。

后世学者看性字太重，乃以性字为灵知大体为专称。……今若脱身于胶漆

① 《古文尚书》通常称作《梅氏尚书》，因为东晋时期学者梅赜曾把附有汉朝孔安国注释的《古文尚书》上交朝廷。1783 年在成均馆学习时，丁若镛就怀疑《古文尚书》的真伪，1792 年在熙政堂正祖对《尚书》的今文和古文之差异提出质问，使得丁若镛对《古文尚书》的真伪问题更加关注。但是直到流放至康津时，丁若镛才真正开始着手这一问题的研究，其成稿就是 1810 年春著的《梅氏书平》。

② 解配之后，丁若镛结识了当时的硕学申绰、洪奭周、金迈淳、金基叙等。1827 年洪奭周的弟弟洪显周替哥哥把阎若璩的《尚书古文疏证》交给丁若镛。丁若镛对《梅氏书平》进行修改时，从阎若璩书中摘取重要的部分，再加上自己的评论，这就是《阎氏古文疏证抄》。1834 年，73 岁的丁若镛最后对《梅氏书平》进行了再次修改。

盆中，超然上观乎先古圣贤之言，则性之为字，本指嗜好之欲。嗜好者生于心者也，生于心非性乎？观于召诰，观于孟子，观于王制，性之为嗜好，昭昭然矣。若非嗜好，曷云节之？若非嗜好，曷云忍之？[①]

对本性的理解上，本性理学最大的问题是将本性视为人的本心，即拥有灵知的大体。丁若镛认为这一理解来自佛教。在佛教里，被称为佛性或法身的本性是指摆脱了执着和烦恼的、纯洁无瑕的本心。丁若镛在《心经密验》中也提到，"以性为大者，把此性字以为大体法身之专称也"[②]。为纠正性理学家的本性论，丁若镛强调应该仔细观察以前的经典著作如何运用本性这一观念。

《召诰》曰："节性唯日其迈"；《礼记・王制》曰："修六体以节民性"；而《孟子》曰："动心忍性"。[③]

在这里，丁若镛用如下反问来驳斥了性理学者的想法：若本性指的是我们如同明镜止水的本心，那么又怎么会有"节性"和"忍性"这样的表述呢？若经典著作中的表述是正确的，那么本性就不是指人心本身，而是人们的某种现实状态或是内心的特定机能。为了论证本性嗜好说，丁若镛还尝试在日常表达中查找证据。例如在《梅氏书平・阎氏古文疏证抄》中，他这样写道："忽又思之，嗜好为性，自古及今，为吾人茶饭话头。谢安性好丝竹，杜甫性好诗律，魏徵性好俭素，王维性好山水。以至雉性好山林，凫性好水泽，食性色性安逸之性，顺口直说，都以嗜好为性。独于论性之席，撇去嗜好，必苍苍然玄远太极理气阴阳五行，别作艰深之论，岂孟子论性之法，不足凭信欤？"[④]但最主要的还是将儒学以前的一些古文经典著作作为重要的典据。事实上，在丁若镛批判新儒学家时，将包括自己在内的后代儒学家奉为标准的古文经典著作作为典据是一种很有效的策略。因为在当时的社会，若不能引经据典，那么任何主张的真理性都将会受到怀疑。因此，正如前文所述，虽然在将本性视为嗜好这一点上，丁若镛的立场在一定程度上与《天主实义》的观点相似，但在其哲学思想体系成熟之后，他开始致力于以对古代儒学的经学立场来寻找本性嗜好的根据。

（二）天命之性和气质之性

针对性理学者们的本性论中出现的问题，丁若镛提出，人类具有两种本性——天命之性和气质之性，并且这两种本性都应理解为嗜好。

气质之性既以嗜好而得名，则天命之性亦当以嗜好求之。气质之性嗜甘而

---

① 丁若镛. 梅氏书平・阎氏古文疏证抄(卷四)[M]. 李篪炯，译. 首尔：文学与知性出版社，2002：23－24.
② 丁若镛. 与犹堂全书・心经密验(卷二)[M]. 首尔：骊江出版社，1989：25.
③ 丁若镛. 与犹堂全书・心经密验(卷二)[M]. 首尔：骊江出版社，1989：25－26.
④ 丁若镛. 梅氏书平・阎氏古文疏证抄(卷四)[M]. 李篪炯，译. 首尔：文学与知性出版社，2002：23－24.

恶苦，嗜香而恶臭，天命之性嗜善而恶恶，嗜义而恶贪。嗜好之名虽同，乃其所嗜好不同。何得驱之于告子乎？不唯是也。孔子原以嗜好言性。诗云：民之秉彝，好是懿德，孔子曰：为此诗者，其知道乎？秉撇非性，好德非嗜好乎？孟子原以嗜好言性，孟子曰：口之于味同所嗜，耳之于声同所听，目之于色同所美，广引易牙、世旷、子都之等，以明心之于义同所嗜。乃曰：理义之悦我心，犹刍豢之悦我口。斯则明引彼性之嗜好，以证此性之嗜好，所谓气质之性、天命之性，非皆以嗜好得名者乎？①

新儒学家们把本性分为本然之性和气质之性，因为人类是由精神和肉体组成的。新儒学中的本然之性和气质之性并不是彻底地泾渭分明的，确切地说，气质之性是本然之性在气上的体现。但是气质之性中的气是以肉体为载体的，因此也可以说精神和肉体的两分法同样适用于本然之性和气质之性。即"论天地之性，则专指理言；论气质之性，则以理与气杂而言之，非以气为性命也"②。丁若镛也认为人类是肉体和精神的神秘结合，因此也采用了将本性一分为二的方法。但他在下列两点上与新儒学家们显示出了不同之处：一是他以"天命之性"的表述代替了"本然之性"；另外一点则是他认为在天命之性和气质之性中的"性"不是指"本性"或"实体"，而是指"嗜好"。前者所蕴含的哲学涵义会在后文中进行详细论述，而在这里将首先对气质之性展开讨论。

丁若镛以气质之性为切入点展开了自己的论述。古代经典著作中的"节性"或是"忍性"等表达往往会与肉体之欲联系起来。而丁若镛认为这"节性"或是"忍性"中的性便是气质之性，并对其作了如下定义："气质之性，嗜甘而恶苦，嗜香而恶臭。"他认为相当于肉体欲望的气质之性并不能等同于肉体本性本身，而只是一个用于描述"肉体欲望之所求"的用语。我们喜欢香而甜的东西，讨厌苦而臭的东西，因此，我们总想要一直占有自己所爱好之物，及时回避厌恶之物。之所以会产生有指向性的倾向，是因为我们只能以肉体的形式生存，这就决定了我们人类具有气质之性。

丁若镛注意到，除了"气质之性"这一嗜好外，人们还拥有其他的嗜好，即天命之性。与论证气质之性一样，他再次引经据典开始了自己的论证。他所引用的正是《诗经·蒸民》中的"民之秉彝，好是懿德"。人们除了气质之性外，还具有崇尚美德的嗜好，因此他提出"天命之性喜善而恶，喜义而厌贪欲"。因为我们具有气质之性，所以会在饥饿的时候渴求美食；但又因为我们同时还持有天命之性，因此即便十分饥饿，我们也不会去吃别人的食物。

① 丁若镛. 梅氏书平·阎氏古文疏证抄(卷四)[M]. 李篪炯，译. 首尔：文学与知性出版社，2002：23－24.
② 朱熹. 朱熹集·答郑子上(卷五十六)[M]. 郭齐，尹波，点校. 成都：四川教育出版社，1996：2872－2873.

最后丁若镛引用了《孟子·告子上》中的"故理义之悦我心,犹刍豢之悦我口",更为明确地论证人类具有"天命之性"和"气质之性"两种嗜好或欲望。在丁若镛看来,不管是天命之性还是气质之性,在任何情况下,本性的概念都不是对人类的纯理论性的定义,而是实践性的定义。因为本性这一概念关系到日常生活中必然会出现的某种倾向,即某种欲望。通过现实生活中谁都会显露出欲望的概念,丁若镛更明确地阐明了本性的涵义和功能。

二、本然之性向天命之性的转变

(一)从伦理学和存在论角度排斥"本然"和"本然之性"

我们已经讨论过了丁若镛本性嗜好说的涵义。在详细说明了将本性解释为嗜好的根据来源于古文经典著作之后,我们来探究一下丁若镛为什么要把新儒学者们的"本然之性"替换为"天命之性"。这并不只是单纯的概念上的变化,而是关系到丁若镛哲学思维体系的核心的重要问题。这一点将会在下文作更为详细的论述。在丁若镛看来,本然之性这一概念是最能体现佛教影响力的用语,并且这一用语使得儒家思想在悄无声息间遭受了佛教思想的侵蚀。来看一段他的论述:

但本然二字,原出首楞严经如来藏性清净本然语。差属未安,然人性有二出,则明矣。……商书曰:不虞天性,易曰:穷理尽性,以至于命,孔子曰:性相近也,中庸曰:天命之性。曰:尊德性,孟子曰:性善,曰:尽其心者,知其性,知其性,则知天矣,此今所谓本然之性,而本然二字,其义不端,不如仍谓之天命之性也。①

丁若镛在引文开头便阐明"本然"二字出自于佛教经典。"本然"这一用语出自《首楞严经》中的 "如来藏性清净本然语"。但这里我们应该注意的是,丁若镛并不单因"本然"和"本然之性"是出自于佛经而排斥这两个概念,在他看来,问题的症结在于"本然"所具有的道德涵义和存在论涵义,因为这两个的层面的涵义是与儒学思想相违背的。

首先来讨论一下道德层面。为什么"本然"会成为道德上的问题呢?若要了解丁若镛对此问题的回答,我们有必要阅读并分析《心性总义》中出现的以下文字:

佛氏谓如来藏性,清净本然,谓本然之性,纯善无恶,无纤毫尘滓,滢澈光明,特以血气新薰之故,陷于罪恶。有宋诸先生皆从此说。然吾人灵体,若论其嗜

① 丁若镛. 梅氏书平·阎氏古文疏证抄(卷四)[M]. 李篪炯,译. 首尔:文学与知性出版社,2002:22-23.

好,则乐善而耻恶,若论其权衡,则可善可恶,危而不安,恶得云纯善而无恶乎?佛氏宗赞本然,深咎新薰,其心以为若无新薰,都无犯恶之理。然人之罪恶,概由于食色安逸之欲,斯固形气之所使,亦或有大恶巨慝,起于自心,而与食色安逸,绝不相涉者。若是者,将焉咎之?……且凡骄傲之病,不出于形气,余于刑曹,阅诸道杀狱检案,诸凡杀狱,悉由于财酒色气四者。由其气杀人者。或于食色安逸,皆无所当。若言语尔汝之类,仓卒发怒,当下杀人者甚多,若是者却与形躯无涉,安得每以性躯为咎哉?①

按照佛教的理解,人类的本心如同明镜一样,没有掺杂任何私心或私欲,因而是绝对善良的。佛教把这样的本心成为"天然之性",即本来如此的佛性。那么,持有这样本心的人类又为何会掉入罪恶的深渊呢?那是由于人类拥有肉体及源自于肉体的欲望。正如明镜会沾染上灰尘和污垢一样,人心也会因为肉体的欲望而充满私心和私欲,若不加控制,最终将会导致犯下恶行。如果佛教的这种逻辑是正确的,那么,便可以说人类的罪恶都起源于肉体。丁若镛指出这种逻辑不仅不现实,而且也没有正确理解人心的复杂结构。

为了反驳本然之性具有的这种伦理学内涵,丁若镛列举了很多并非起源于肉体的恶行。虽然在肉体欲望的驱使下人类确实会行恶,但与肉体欲望无关的、起源于人类内心的罪恶也不计其数。那么,丁若镛为何要列举众多并非起源于人类先天的肉体欲望,而是起源于内心的虚荣与贪欲的恶行呢?这当然是为了驳斥佛教中"象征'本然之性'的本心绝对善良"的说法,换句话说,他想强调的是人类的本心并不如佛教徒所理解的一般生来就纯洁而善良。

由于认为象征心的本然之性是绝对善良的,因此佛教和新儒学者们宣称一切的罪恶都起源于我们先天被赋予的肉体。但这样一来,伦理学在人伦社会中也就变得毫无意义。因为只有当人们具有选择恶行并且反省恶果的主体意志时,善和恶这个话题才具有讨论的意义。从这一点上看,若说我们先天被赋予的肉体是所有罪恶的起源,那么,善和恶便不是伦理问题,而应归属于生物学的问题。丁若镛坚决批判"本然"概念的原因也正在于此,因为他想把这一问题重新归入伦理学的范畴。丁若镛认为善是遵从于天命之性这一道德欲求的,相反,恶所满足的并不是天命之性的嗜好,而是气质之性的嗜好。在这种情况下,是善还是恶决定于我们内心的意识选择了何种嗜好。如此,对于人类来说,善恶便具有了伦理学范畴上的意义,因为人心在此发挥了主观意志和决断的能动性作用。但是在"本然之性"这一概念中并没有涉及引起罪恶的主犯——主体意志的问题。由此我们可以看出,丁若镛接受《天主实义》中的意志或选择的主体"权衡"

① 丁若镛.与犹堂全书·心经密验(卷二)[M].首尔:骊江出版社,1989:27.

说其用意是十分深刻的。利玛窦认为善和恶皆是“自由意志”的结果。他明确指出，源于本性之善的善行，或者源于气质之恶的恶行都是没有伦理学意义的。①

接下来让我们讨论一下在“本然”的存在论意义方面，丁若镛又持有着何种想法。如同前面研究本然之性的伦理问题时一样，对于这一问题我们将先考察丁若镛的评述，然后再展开讨论。

本然二字之为未安，何也？未然者，轮回之义也。佛氏谓，此一片清净之真如本体，无所受命，无所肇始，已自冥漠无眹之时，本然而自在，清澈无污。一自投胎之初，赤白相染，遂成污浊，以生养淫嗔恚，既死既出，离此肉身，又复清净。转而投胎，为犬为牛，又复受污。其无始自在者，为本然之性，其投胎受染者，为气质之性，或称新薰，或称旧染，由是观之，本然二字极悖，不知先儒何苦借用之不疑也。吾道言性，本由天命，既有所受，则非本然也，无非始也，非自在也。②

丁若镛认为，“本然”这一概念的提出是以佛教独特的存在论——轮回理论为前提的。依照轮回理论的说法，本心，即本然之性这一本体，即使在肉体消失后也会永远持续下去。若本然之性存在于具有个体的肉体之中，便会因个体的肉体而被玷污损毁；倘若这一生命体的肉体消逝后，本然之性也会重新恢复纯洁，即恢复到“清净之真如本体”的状态。这就意味着本然之性即使经过无数次轮回也还是会维持自己的原貌。依照佛教的说法，这是由于本然之性自始至终都存在的缘故。

但是丁若镛却指出，佛教轮回理论中的本然之性抹杀掉了作为“被造之物”的人类是有始有终的有限生命体这一事实。因此，他注意到《中庸》里的第一句话“天命谓之性”。他认为，与佛教的本然之性不同，这句话所定义的人性并不是自我存在，而是由上天所赐予。若真如佛教中所说的人类的本性是无始自在的话，那么便会得出“即便人类的肉体消失，本性还是会经历轮回而永久存在”的结论。而丁若镛重新引进了“上帝”这位创造主，将西学中的绝对者思想导入进来，是为了否定这种“轮回”思想。在他看来，人类是上帝创造的有限存在，并且死后也不会经历轮回。与丁若镛不同，利玛窦认为人类是有始无终的存在，且人死后灵魂不灭。就后者而言，目前还没有具体的文献可以证实。但从丁若镛强烈批判佛教轮回说的态度来看，大致可以推测出他对人死后灵魂的存在论持有的否定态度。也就是说，尽管丁若镛的存在论体系中确实存在着创造主上帝，但他并没有积极拥护利玛窦所认定的死后灵魂不灭和来世审判的观点，他对佛

---

① 参照本书第一部第一章第二节的引文及脚注。

② 丁若镛. 梅氏书平・阎氏古文疏证抄(卷四)[M]. 李篪炯，译. 首尔：文学与知性出版社，2002：26.

教死后“轮回”的批判，可以看作是对天主教的死后“来世”的否定。

（二）从气质之性转向天命之性

上文我们已经通过两个层面分析了丁若镛对本然之性的批判，从中我们可以看出丁若镛将“本然之性”替换为“天命之性”的意图。这样的替换让我们认识到，丁若镛的固有观点既包含着对新儒学传统思维的批判意识，又包括了有别于《天主实义》思想的层面。为了使人类的行为具有伦理责任，丁若镛强调了作为自由意志的权衡的涵义，但这必须以拒绝承认佛教纯善无恶的本然概念为前提。因此，在这一论点中丁若镛强化了《天主实义》所主张的自由意志的力量，以此来批判新儒学对本然之性的论述。同时，在存在论角度上，他还认为创造万物的上帝具有超越本然之性的地位，并指出，遵从上帝天命的事物具有有限性与局限性。

前面我们已经了解到，丁若镛认为本性是一种嗜好，而人类有两种本性——气质之性和天命之性。若说气质之性与肉体欲望相关，那么天命之性则与道德欲望相关。作为立志于做有德之士的思想家，丁若镛当然主张满足天命之性而不是气质之性。在他看来，尽管天命之性与气质之性都是人类的“嗜好”，但从存在论上来说，相比于气质之性，天命之性具有着显著的优越性。在此，正是“天命”发挥了重要的作用。正如字面意思所示，天命指的是将至高无上的上帝的权威与力量赋予“性”嗜好。下面我们将再次通过之前分析过的一段引文来探讨丁若镛对天命之性所持的立场。

> 天赋我性，授之以好德之情，畀之以择善之能。此虽在我，其本天命也，凡人认作自己本性，所以慢之。一番推究，认得此性本系天赋，兹乃赫赫天命，违此性之所欲，行此性之所愧，此是慢天命逆天命，罪通与天矣。①

与气质之性的肉体嗜好不同，天命之性是神圣的，因此从存在论角度来说，天命之性要明显地优于气质之性。这一点也可以用丁若镛特有的理解方式来进行诠释。“形躯受之父母……性灵受之天命”②，在此处丁若镛已经阐明了自己对人类的理解。按照他的推论，天命之性较于气质之性的优越性，就如同内心较于肉体上的优越性，从存在论的角度理解，相当于天命较于父母的优越性。基于这样的理解，丁若镛认为尽管天命之性对于人类来说是内在之物，但其本源还是上天或上帝。就这样，丁若镛利用“天”和“天命”的概念，从存在论的角度为天赐的人性赋予了显著的优越性。但丁若镛提出“天命之性”这一概念的意图是否仅在于此呢？事实上在这一问题上有一点更值得我们深思，那便是丁若镛试

---

① 丁若镛. 与犹堂全书·中庸自箴(卷一)[M]. 首尔：骊江出版社，1989：4.

② 丁若镛. 与犹堂全书·论语古今注(卷九)[M]. 首尔：骊江出版社，1989：11.

图给“天命”本身理解添加更具活力的内容。

上天在人类出生的时候便把具有道德倾向的本性赋予人类，并且“天于赋生之初，有此命，又于生居之日，时时刻刻，继有此命”①。丁若镛为天命之性所作的以上两点总结非常重要，尤其是第二点，根据他的理解，天命之性这一道德嗜好每时每刻都在发生作用。也就是说，道德嗜好使得我们时刻进行着道德性的行为。天命之性是我们人类所具有的“性”之一，它和气质之性一样时刻操纵着我们。但是作为一种嗜好，天命之性之所以每时每刻都在发生作用，是因为使其存在的天命或是天（上帝）的能力每时每刻都在发生作用。过去的本然之性的涵义仅停留在“维持自己最初的本性”这一层面，人类应该努力做的是使自己这种隐藏起来的本性显现出来。而与此不同的是，丁若镛的天命以天命之性和道心的形式时时刻刻发生着作用，因而相比之下更具有活力。这也正是丁若镛的本性与道心都具有内在性的特点，并且与新儒学的本性论有所区别的原因所在。

三、天命之性的两种论证

（一）证明天命之性的两种论据之一：以目下之耽乐为嗜好

前文已提到过，丁若镛在《心性总义》和《梅氏书平・阎氏古文疏证抄》中用很大篇幅对本性嗜好说进行了论证。这说明他充分意识到了自己将本性视为嗜好的解释对于同时代知识分子来说会有多么陌生。而更让他感到有压力的是，他要把天命之性也解释为一种“嗜好”作用。气质之性可以解释为常常觉得不满足的人们追求不断的满足感的倾向，因此与动物性的欲求非常相似，从这一点来理解气质之性即嗜好这一点并不难。但是如果想要将向善避恶的天命之性也解说为单纯的嗜好则并不是简单的事情。下面来看一下丁若镛在《梅氏书平・阎氏古文疏证抄》中是如何论证“天命之性即嗜好”的：

> 天命之性体貌尊重，其必以嗜好立言者，何也？欲知经旨，先求字义。仓颉造字之初，原以本心之嗜好为性。凡性皆嗜好也。天命之性，嗜善好义，厥有二验。一以目前之喜怒征，一以毕竟之肥瘠征。②

“嗜好”即对某对象的喜好。从这点来看，可以说丁若镛的嗜好概念与利玛窦的目的因具有相似的目的论涵义。因此，气质之性指的是“吞甜吐苦，喜香厌臭”的嗜好，而天命之性指的是“乐善耻恶，好义恶贪”的嗜好。气质之性中的好恶可以轻易地通过人的感觉确认——因为人们都讨厌吃苦的东西，喜欢吃甜的

---

① 丁若镛. 与犹堂全书・中庸自箴（卷一）[M]. 首尔：骊江出版社，1989：4.

② 丁若镛. 梅氏书平・阎氏古文疏证抄（卷四）[M]. 李篪炯，译. 首尔：文学与知性出版社，2002：24.

东西；不过，天命之性所追求的对象并不像气质之性中的那么明显，而是与规范或价值等有关，可这些并不能通过人的感觉直接分辨出来。

因此，丁若镛认识到，要证明天命之性即嗜好，就必须通过两种途径来论证，一是从任何人都能凭感觉加以确认的层面上论证，二是从需要经过时间考验才能得到确认的层面上论证。按照丁若镛的观点，前者是通过“目前之喜怒”来证明的，后者是通过“毕竟之肥瘠”来论证的。《梅氏书平·阎氏古文疏证抄》中对本性嗜好说进行论证的两点依据就是《心性总义》中提到的两种情况，即“以目下之耽乐为嗜好”和“以毕竟之生成为嗜好”。而《心经密验》中又曾论述道：“嗜好有两端，一以目下之耽乐为嗜好……人莫不乐善而耻恶。故行一善则其心充然以悦，行一恶则其心欿然以沮。我未尝行善，而人诩我以善则喜；我未尝无恶，而人谤我以恶则怒。若是者知善之可悦而恶之可愧也。见人之善从而善之，见人之恶从而恶之，若是者知善之可慕而恶之可憎也。凡此嗜好之显于目下者也。”①基于“目下之耽乐”这一论据给人直观的印象，一部分研究者对上述这两种论据产生了误解，认为前者是气质之性，即动物的欲求或者人的肉体欲望；而后者则是天命之性，即人们的道德嗜好或者理性欲望。实际上这两种论据都是为了证明道德的天命之性而提出的。在前文讨论利玛窦的章节里，我已经对研究者的这种误解进行了批判。而当年丁若镛同样也意识到了自己的表述会令人产生误会。因此，为了表明这两种论据都是为了论证天命之性，丁若镛在他的晚年著作《梅氏书平·阎氏古文疏证抄》中的开篇就明确了自己的主旨。下面首先来看一下他对“以目下之耽乐为嗜好”这种论据的解释：

凡孩儿无知，乃誉之以善则喜，诮之为恶则怒；盗者无耻，誉之以廉则悦，訾之以贪则悲，其所嗜好可知矣。两人同饥，得食而分其伴则快，独食而不能分则歉；有财不义，秉志而郤不受则乐，知非而终染指则愧，其所嗜好可以知矣。推类以往，触事皆然，此一验也。②

即便是道德上处于朦胧状态的小孩也喜欢别人夸他善良，而道德堕落的强盗也都喜欢别人夸其清廉。小孩和强盗终究还是受气质之性，即动物性的欲求支配的人。丁若镛通过这种极端的事例提出这样的问题：“为何即便是这样的人都会为听到别人赞其善良或清廉而感到高兴？”那是因为，这些人身上也明显存在着与气质之性不同的嗜好或欲求。也就是说，他们天生具备了道德的欲求，即天命之性这种嗜好。当听到别人的称赞时这种欲望就会得到满足，因此他们会感到高兴。而对于这种情况，与其说是他们本身感到了喜悦，还不如说是他们

① 丁若镛. 与犹堂全书·心经密验(卷二)[M]. 首尔：骊江出版社，1989：26.
② 丁若镛. 梅氏书平·阎氏古文疏证抄(卷四)[M]. 李篪炯，译. 首尔：文学与知性出版社，2002：24.

内心的天命之性因为得到他人的赞赏而得到了满足。

无论品质多差的人都喜欢听到别人称赞自己善良，讨厌别人指责自己邪恶。根据丁若镛的观点，这是人们先天便具有向善耻恶倾向的缘故。而这便是“目前之喜怒”活生生的例子。因此，这就是天命之性即嗜好的重要证据之一。通过这种论据来证明的嗜好具有着直接性，因而在《心性总义》中用“雉鸡性喜山，鹿性喜原野，猩猩性喜酒”来比喻这一种嗜好。这也就是说，如果我们将雉鸡和鹿围圈起来饲养或是给猩猩喂水喝，它们都会直接表现出厌恶感，这时我们就可以马上直观地了解它们的嗜好。

（二）证明天命之性的论据之二：以毕竟之生成为嗜好

下面让我们来看一下本性嗜好说的第二种论据：“以毕竟之生成为嗜好”。

> 凡物之所嗜，验于其所养。麦性嗜溲，养之以溲则肥而茁，不养之以溲则瘘而槁。莲性嗜泥，养之以泥则肥而茁，不养之以泥则瘘而槁。人性嗜善，故养之以善，则浩浩然刚大，不养之以善，则悴悴然焉衰残。孟子道性善，其精义在此。此一验也。①

用第一种论据来证明的嗜好是依靠人的感觉来直接确认的，因此用了动物的嗜好来进行比喻；与此相反，用第二种论据来证明的嗜好只有在事物的最终阶段才能确认，因此用了植物的嗜好来进行比喻。丁若镛试图通过大麦和莲的比喻来证明天命之性即嗜好。“麦性嗜溲，养之以溲则肥而茁，不养之以溲则瘘而槁。莲性嗜泥，养之以泥则肥而茁，不养之以泥则瘘而槁。”在没有给大麦施粪肥时，我们很难直接确认其嗜好。只有在经过很长一段时间之后，看到大麦因缺少粪肥而枯萎之时，我们才知道大麦需要以粪肥作为其营养成分。我们不能以此认为丁若镛所列举的例子是按照水平由低到高的排序来定位万物和人类的嗜好的。丁若镛之所以运用动物与植物的嗜好来进行形象的比喻，只是因为他想更方便、确切地解释人类所具有的道德嗜好而已。

那么按照丁若镛的观点，人性中也包含了与大麦一样直至最后才能确认自身之喜好的层面。这是因为“人性嗜善，故养之以善，则浩浩然刚大，不养之以善，则悴悴然焉衰残”。以上便是通过“以毕竟之生成为嗜好”来证明天命之性即嗜好的。但值得我们注意的是，丁若镛通过第二种论据所主张的东洋哲学持有现世主义价值观，与利玛窦的来世主义观点截然不同。利玛窦强调，人只有在现世经历了贫穷和苦难之后，才能在来世享受永久的福乐，因而他提出人的本业在来世才真正开始。但是，丁若镛认为，人类在现世中只要满足了天命之性这种道

---

① 丁若镛.梅氏书平·阎氏古文疏证抄（卷四）[M].李篪炯，译.首尔：文学与知性出版社，2002：24－25.

德欲望就可以获得幸福的生活。当然,这是由于丁若镛所说的天命之性并不是追求来世福乐的嗜好,而是现世生活中的道德欲望。丁若镛在强调上帝是将本性赐予万物的绝对者的同时,还明确指出上帝的命令作为内在道心的命令时刻在发生作用,被赋予天命的本性之最终归宿乃浩然之气、心广体胖等道德层面的境界。

第二节 人心道心说和丁若镛的心性论

一、《尚书·大禹谟》16字心法的考证

(一)考证"惟精唯一,允执厥中"

尽管丁若镛对朱子哲学的大部分内容进行了辛辣的批判,但是能够像丁若镛一样去深刻思考朱子哲学内涵的思想家却少之又少。尤其是他对《中庸章句序》中朱子人心道心说涵义的思考更是达到无人能及的深度。前文的论述已经阐明了这一点。丁若镛在《心经密验》《心性总义》中已经简明扼要地总结了自己的心性论,后来他意识到有必要在《梅氏书平·阎氏古文疏证抄》中对其再进行一次整理,而这一点的实现是以他对朱子的人心道心说的长期考察为前提的。

前文我们已经分析了丁若镛并没有接受朱子《中庸章句序》中的全部观点。但是由此得出"丁若镛全盘否定了朱子的人心道心说"的结论显然是不合理的。这一点只要分析丁若镛接受或否定了朱子的人心道心说中哪些观点就可以得到证明。对于丁若镛有选择性地接受朱子的观点的理由,从表面上来说可以从丁若镛把《中庸章句序》里所提及的《尚书·大禹谟》中的16字心法"人心惟危,道心惟微,惟精唯一,允执厥中"视为梅赜的伪作这一点中找出原因。不过,他之所以对《中庸章句序》中朱子的观点进行批判,是因为朱子所提出的观点与丁若镛的心性论和修养论体系之间存在矛盾,本章将会对此再次进行分析,但现在让我们首先来讨论一下,丁若镛是如何从考证学的角度分析16字心法的。丁若镛在考证16字心法时,重点阐明了梅赜的伪作主要来源于《荀子·解蔽》的句子:"道经曰:'人心之危,道心之微,危微之几,唯明君子而后知之。'"①

根据丁若镛的考证,梅赜著作中的16字心法是由《道经》中的"人心惟危,道心惟微"、《荀子·解蔽》中的"精一"以及《论语·尧曰》中的"执中"等概念构成的。丁若镛首先试图将16字心法的后半部分,即"惟精唯一,允执厥中"从前半部分人心道心说中分离出来,以此开始他的考证工作。

---

① 荀况.荀子·解蔽[M].王学典,编译.北京:中国纺织出版社,2007:293.

今详荀子本文,原谓一而后能精,非谓精而后能一。其文曰:倕作弓,浮游作矢,而羿精于射。奚仲作车,乘杜作乘马,而造父精于御,自古及今,未有两而能精者也。此非一而后能精乎?且人心道心不可去一而存一,则承之以精一,不可解也。且使去一而存一,则是为允执其一,何为允执厥中?若云察夫二者之间,而执其中,则乃是两骑平分,不是去一而存一也。然则精一之下,承之以执中,又不可解也。故荀子本文,人心道心自一章,精射精御自一章,允执厥中,本无影响,可按而知也。今梅氏伪案,昭然呈灵如白日中天,魑魅莫遁。此经四句,不得不罢还原质。①

首先来看一下丁若镛是怎样批判关系到朱子精一修炼的"惟精唯一"的。丁若镛注意到了《荀子·解蔽》中出现的"精一"概念,并以此开始了他的考证工作。根据原文的观点,"一"指的是"专心于某种技艺",而"精"指的则是通过"一"而"精通某种技艺",即"能够熟练地处理某事"。因此,原文中"精一"的涵义是专注于某事从而精通于此。按照丁若镛的观点,如果原文中"精一"的涵义是正确的,那么"人心惟危,道心惟微"就不能跟"惟精唯一"连在一起。因为这种情况下的"精一"所指的是专注和精通于人心或道心两者之一,且是排他的。但是,丁若镛认为,对于持有气质之性和天命之性两种嗜好的人类来说,抛弃人心或道心中的任何一个都是不可能的,也就是他所说的"性有二出,若是其明白,则人心道心,固应两察"②。

"允执厥中"是16字心法中的最后一句,它通常被解释为执中修炼,丁若镛把"中"的概念视为了主要问题,认为如果把"中"的概念与人心道心联系起来的话,那么"中"便只能意味着将天理和人欲综合起来并各取一半。③ 丁若镛认为,如果执中具有这样的涵义,那么它与精一的涵义便构成了矛盾对立的关系,因为精一指的是只专心、精通于其中一件事,而执中指的是把握住两个事物之间的中心,这明显是相互矛盾的。如此,丁若镛便从执中的角度出发,瓦解了其与人心道心的延续性及与精一的关联性,并主张恢复被《荀子·解蔽》中引用的《道经》的原句,即"人心惟危,道心之微,危微之几,唯明君子而后知之"。

(二)考证"人心惟危,道心惟微"

探讨完上面的问题后,最终要讨论到的便是《尚书·大禹谟》中的16字心法的前两句"人心惟危,道心惟微"了。丁若镛认为,朱子在《中庸章句序》中对16字心法的注释,只有对这两句的解释有必要保留下来。

---

① 丁若镛. 梅氏书平·阎氏古文疏证抄(卷四)[M]. 李篪炯,译. 首尔:文学与知性出版社,2002:20-21.

② 丁若镛. 梅氏书平·阎氏古文疏证抄(卷四)[M]. 李篪炯,译. 首尔:文学与知性出版社,2002:23.

③ 参照本书第一部第三章第一节的引文和脚注。

梅书虽败，道经之二十字、朱子序之一百三十五字乃当刻于大碑，建之太学，为万世立大训，不可忽也。①

我们再来看看《中庸章句序》里对16字心法的哲学解释的原文：

心之虚灵知觉，一而已矣，而以为有人心、道心之异者，则以其或生于形气之私，或原于性命之正，而所以为知觉者不同。是以或危殆而不安，或微妙而难见耳。然人莫不有是形，故虽上智不能无人心，亦莫不有是性，故虽下愚不能无道心。二者杂于方寸之间，而不知所以治之，则危者愈危，微者愈微，而天理之公卒无以胜夫人欲之私矣。②

这段文字是朱子对“人心惟危，道心惟微”的注释，这里丁若镛对朱子的原文进行了一些删减。在《梅氏书平·阎氏古文疏证抄》中，丁若镛常常把《道经》的例文与朱子的《中庸章句序》中的释文放在一起，评价朱子的注释是对《道经》以及人心道心关系的最精确的理解。

此经此解，为吾人性命之公案，建诸天地而不悖，百世以俟圣人而不惑。凡是人形而含天性者，当时刻诵习，常常自省。岂可以梅书之伪，而小忽其尊信之诚哉？③

正如前文所述，丁若镛认为人类具有天命之性和气质之性这两种嗜好，这两种对立的本性在具体情况下表现为两种相反的心——人心和道心。气质之性指的是人类肉体上的欲望，如果人类完全被这种欲望所支配，那么这类人便是周公所谓的“狂人”、孟子所谓的“禽兽”。周公认为，懂得克念才可以成为圣人；而孟子认为，懂得思考才能成为人——这也就是在强调只有了解并坚守微弱的道心的人才能成为圣人。丁若镛评价，朱子所起到的重要作用便在于借助《道经》的文句重新展现了周公、孟子、孔子等的训诫。丁若镛在与人心道心说相关联的“心论”中，原封不动地沿用了朱子所强调的观点，即主张形气与性命相互对立，要不断地努力服从源于性命的道心的命令。因此可以看出，直到朱子提出他的人心道心说后，人心和形体在人类的实际存在中所占据的重要地位才得到了正确的评价。从这一意义上看，丁若镛的人心道心说也得益于将《道经》的内涵解读出来的朱子哲学智慧。

① 丁若镛. 梅氏书平·阎氏古文疏证抄(卷四)[M]. 李篪炯，译. 首尔：文学与知性出版社，2002：23.
② 朱熹. 四书章句集注·中庸章句序[M]. 郭齐勇，导读；曾军，整理. 长沙：岳麓书社，2008：23.
③ 丁若镛. 梅氏书平·阎氏古文疏证抄(卷四)[M]. 李篪炯，译. 首尔：文学与知性出版社，2002：21.

二、丁若镛批判朱子的主旨

（一）认同朱子学的人心道心说，区别对待精一和执中的哲学主张

正如丁若镛本人所承认的，他的人心道心说中的内容大部分借鉴了朱子的人心道心概念。但是，丁若镛否定了朱子的《中庸章句序》中除人心道心说之外的所有观点，即“精一修炼”和“执中”的观点。其首要理由便是《尚书·大禹谟》中的16字心法本身就是梅赜的伪作。因此，正如前文所述，丁若镛通过考证，证实了精一和执中的概念与《道经》中的人心道心概念是不可能并存的。按照丁若镛的理解，这是因为精一意味着人只能专注、精通于人心和道心两者之一；而执中要把握住人心和道心的中心，或者意味着人心、道心各参一半。但是，丁若镛的这种考证真的合理吗？即使这个问题不在讨论的范围之内，我们还是有必要再次探讨一下丁若镛所分析的精一和执中的概念是否与朱子的主张具有相同点。

如果他们哲学思想概念中的精一和执中存在着相同的定义基础，那么，朱子也应该会认同丁若镛的考证与批判。换句话来说，在此情况下，朱子也会认识到他的《中庸章句序》中充满了矛盾——因为在序文中他将不能并存的人心道心说与惟精唯一的修炼方法及允执厥中的涵义结合在了一起。反之，如果朱子所提出的精一和执中的概念与丁若镛的不同，那他就不必接受丁若镛的哲学批判。所以，对于丁若镛从人心道心说中严格分离出来的精一和执中概念，我们有必要再次思考一下朱子又是如何进行分析的。对于朱子在《中庸章句序》中提出的惟精唯一的修炼方法及允执厥中的涵义，本书第一部分研究朱子学的思维体系时已经提及。朱子认为：“精则察夫二者之间而不杂也，一则守其本心之正而不离也。从事于斯，无少间断，必使道心常为一身之主，而人心每听命焉，则危者安，微者著，而动静云为自无过不及之差矣。”[①]也就是说，道心通常是人自身的主人，而人心则驱使人听从道心的命令。这种修炼的结果，可以在平日的言行中达到无过和不及的状态，即“时中”状态。朱子将时中状态的分析当做是对于允执厥中的解释。

从朱子的这些观点来看，我们可以得知朱子所认为的精一和执中的概念与丁若镛所指出的并不一样。首先，朱子的观点中精一并不是像丁若镛所认为的那样只能选择道心和人心中的其中一个；相反，精一的目的只是为了明确区分人心和道心，并保持道心之于人心的优越性。其次，朱子观点中的执中也与丁若镛所主张的不同。丁若镛认为执中意味着把握住道心和人心的中心，或者道心和

---

① 朱熹.四书章句集注·中庸章句序[M].郭齐勇，导读；曾军，整理.长沙：岳麓书社，2008：23.

人心各参一半；而朱子则认为，执中意味着人们若能通过精一修炼使人心时刻听从道心的命令，就可以达到“动静云为自无过不及之差矣”的境界。这么说来，朱子通过精一和执中的概念要表达的是，精一修炼可以让人们在具体的生活状况中一直保持时中的状态。

分析到这里，我们会感到有一丝困惑。因为正如我们前文所分析的，丁若镛自己的人心道心说也是主张在人心和道心的矛盾关系中要“念存”道心的命令。这一“念存”道心的主张，在哲学构造及涵义上与朱子提出的精一修炼的特点没有什么差异。为了明确这一论点，让我们来看一下丁若镛是如何主张有关人心道心的修养论的。

人恒有二志相反，而一时并发者。此乃人鬼之关，善恶之几，人心道心之交战，义胜欲胜之判决。人能于是乎猛省而力克之，则近道矣。①

道心为之主，而人心听命，则从心所欲，为从道心之所欲，故不逾矩也。若众人从心所欲，则为从人心之所欲，故陷于恶也。②

以上两段引文即使说成是朱子本人的看法，应该也不会令人生疑。根据丁若镛的观点，当人心和道心同时出现的时候，人类需要“猛省而力克”人心，并且最终应该使“道心为之主”。可以看出，丁若镛所主张的人心道心的修养论几乎大部分都是吸收了朱子精一修炼的内涵，因为丁若镛提出“人心道心之间不可参杂，本心之正不可偏离”。这证明朱子和丁若镛的主张是一样的，他们认为应该通过深刻的反省对人心和道心进行严格的区分（“精”），并且要抑制人心，使之听从本心，即道心的命令（“一”）。同时，我们也能明显注意到，丁若镛在对精一修炼进行解释的文段中使用了与朱子一样的表达形式。例如丁若镛的“道心为之主，而人心听命”这一观点实际上是朱子的“使道心常为一身之主，而人心每听命焉”观点的再现。因此可以看出，虽然丁若镛从考证学的角度讨论了惟精唯一的涵义，认为不应该将其纳入人心道心说的体系中，但是，他充分认同朱子关于惟精唯一的哲学修养论的主张。

（二）区别对待朱子学中精一与执中的主张的原因

丁若镛彻底否定了《尚书・大禹谟》中的16字心法中的“精一”和“执中”概念，并且也没有接受朱子对于执中的解释。但是他在解释与人心道心说相关的修养论时，又几乎全盘接受了朱子精一修炼的哲学涵义。为什么丁若镛会采取如此复杂的态度呢？对此现象感到诧异的似乎不仅仅是我们，与丁若镛生活在同一时代的人就曾经向他提出以下疑问：

---

① 丁若镛．与犹堂全书・孟子要义（卷二）［M］．首尔：骊江出版社，1989：41－42.

② 丁若镛．与犹堂全书・论语古今注（卷一）［M］．首尔：骊江出版社，1989：24.

或曰，人心道心为弊源，惟精唯一为救药，允执厥中为成功。若去下二句，则说弊而已，将安用之？

余曰：不然，有陷阱在途，知者不陷，不知者蹈焉。每有一念，知者察之，不知者顺之，戎使之知而察之，不亦可乎？周公察之，以谨圣狂之关，仲尼察之，以慎狎习之染，孟子察之，以严人兽之界，虽不言救药功效之所继，而已足为学道修身者，大海之南针，何必有下二句哉？下二句本无血脉。故朱子中庸之序一百三十五字，掷地金声，妙解精通如此，而承之以精一，又承之以执中，则有不能浑然天成。①

引文中的提问者有可能是丁若镛假想出来的人物，但提问者正确地理解了朱子在《中庸章句序》中的观点——当然，这一观点或许正是丁若镛时代的普遍观点。提问者向丁若镛提出了这样的问题："人心道心为弊源，惟精唯一为救药，允执厥中为成功，难道不是这样吗？"但是丁若镛对此的回答跟我们在前文所看到的没有什么差别。从考证学的层面上看，《尚书·大禹谟》中的16字心法中的后半部分，即"精一"和"执中"是不能和前半部分的人心和道心并存的。但是，正如我们前文所分析，从哲学修养论主张的层面上来看，丁若镛还是接受了朱子"精一"修炼方法中的大部分观点。那么他近乎固执地坚持废除"精一"和"执中"的原因又是什么呢？

如果带着这个问题对其著作进行进一步的研究，相信可以找出问题的答案。之前我们重点分析了丁若镛在"精一"的概念问题上的立场，从中可以确定丁若镛虽然在考证学角度上否定了"精一"概念的存在，但是从哲学角度来说却是接受了朱子"精一"的哲学主张。不过仔细分析他的论证，可以看出他将《尚书·大禹谟》中16字心法的后半部分从人心道心说中分离的真正动机并不在于"精一"概念，而在于"执中"的概念。下面来看一下他的原话。

原夫允执厥中者，尧舜禹秉德传道之要旨也，人心道心，五帝以来，省心察性之玄诀也。……今以梅氏之败而并孽荀子，荀子之侮而并斥道经之疑，而并斥人心道心之说，则自心之权衡，遂无主张，唯视人之颜色，仰人之口吻，以为之忧愉去就乎？其于天赋是非之智，得无愧负乎？但允厥执厥中，为秉德之要，人心道心，为察性之本，道虽一致，亦当两亲。②

将"执中"观点与"人心道心"观点进行分离，这是丁若镛的哲学主张中最重要的部分。根据丁若镛的观点，前者（"执中"）是"秉德传道之要旨"，后者（"人心道心"）是"省心察性之玄诀"。将这种区分简化来比较的话，执中是与平时的

① 丁若镛．梅氏书平·阎氏古文疏证抄（卷四）[M]．李篪炯，译．首尔：文学与知性出版社，2002：22.
② 丁若镛．梅氏书平·阎氏古文疏证抄（卷四）[M]．李篪炯，译．首尔：文学与知性出版社，2002：20.

修养论相关的观点，而这种修养论主要是通过慎独形成的；相反，人心道心说是在具体的事情介入后，出现两心的对立时人们为了克服自我而进行的一种修养与修炼。当然，后者意志力的权衡与选择体现得更加重要。因此，丁若镛曾说过，如果没有朱子的人心道心说，他的权衡概念便没有了用武之地。

在进行了上述分析以后，我们可以再来思考一下丁若镛意图通过考证学的研究将《尚书·大禹谟》中16字心法的后半部分排除的缘由。首先有必要对支持朱子立场的提问者的问题进行再次分析。该提问者指出："惟精唯一为救药，允执厥中为成功。"这是因为朱子在《中庸章句序》中将"人心道心"归纳为率性和天命，将"惟精唯一"归纳为择善和坚守，将"允执厥中"归纳为君子时中。也就是说，朱子认为通过"惟精唯一"可以达到无过无不及的时中状态。这就明确表明"允执厥中"，即执中就是朱子的"精一"修炼的效果。但是，丁若镛认为，"允执厥中"或"执中"都是"秉德"修养论的核心要素，而非"精一"修炼的效果。通过以上引文可以分析出此观点。那对于丁若镛来说，平时的"执中"修炼到底地位如何呢？先来看看以下例文。

喜怒哀乐未发谓之中者，谓君子戒慎恐惧，尽其慎独之工，则执中在心，不偏不倚，特其不与物接，未有喜怒哀乐之发耳。①

以上观点很好地体现了他对《中庸》里的"喜怒哀乐未发谓之中"这一例文的修养论层面的解读。根据丁若镛的观点，如果人们时刻警惕畏惧上帝的命令，即天命，人就不会出现"矫激之行"和"偏倚之情"的状态，人类也就能够维持不偏不倚、公平无私的心态，这就是丁若镛想要通过"中"的概念来描述的心之状态。这里有必要说明的是，"执中"和"慎独"具有相似的涵义，但如果要对二者进行更仔细的区分，那么"慎独"才是其中最为根本的。因为如果将"慎独"理解为"工夫"，那么"执中"便是"慎独"工夫产生的特定效果，即"工效"。因此，丁若镛认为通过"慎独"和戒慎恐惧可以达到"执中"的效果，只不过对于丁若镛来说，作为维持公正无私之心的修炼过程的"执中"概念相对更重要些。

至此便不难理解，丁若镛在否定16字心法的后半部分时，其真正的目的并非是"精一"，而是"执中"。朱子将"执中"看成了精一修炼的效果——"时中"。因而为了攻击"执中"概念，丁若镛只能首先否定"精一"的概念。事实上丁若镛之所以将"执中"概念视为问题关键之所在，是因为他是"慎独"修炼的坚定拥护者。丁若镛为了反驳朱子"中和新说"中形而上学的心性论付出了巨大努力，而其关键便在于否定对于《中庸》的形而上学的解读方式，进而确立以修养论的全

---

① 丁若镛.与犹堂全书·孟子要义(卷一)[M].首尔:骊江出版社,1989:34.

新视角来进行解读。不难推测，从修养论的角度来解释“中”的概念，是丁若镛要紧紧把握的核心主题，因为他必须坚持自己数十年间通过《中庸讲义补》和《中庸自箴》所构筑的修养论层面上的“中”概念。《中庸讲义补》中曾收录他与正祖间以问答形式进行的对话。

御问曰：时中执中之义，同欤异欤？帝尧言执中，夫子继言时中，前后圣立言之各异，何也？……臣对曰：孔子所谓君子而时中，统论君子随时之中也，犹言君子如是也。乃若执中，则君子之所以致力于每时者也，即在君子自行如是也。然则时也执也，一则统论，一则论其工也。此，所以立言之不同也。①

在与正祖的这段对答中，丁若镛从两个层面将尧舜的“执中”与孔子的“时中”进行了阐释，这说明丁若镛年轻时便对“时中”和“执中”的涵义进行了明确的区分。现在我们便不难理解丁若镛否定《尚书·大禹谟》16 字心法的后半部分的原因了——对于丁若镛来说，这并不单单是考证学上的问题，而是关系到他整个哲学体系是否统一的重大问题。

丁若镛对待朱子《中庸章句序》的立场体现出了他锐利的批判精神，丁若镛从存在论角度肯定朱子在《中庸章句序》中的人心道心说很好地体现了人类本性的特点，即人类是由肉体之欲及性命之正所构成。但是，要想在修养论上将其完善，仅仅依靠在具体的事件中出现的人心和道心的矛盾以及权衡选择的过程是远远不够的。朱子提出的未发涵养修炼也与此相关——如果平时不进行庄敬涵养修炼的话，那么，在出现两心矛盾之时又如何能做到时刻听从道心的命令？丁若镛批判了朱子式的涵养修炼法，但同时亦切实感受到，在内心矛盾还未被具体的事件所引发的时候应该有一种修炼来保证人们道德上的主体性，只有这样，才能使自己的修养论体系变得完整。因此，丁若镛并没有同朱子的《中庸章句序》一样将“执中”视为单纯的“精一”修炼的结果，而是试图将其定义为事件发生前确立主体性的修炼，这也正是丁若镛只接受了朱子学人心道心说的真正原因。当然，丁若镛此举也是因为他以修养论的角度解读整个《中庸》文本的一贯性态度而造成的。

三、《心经密验·心性总义》及《梅氏书平·阎氏古文疏证抄》的心性论体系

（一）把朱子学的人心道心说表述为“省心察性”

为了把“执中”概念与听从天命的“慎独”修炼紧密联系起来，丁若镛不得不

---

① 丁若镛. 与犹堂全书·中庸讲义补(卷一)[M]. 首尔：骊江出版社，1989：66.

首先否定“精一”的概念。那么,丁若镛为什么没有否定《尚书·大禹谟》16字心法的前半部分人心道心说和朱子对此所作的解释呢?这是因为在摒弃了“精一”和“执中”的概念后,朱子的人心道心说已形同“瘸子”。但也正是从这一角度我们得到了另一条有关丁若镛心性论出处的线索。如果说被概括为“心统性情”的朱子“心性论”是由对“中庸”原典的思考而得来的话,丁若镛的心性论则主要是通过深入思考人心道心说和朱子的解释而得来的。所以就像丁若镛本人所说的那样,“人心道心乃五帝以来察心观性的极佳诀窍”,即人心道心是观察心性这一层面上的省心察性。

那么,让我们来探讨一下丁若镛是如何进一步思考人心道心说,并由此构成自己特有的心性论的轴心的。

人心惟危者,吾之所谓权衡也。心之权衡,可善可恶,天下之危殆不安,未有甚于是者。道心惟微者,吾之所谓性好者也。天命之谓性,率性之谓道,斯之谓道心也。①

按照朱子《中庸章句序》里的理解,人心起源于我们的肉体,道心则来自于人们生命的本质。因为同时拥有肉体和本质,所以人类不得不持有两者之心。这也正是朱子强调无论圣人和凡人皆同时拥有人心和道心的原因。丁若镛在全力支持朱子的人心道心说的同时,又出于考证学上的原因对朱子的“精一”进行了否定。不仅如此,在“执中”的概念上他也拒绝接受朱子的时中说。但是“精一”修炼的主体本身在存在论或修养论上的地位问题依然没有得到解决。因为在朱子人心道心说的这部分文字中,并没有包括把道心和人心相区别(“精”)并力图遵从道心(“一”)的主体,即进行“精一”修炼的主体。也就是说,就像前文指出的一样,朱子在这部分文字中只叙述了道心和人心的对立这一既存的矛盾而已。

如此一来,对于丁若镛而言这就成为了一个难题。因为朱子的人心道心说并没有直接提及修养论和修养的主体,因此也相当于“跛足”。所以,丁若镛只能试图在人心这一概念里加入道德主体的存在,其具体体现就是“权衡”这一概念的加入。丁若镛把权衡定义为“可善可恶”,因此,权衡这一概念便被丁若镛赋予了理论主体及修养主体的涵义。在丁若镛所采纳的朱子人心道心说的结构中,这一修养主体被首先配置到了人心那一边。丁若镛在上面的例文中用权衡和本性替代了朱子的人心和道心,但是在其他地方他用了更为简化的心性来替代。譬如他曾说:“性即从降衷而言,故纯善无恶,愚智皆同。心即从形气而言,

① 丁若镛.与犹堂全书·心经密验(卷二)[M].首尔:骊江出版社,1989:29.

故有贤不肖之不同。而饥思食渴思饮，虽圣人亦不免。故有人心道心之别，盖性可言率，而不可言治，心可言治，不可言率。率性则为道，率心则为欲。"[①]这也正是他把人心道心说表述为"省心察性"的原因。

如果丁若镛所说的道心是指实现天命之性的心，那么，人心基本上是指与气质之性相关联的心。如果没有心，欲和气质之性都没有任何涵义。可以说人心是一个矛盾的空间，它既可以实现肉体的欲望，也可以听从良心的声音。只有在肉体之欲和道德之欲共存于人类内心的时候，我们才有可能追随前者（可恶），或者遵从后者（可善）。因此，我们的心同时存在着上天赋予的"天命之性"和自父母处得来的"气质之性"，进一步说，还存在着想要选择哪一方的主体（权衡）。从这一意义上说，丁若镛对人心的看法与朱子有所不同。因为对于朱子而言，人心仅是指由肉体之欲支配的心，而丁若镛认为除此之外，人心还包含了主体的断定和意志；在朱子的人心道心说中，因形气而出现的人心是不可避免的，但丁若镛却认为，对于具有这一涵义的人心是无法追究其道德上的责任的。因此，丁若镛在朱子的人心论中，又加入了可自由依赖并做出决断的"权衡"的概念。

就这样，丁若镛在对朱子人心道心说的反复思考中总结整理出了自己的心性论，并在《心经密验·心性总义》中将其明确概括如下：

> 总之灵体之内厥有三理：言乎其性，则乐善而耻恶，此孟子所谓性善也；言乎其权衡，则可善而可恶，此告子湍水之喻，扬雄善恶浑之说所由作也；言乎其行事，则难善而易恶，此荀卿性恶之说所由作也。荀与扬也，忍性字本误，其说以差，非吾人灵体之内本无此三理也。[②]

丁若镛认为，人心拥有三种"理"或者三种功能：性、权衡及行事。不过，在丁若镛看来，心的这三种功能并不是独立的。当然，这里的"性"并不是指气质之性，而是天命之性，即"荣善而耻恶"这一道德嗜好。"性"这一概念在经过孟子的强调之后，成为了儒学道德的核心基础。虽然随着情况的变化，对"性"的解释也有可能完全不同，但是任何儒学家都不会否认，具有千般面貌的"性"是善行的关键。丁若镛将"性"解释为上天赋予的对善的先天欲望。"性"的具体表现形式就是道心。心的"权衡"功能指的是在意识到内心肉体之欲与道德之欲的矛盾后，人们通过判断与选择将之消除的行为。以丁若镛的立场来说，这种权衡功能当然也是配属于人心的能力。心的行事功能指的是阻止我们行善的肉体欲望，或是客观事物的诱惑。更严谨地说，它指的是由于与客观事物的接触而触发的心的冲击。"行事"在字面涵义上很有可能让人误认为属于外部实践的

① 丁若镛. 国译茶山诗文集(卷十八)[M]. 首尔:民族文化促进委员会, 1996:41.
② 丁若镛. 与犹堂全书·心经密验(卷二)[M]. 首尔:骊江出版社,1989:28.

范畴，但是，丁若镛明确地把行事定义为灵体的一种功能。因此，“行事”这一概念所指的应是心的某一特性，即与私欲相关的人心的状态。丁若镛坚信“性”“权衡”“行事”这三个概念最恰当地诠释了人心的结构。

（二）丁若镛心性论的三大要素：性、才、势

1815 年，丁若镛的心性论在他的《心经密验 · 心性总义》里第一次面世；1872 年，他的心性论以更具体、更系统的形式出现在了《梅氏书平 · 阎氏古文疏证抄》中，此时丁若镛的心性论依然主张心的三大要素，但其强调的重点略有不同，这一点值得我们关注。

荀子谓性恶，扬雄善恶浑，何也？彼各有所见，特认性字原误，又不知人心道心有两出。……天之赋灵知也，有才焉，有势焉。才者，其能其权也。麒麟定于善，故善不为功，豺狼定于恶，故恶不为罪。人则其才可善可恶，能在乎自力，权在乎自主。故善则赞之，恶则訾之。扬子有见乎是，故曰善恶浑，以之言性，则非也。势者，其地其机也。食色诱于内，名利诱于外，又其气质之私，好逸而恶劳。故其势从善如登，从恶如崩。天非不知而使之然也。为如是，然后其为善者，可贵也，荀子有见乎是，故曰性恶，以之言性，则非也。知性者，其惟孟子乎！夫天命之性，嗜善义以自养，如气质之性，嗜刍豢以自养。必以嗜好为性，斯义乃明也。①

比较《心经密验 · 心性总义》和《梅氏书平 · 阎氏古文疏证抄》，会发现有两点较为引人注目。第一，在严谨地整理自己的心性论时，丁若镛暗示自己曾对人心道心说进行了认真的思考。丁若镛在引文第一句中就指出了主张“性恶”的荀子和主张“善恶浑”的扬雄在哲学上存在的缺陷，他认为他们没有认识到人类具有“天命之性”和“气质之性”这两种相对立的嗜好，也没有意识到因为两种嗜好而出现的“道心”和“人心”。第二，在《心经密验 · 心性总义》中，心的三种功能被概括为性、权衡、行事，在《梅氏书平 · 阎氏古文疏证抄》中则被概括为为性、才、势，而这三者都是《孟子》中的主要概念。这一点体现了丁若镛的强烈意愿：他想要规避某种误解，即被认为受了利玛窦等西学学者的影响而将西学作品引为典籍。为了避免上述误解，丁若镛从论述“性善说”的《孟子 · 告子上》里引用了性、才、势三个概念。其中，“才”意味着伦理主体，而“势”阐释了日常生活中阻碍我们追求善的因素，这两个概念是丁若镛从以下文段中提取出来的：

仁义礼智，非由外铄我也，我固有之也。弗思耳矣。故曰，求则得之，舍则失

① 丁若镛. 梅氏书平 · 阎氏古文疏证抄（卷四）[M]. 李篪炯，译. 首尔：文学与知性出版社，2002：25.

之。或相倍蓰而无算者，不能尽其才者也。①

水信无分于东西，无分于上下乎？人性之善也，犹水之就下也。人无有不善，水无有不下。今夫水，搏而跃之，可使过颡；激而行之，可使在山。是岂水之性哉？其势则然也。人之可使为不善，其性亦犹是也。②

可以看出，为了让自己的心性论摆脱利玛窦《天主实义》的影响，晚年的丁若镛努力将自己的心性论与朱子的人心道心说以及《孟子》的性善说联系起来进行理解。因此，在《梅氏书平·阎氏古文疏证抄》里重新整合心性论时，丁若镛首先批判了荀子和扬雄对朱子所强调的人心道心说缺乏透彻理解，并总结说“知性者其惟孟子乎”。丁若镛认为，正如孟子所说，人类的本性是纯善的，而把这种纯善的本性原原本本地体现出来的就是道心。但是因为人类有肉体，所以在道心之外还存在着人心的欲望。丁若镛认为荀子和扬雄没有正确地理解人心道心的这种对立关系。因此，丁若镛在吸收孟子的性善说及其具体内涵的同时，还批判了荀子和扬雄的本性论，这里的关键依然是心性论里的人心和道心。于是在他所著的《梅氏书平·阎氏古文疏证抄》中，丁若镛便更为明确地阐述了作出上述评价的缘由。

现在来具体了解一下丁若镛在《梅氏书平·阎氏古文疏证抄》中的心性论。需要重点注意的是，在经过对人心道心以及气质之性和天命之性的思考后，曾记载于《心经密验·心性总义》中的心性论在这篇文章里又出现了种种细微的变化。首先来看过去在《心经密验·心性总义》中被概念化为权衡的“才”的情况。在这里，丁若镛把才的概念具体分为了心的能力（能）和权衡（权）。“权”指的是意识到道德欲望和肉体欲望的对立，并从中选择其一，这一概念也曾出现在《心经密验·心性总义》中。那么，这里新添加的“能”又意味着什么呢？丁若镛认为，“权在乎自主”而“能在乎自力”。也就是说，“权”体现的是自我核心主张并做出选择，而“能”则表示实践自我主张的能力，即“自力”。因此，丁若镛在“才”的概念中添入了“能”的因素，它可以说是道德行为的持续实践能力或实践意志。而之所以比之前更强调实践意志，是因为丁若镛愈发注重人心道心说中体现出来的肉体和精神的对立结构。由于这种对立和矛盾结构的存在，人类的向善之路变得更加艰难。丁若镛也正是由于考虑到了这一点，才没有把主体的责任单纯地归结于能否让心选择道德欲望这一“权”的问题上，而是把它与是否能够在具体的生活中将之持续实现的自力（即“能”）这一实践意志的问题联系了起来。至于“势”这一要素丁若镛认为它包含了人们对食色等的肉体欲望、对肉

① 孟轲. 孟子·告子上[M]. 北京：中华书局，2011：104.
② 孟轲. 孟子·告子上[M]. 北京：中华书局，2011：103.

体安逸的需求以及对名利等的社会欲望。

可以说,《梅氏书平·阎氏古文疏证抄》中的这三个概念在完全吸收以前的“本性”“权衡”“行事”概念的基础上做出了更全面的归纳和总结。其中,丁若镛更为关注主体所处的不得已的环境,或者说是使意图行善的主体意志受到挫折的客观条件。在丁若镛看来,这些条件是人类无法避免的现实状况,因此他完全没有回避这些阻碍因素。相反,丁若镛指出,正是因为这些条件的存在,人类主体性的善行才会如此宝贵。这表明他在思考朱子的人心道心说时,更为深刻地考虑了关系到气质之性的人类不可避免的肉体限制因素。

但是,在《心经密验·心性总义》与《梅氏书平·阎氏古文疏证抄》中,唯一在内涵和外延上都没有丝毫变化的概念便是“本性”(“天命之性”)。由此可见,儒学经典,特别是在《中庸》里出现的天命之性的概念和《孟子》的性善说对于丁若镛而言有着重要的意义。值得注意的是,在《梅氏书平·阎氏古文疏证抄》中,丁若镛使天命之性这一概念超越了单纯的心性论领域,提升到了修养论的层面上。

言乎其才则可善可恶,言乎其势则难善易恶,持此二者将何以为善者?唯是天命之性,乐善而耻恶,每遇一事,其善恶在前,一循此性之所欲向,则可无差误。故曰率性之为道。……只此一条,为吾人免恶成善之资斧,若无此性,即难智如神明,毕世而不能作丝发之善矣。故中庸之工唯在乎尊德性。谓此性即吾修德之绳墨也,而天之所赐我而成德者也。故尊之奉之,不敢失坠然也。①

即使我们拥有意味着主体的选择(权)和实践(能)的“才”的力量,要做到每次都行善也是十分困难的。因为我们既是精神性的存在,也是肉体性的存在。为了成为道德主体,我们必须克服“势”这些肉体性和社会性的阻碍因素以及由此产生的内心的矛盾。那么,为了克服“势”的肉体欲望和内心障碍因素,我们首先必须保证具有能够驾驭这些因素的道德力量。万幸的是,上天赋予了我们“荣善而耻恶”的天命之性。因此,如果我们能够通过提高天命之性来顺利激发“荣善而耻恶”的欲望的话,就可以成为持续行善的道德主体;反之,则如丁若镛强调的:“若无此性,即难智如神明,毕世而不能作丝发之善矣。”这也正是可总结为“率性”和“尊德性”的丁若镛修养论不可避免性之所在。因为只有对天命之性“尊之奉之,不敢失坠”,我们才能克服各种肉体欲望和社会性欲望,并成为能将“丝发之善”付诸实践的道德主体。

对于丁若镛而言,遵从并提高本性的修炼是比任何修炼都重要的关键。更

---

① 丁若镛.梅氏书平·阎氏古文疏证抄(卷四)[M].李篪炯,译.首尔:文学与知性出版社,2002:25.

进一步来说，就像慎独、智慧和集中是听从天命或天命之性的公正虔诚的心态一样，人心道心说也是通过在具体事态中出现的道心命令来确保本性之存在的一种修炼。由此我们可以发现，丁若镛对先天之性的虔诚信仰及关注是区别他和利玛窦的心性论的关键所在。因为尽管丁若镛吸收了《天主实义》中强调的"自由意志"或"权"这一表示主体意志和选择能力的因素，但是相比于"权"的概念，丁若镛更为重视的是对《孟子》性善说的信仰及以此为基础的天命之性的现实化。因此笔者认为，部分研究中提到的丁若镛在西学的影响下只强调自由主体的选择、忽视天赋的先天之性的强烈影响力的观点是不恰当的。[①] 因为尽管丁若镛确实十分赞同上帝这一超然的存在，但也正是通过主张上帝所赋予的"天命之性"，他对传统儒学以及朱子学里共同关注和重视的性善的主题再次进行了强调。

① 李相翊(2003)在《从朱子学角度反驳丁若镛的伦理思想》中批判了丁若镛无视本能的善，并在西学的影响下只强调了人类自由自主地的选择恶的可能性，即"权"的层面，这表现出他对人类强烈的不信任感。但是笔者分析他没有注意到丁若镛对天命之性的观点，所以笔者认为其评价并不恰当。

第三章 丁若镛的修养论和经世学

第一节 “慎独”修养论和“恕”的实践论

一、慎独和执中

（一）慎独以事天

在儒学传统中，与修养论相关的所有讨论都以心性论体系为前提展开。当然，这一因果关系反过来也成立，因为不以修养论为前提的心性论在儒学传统上是没有意义的。心性论既解释了能否修养成为理想人格，即圣人的问题，又解释了具体应该如何进行修养，即令修养成为现实的问题。丁若镛的心性论和修养论也不例外。这是因为与其他儒学思维一样，丁若镛哲学体系中的修养论和心性论也具有相互依存、互为因果的密切关联。因此，要确定迄今为止所分析的丁若镛的心性论是否正确及严谨，我们有必要从总体上重新梳理一遍他的修养论。

丁若镛本人也明确表示，修养的目的在于成为具有理想人格的圣人。他在《心经密验》中提出：“今人欲成圣而不能者厥有三端，一认天为理，二认仁为生物之理，三认庸为平常。若慎独以事天，强恕以求仁，又能恒久而不息，斯圣人矣。”这揭示了成为圣人必须遵守的三大原则①，而这三大原则正是丁若镛为自己整理出来的思维体系的核心。依照丁若镛的观点，过去的儒学者都想成为圣人，然而却没有成功，因为他们从根本上误读了古代儒学经典的核心思想和内涵。就像我们前面所分析的一样，这一误读的根源在于他们被佛教思维所迷惑，完全曲解了儒学传统。丁若镛指出了朱子学儒学传统的三大错误，即对“天”“仁”“庸”三个概念的误解。他还强调，若能纠正这种误解并正确地进行修养与修炼的话，通往圣人之路就会在我们面前铺展开。丁若镛将其纠正方法揭示如下：第一，慎独以事天；第二，强恕以求仁；第三，维持“恒久而不息”的庸的状态。为了方便讨论，我们先从“慎独”展开分析，然后了解“庸”的概念的实践意义，最

① 丁若镛. 与犹堂全书·心经密验(卷二)[M]. 首尔：骊江出版社，1989：40.

后分析“恕”的修炼论。

丁若镛首先指出同时代的人们彻底地误解了“慎独”修炼，并在此基础上展开了自己的论述。按照这些人的理解，“慎独”指的是独自一人的时候正襟危坐，以整齐严肃的仪态进行的修炼。对此，丁若镛反问说，像这样在独自一人的时候端正仪态的人，为何其在实际生活中的行为却充满了欺瞒与虚伪呢？这句话揭露了同时代人们所谓的慎独修炼不过是一种盲目的虚文浮礼。丁若镛认为，真正的慎独并非取决于是否独自进行，从根本上来说，它是对“己所独知之事”也能持谨小慎微之态的一种修炼。值得注意的是，丁若镛将“独”理解为“主体的内在”。就像他所说的，当我们安静地坐下，回想自己过去所作所为时，会自然而然从内心深处感受到良心的存在。因此，慎独修炼只能是彻底的自我反省，而这种彻底的反省能使我们听到深埋于肉体欲望和社会贪欲之下的道心命令，即能够听从赋予我们本性的上帝的命令。

原来慎独云者，谓致慎乎己所独知之事，非所谓致慎乎所独处之地也。人每静坐其室，默念自己所为，油然良心发现。……人之行恶，每在于与人相接之处，其或行之于暗室，唯有偃卧淫亵之咎而已。

所谓慎独，岂唯此咎是慎哉！今人认慎独二字，原不清楚，故其在暗室，或能整襟危坐，而每到与人相接之处，施之以鄙诈险诐，谓人罔觉，谓天罔闻，所谓慎独岂如是乎？[1]

丁若镛指出，慎独便是弥补和改正自己内心的缺陷和过失，使人们倾听良心的呼唤。只有自己才能听到的内心的声音，会严格地将不管别人是否知道的自己曾经犯过的错误揭发出来。不过，丁若镛将这解释为这是上帝常常瞰视人类内心的缘故。他所说的“上帝”不仅赋予我们先天向善的本性，还时时刻刻以命令的形态将错误告知我们。因而我们平时进行慎独修炼，既是知天的过程，又是听从天命的声音（即上帝的命令）的过程。丁若镛曾批判朱子学者将需要敬畏和恭奉的对象局限为内心的本性，并称其为“理”或者“道”的行为。[2] 对于丁若镛来说，慎独作为敬畏和恭奉的修炼首先必须要有明确的恭敬对象——上帝，否则便会沦为虚伪的畏惧和恭敬。

那么，为什么丁若镛不直接说“事道心”，而说“事天”呢？那是因为他认为只有上帝才是绝对的、至高无上的存在，也只有上帝才能洞察人类的所有缺陷。丁若镛还向当时的士大夫强调，即使其错误和过失能够躲过君主和百姓的眼睛，也逃不过上帝的慧眼。当然，因为上帝的神明和人类的灵明之心是直通的，所以

---

① 丁若镛. 与犹堂全书・心经密验（卷二）[M]. 首尔：骊江出版社，1989：30.

② 参照本书第第一部第二章第一节的引文及脚注。

人类需要具备直面上帝的心的内在空间。在这一点上,丁若镛作了深刻的钻研和探讨。但是,尽管人类可以直通和感知上帝,但这并不意味着上帝和人类是同等的存在。因此,虽然丁若镛曾说上帝的命令通过道心来传达,但他从未说过“上帝”就是“道心”。

(二)“庸”即恒久而不息的实践意志

对于丁若镛来说,慎独修炼指的是以彻底的自省去倾听道心的指令的修养姿态。在这一过程中,我们力图做到“惟恐有过,矫激之行,偏倚之情,惟恐有萌,持其心至平,处其心至正”[①]。若我们能按照丁若镛所强调的那样一直保持着虔诚谨慎的姿态去倾听天命的声音,那么我们的内心就会变得极其公平端正。丁若镛将这种由慎独修炼所实现的平正的心态称为“中”[②]。他还主张我们只有长期维持“中”的状态,换句话说,只有保持“执中”的状态,才能在遇到外部事态时适宜得体地表露出喜怒哀乐的感情。这就是丁若镛心目中的“和”的涵义。当然,这一“和”的状态只有在我们通过慎独修炼保持内心平衡时才有可能实现。因此,丁若镛认为只有进行慎独修炼才能在事态发生时应对自如。

喜怒哀乐之未发非心知思虑之未发。……必其未发之时,秉心至平,执德至固,不失中正之体。然后猝遇可喜可怒可哀可乐之事,其所以应之者,能发而中节。……此惟慎独之君子,能有是德。[③]

如此,丁若镛强调了平时慎独修炼的重要性,并极力主张要时刻保持内心的极度公平公正,使其不受邪恶情感的控制。他用“执中”“执德”“秉心”“秉德”等各种用语来称呼平时慎独过程中摆脱私欲影响、保持内心公正的修炼[④],而这些用语代表着与朱子涵养修炼类似的丁若镛式的固有修炼法。在丁若镛看来,朱子的涵养修炼没能阐明主体的意志和努力,而相比之下,他提出的慎独修炼则很好地把执中和执德过程中主体的意志和努力体现了出来。丁若镛对《中庸》里的未发之“中”的独特视角很好地展现了其思想在心性论和修养论层面上的独特地位。在其《论语古今注》中出现了下列与“中”的概念相关的文句:

中者,天命之性也。人性至善,能执守此性,则天下归仁矣。[⑤]

过去的新儒学家也曾用“中”来描述本性的状态,但即便他们将本性称为“中”,也无法用“求中”这一表达。故朱子有云:“程先生云,涵养于未发之前则

---

① 参照本书第二部第一章第二节的引文及脚注。

② 参照本书第二部第二章第二节的引文及脚注。

③ 丁若镛. 与犹堂全书·心经密验(卷二)[M]. 首尔:骊江出版社,1989:33-34.

④ 参照本书第第二部第二章第二节的引文及脚注。

⑤ 丁若镛. 与犹堂全书·论语古今注(卷十)[M]. 首尔:骊江出版社,1989:32.

可。求中于未发之前则不可。此语切当不可移易。"[①]而丁若镛强调的是"求中"意义上的"执中"。在朱子看来,这种将自己的本性对象化并紧抓不放的修炼会导致不当的执着与内心的分裂,丁若镛则认为由于本性是上帝直接的命令,所以一定要紧紧抓住不能错过。丁若镛在将"中"这一用语与"庸"作对比单独提出时,是想把专注于"中"的修炼方法也涵盖进来。因此,对于丁若镛来说,单纯将天命的本性本身定义为"中"并不符合他一贯的体系。在他看来,"执中"既意味着维持"中"的天命之性的"执德性",即"执德",又意味着"尊德性"修炼。从这里我们不难看出"中"的意义和执中修炼对他来说有多重要。

接下来我们有必要分析一下丁若镛修养论中"恒久而不息"的"庸"的意义。首先,先来看一段丁若镛所使用的最能体现"庸"概念的文字:

庸之为字原是有常之意,故君子进德修业以能久为贵。[②]

前面我们已经讨论过,丁若镛对新儒学家"认庸为平常"的想法进行了批判。而将"庸"的概念理解为"平常"者正是朱子。从《中庸集注》中可以得知,程颐将"庸"理解为"天下的定理";但从《朱子语类》中的以下文句可看出,朱子与程颐的观点有一定的差距,他认为"庸"指的不是"定理",而是"寻常"。

惟其平常,故不可易;若非常,则不得久矣。譬如饮食,如五谷是常,自不可易。若是珍馐异味不常得之物,则暂一食之可也。焉能久乎!庸,固是定理,若以为定理,则却不见那平常底意思。今以平常言,则不易之定理自在其中矣。[③]

但无论是程颐所谓的"定理"还是朱子所谓的"平常",都没有将"庸"的概念理解为彻底的修养的状态。因此,丁若镛试图按照自己的修养论体系来对庸的涵义进行阐述。他认为,这一概念指的是做某一件事时努力实现"有常",这也是他在说"恒久而不息"时所强调的涵义。

那么,丁若镛为什么将"庸"理解为持续的实践意志呢?这一问题应该从他特有的心性论中寻找答案。根据《心经密验·心性总义》的观点,由于心理活动层面的原因,我们"难善而易恶"。《梅氏书平·阎氏古文疏证抄》也阐明人类内心是容易受"势"所左右而飘摇的。由于不管在什么情况下人类都具有内心和肉体,因而我们的道德实践必定会受到肉体欲望和对安逸需求以及社会欲望等的干扰。为了克服这种干扰,丁若镛试图设定一种能够持续实现道德之善的强烈实践意志,而他的这种意图浓缩在了"庸"这一概念里。

---

① 朱熹.朱熹集·答吕士瞻[M].成都:四川教育出版社,1996:1481.
② 丁若镛.与犹堂全书·中庸自箴(卷一)[M].首尔:骊江出版社,1989:10.
③ 朱熹.朱子全书·朱子语类(卷六十二)[M].黎靖德,编.北京:中华书局,1983:2006.

讨论至此我们可以得知,丁若镛的“庸”即意味着通过慎独修炼来长期维持公平无私的“中”的心态。丁若镛曾经说到:“中庸者,秉德也行事也。”[①]这里的“中”和“庸”是两个不同的概念。换言之,“中”意味着通过慎独而执中,即“秉德”的修炼。之前也提过,“秉德”也是执中的另外一个称呼。与之相比,“庸”指的是在发生种种事态的实际生活中,将道心所命令或所渴求的善持续付诸实践的意志。因此,“庸”这一概念中蕴含着实践主体克服行事中的障碍、持续执行道心命令的意志。所以,丁若镛分别将“中”和“庸”称为“秉德”和“行事”。

丁若镛是这样丝丝入扣地把“中和”与“中庸”两个概念结合在一起的:天命之谓性,率性之谓道。率性者中和之有常也。[②] 由于丁若镛把体现道德嗜好之性的内心称为“道心”,那么率性就意味着听从道心的命令。丁若镛强调为了听从道心的命令,必须首先进行慎独修炼。他认为慎独修炼意味着敬奉上帝而且听从上帝的命令,即听从与上帝之命令等效的本性命令的日常预备性修炼。他还提出,虔诚和谨慎的慎独修炼将我们的心引入了公平无私的“中”与“和”的状态。不过,仅靠意识到本性和道心的命令是远远不能实现道德之善的,只有在现实生活中克服肉体欲望和对安逸的需求以及社会欲望等,使道心命令得以持续贯彻,才能最终实现善。如若不然,那么率性的过程也不过徒有其名而已。因为若不能在日常生活中持续贯彻道心的命令,便将无法达到天命之性的要求,最终就成了违抗天命的行为。因此,丁若镛强调“率性者中和之有常也”,这句话虽然简短,但却包含着丁若镛修养论的真谛。在这里,我们可以看到“有常”这一表述很好地表达了丁若镛心目中的“庸”的涵义。在他心性论结构中,行事过程中的持续实践意志(即“能”)是很关键的,同样,在他的整套修养论中,“庸”所代表的持续实践意志也作为关键占据着一席之地。在从修养论方面整理中庸概念的过程中,丁若镛用下列文字强调了“庸”所具有的重要意义。

中者至善也,庸者能久也,至善而能久则中庸也。人于霎刻泣悔向善,此时其心清澈,有作圣之机,惟其不能久,所以常为恶人。[③]

中是至德,而久中则易倚;和是至德,而久和则易流,不倚不流则中和而又能庸矣。[④]

如果某人对自己的行为进行反省和忏悔并开始向善,那么就相当于他敬奉上帝并完成了慎独修炼。因为在经过彻底严格的自我反省的慎独修炼后,我们

① 丁若镛.与犹堂全书・中庸讲义补(卷一)[M].首尔:骊江出版社,1989:10.
② 丁若镛.与犹堂全书・中庸自箴(卷一)[M].首尔:骊江出版社,1989:27.
③ 丁若镛.与犹堂全书・心经密验(卷二)[M].首尔:骊江出版社,1989:38.
④ 丁若镛.与犹堂全书・中庸讲义补(卷一)[M].首尔:骊江出版社,1989:14-15.

就能察觉自己心中的上帝的命令。丁若镛认为,就在这一刻,我们获得了成为圣人的敲门砖,因为此时我们已经洞察了天命之性这一道德欲望,并且能够听从它的命令。但是,若我们不能在实际生活中把已经察觉了的良心的呼唤持续贯彻的话,就很容易地堕落为违背"本性"命令的恶人。丁若镛明确提出,即便完美地保持了"中"的状态,即领悟并坚守天命之性的"执中"状态,倘若由于一时失察而失去了公平的心态,便会前功尽弃,徒劳而返。"庸"的概念之于他就如同人心道心说中"仁"的表达之于朱子,都同样具有着巨大意义。当每次都能保持执中的状态维持心的公平时,也就是说持续维持"庸"的状态时,我们就能做到无论处于何种事态都不失去中心。

二、"恕"的实践原理和"仁"的实现

(一) 强恕以求仁

丁若镛指出,过去儒学家无法成为圣人的第二个缘由是他们"认仁为生物之理"。为了克服新儒学的这种弊端,丁若镛提出"强恕以求仁"的观点。就像前面所分析的,对于丁若镛来说,"仁"的涵义并不像朱子所认为的,是指产生万物的世界之超越性本性或是内在于个体的本性,而是指通过恕的实践性原理所最终获得的"德"。因而丁若镛曾言,"仁者人伦之成德,恕者所以成仁之方法"①。现在就通过下文来分析丁若镛对"仁"的定义。

仁者乡人之爱也。劳苦得功,皆属自己,则仍是鸡鸣而起,孳孳为利者,何以谓之仁也?耕者尽力于耝耰,贾人冒险于风涛,亦莫不先其所难而后其所得,将皆谓之仁者乎?②

丁若镛首先明确阐述了"仁"是对他人的爱。正如他所言,决心通过努力获得功绩的人、意图先经历困难后收获结果的农夫或商人都可谓是有德之人,但是他并不认为这样的人都能称为"仁者"。为什么呢?这是因为他们缺乏对他人的爱。尽管他们都有人人称赞的勤勉的美德,但是他们的行为与其说是对他人的爱,还不如说更接近于对自己的爱。因此,我们在这里不得不思考一下,与他人应该结下何种关系才能将对他人的爱付诸实践?丁若镛提出了解决办法,即完成仁的实践途径——"恕"。

人生斯世,其万善万恶皆起于人与人之相接。人与人之相接而尽其本分,斯谓之仁。仁者二人也。事父孝曰仁,子与父二人也。师兄悌曰仁,弟与兄二人

---

① 丁若镛. 与犹堂全书·论语古今注(卷二)[M]. 首尔:骊江出版社,1989:31.
② 丁若镛. 与犹堂全书·论语古今注(卷三)[M]. 首尔:骊江出版社,1989:14.

也。育子慈曰仁，父与子二人也。君臣二人也，夫妇二人也，长幼二人也，民牧二人也。仁亲仁民，莫非仁也。乃圣人之言曰强恕而行，求仁莫近焉，恕者仁之道也。①

丁若镛将“仁”定义为对他人的爱，这个定义中包含着“仁”这一概念的关键所在——自我与他人的关系，即人伦关系。丁若镛认为，“我”与他人并不能在不受任何制约的平等、平行状态下共存，因为彼此都必须处于某种社会关系之中。换句话说，“我”既可以是父母，也可以是子女；既可以是兄长，也可以是弟妹；既可以是君，也可以是臣；既可以是丈夫，也可以是妻子……不管是什么样的情况，“我”都必须以特定的社会角色和地位跟他人产生联系。这种状况不仅仅适用于“我”，也适用于他人。因此，按照丁若镛的观点，为了真正做到关爱他人，我们不但要考虑自己的社会角色和地位，还要考虑对方的社会角色和地位。举个例子，作为君的“我”关爱作为臣的他人，如果“我”将对方视为与“我”同样角色和地位的人来对待的话，对方该如何接受“我”的爱呢？丁若镛认为，“我”的这种爱不仅不现实，而且还会给“我”所爱的人造成不便。因此，丁若镛认为，从根本上说只有考虑到了“我”与他人所处的社会关系，“恕”这一“仁”的实践途径才能得到实现。

恕者何也？不欲受于子者勿施于父，不欲受于父者勿施于子，不欲受于弟者勿施于兄，不欲受于兄者勿施于弟，不欲受于臣者勿施于君，不欲受于君者勿施于臣，不欲受于幼者勿施于长，不欲受于长着勿施于幼。凡人与人相与之际皆用此道，所谓絜矩之道也。②

随着对丁若镛理论的深入了解，我们不禁越来越想知道他的“恕”“仁”观点与他所强调的慎独的修养论及“庸”的实践意志有着怎样的联系。丁若镛为了维持自己的修养论的严谨性而煞费苦心，最终对于这一问题他也留下了重要的论述：“欲行中庸之道者非恕不能”③，意思是说若欲以公平无私的“中”的心来贯彻持续行善的实践意志（即“庸”），便一定要有“恕”的具体修炼方法。事实上“中”和“庸”主要指的是主体的修养和实践意志的层面，其主体并没有体现能够贯彻这两者的现实的社会关系。因此，丁若镛便进一步解释说，“中”和“庸”这两个概念只有结合具体的实践途径才能使“仁”成为完整的概念。这个观点在以下丁若镛对“忠恕”的解释中也同样适用。

---

① 丁若镛. 与犹堂全书·大学公议（卷一）[M]. 首尔：骊江出版社，1989：40.
② 丁若镛. 与犹堂全书·心经密验（卷二）[M]. 首尔：骊江出版社，1989：33.
③ 丁若镛. 与犹堂全书·中庸自箴（卷一）[M]. 首尔：骊江出版社，1989：14.

恕者以一而贯万者也，谓之忠恕者，以中心行恕也，若必尽己之谓忠，推己之谓恕，则忠恕仍是二物。[①]

朱子曾云："忠只是一个忠，做出百千万个恕来。"[②]"忠恕只是体用，便是一个物体。"[③]"忠是本根，恕是枝叶。"[④]与朱子所理解的"忠恕"只是体用不同，丁若镛将"忠恕"定义为"以中心行恕"。从表面上看，他似乎只是将"忠"分为"中＋心"来理解。但这里有一点我们绝对不能忽视——丁若镛将"忠"理解为"中"的中心。因为在这里，"忠"指的是通过慎独修炼来维持的公平无私的心，即"执中"状态的心。从这一点上看来，被诠释为"中"之中心的"忠"在丁若镛的修养论中具有很重要的意义，只有保持"中"，心才能忠实于"恕"的实践这一观点，是直接关系到他的"慎独和执中是具体人伦关系中的实践问题"这一观点的。

不仅如此，丁若镛还把恕的实践原理与人心道心的学习直接联系了起来。他将人心道心这"二心"与"二己""二性（天命之性和气质之性）"联系起来作了说明。但这里的"二己"说的就是孔子提出"克己复礼"的时候所强调的"作为克服主体的自己"与"作为被克服对象的自己"。就像我们前面所分析的，丁若镛一贯地将"克己"和"克己复礼"解释为以其中一心控制另外一心的修炼，并且他将孔子的克己复礼修炼理解为时刻按照道心的命令支配并管理人心的人心道心修炼。

由于主张求"仁"者须行"恕"，行"恕"者须克"己"，因此，丁若镛对"克己复礼"或是"人心道心"与"恕"的关系作了说明。[⑤]依照他的观点，从顺序上来说只有先进行"克己"修炼，才能使"恕"的修炼成为可能，而只有实现了"恕"的修炼，才能最终达到"仁"的境界。运用到人心道心的修炼中的话，只有在自己心里克服了人心道心相互矛盾与对立的状态，才能向外界传递关爱。例如"我"与兄弟姐妹一起争抢着面前仅剩的一点点食物，只有"我"听从了道心——"不要只想着填饱自己的肚子"的命令，才能将那仅剩不多的食物让给同样饥饿的兄弟姐妹。丁若镛认为，在"我"通过"恕"的途径关爱他人的过程中，会不可避免地经历压抑自己的私人欲望的考验。这正是"克己"的主要涵义。而在这个过程中，"恕"的实践途径，要与以"克己"为象征的自我修养问题和以"仁"为象征的关爱他人的问题互相结合起来。因此，这也是"恕"这一实践途径在丁若镛的修养论体系中占据着重要位置的另一个原因。

---

① 丁若镛. 与犹堂全书・中庸自箴（卷一）[M]. 首尔：骊江出版社，1989：15.

② 朱熹. 朱子全书・朱子语类（卷二十七）[M]. 黎靖德，编. 北京：中华书局，1983：968.

③ 朱熹. 朱子全书・朱子语类（卷二十七）[M]. 黎靖德，编. 北京：中华书局，1983：968.

④ 朱熹. 朱子全书・朱子语类（卷二十七）[M]. 黎靖德，编. 北京：中华书局，1983：969.

⑤ 参照本书第二部第一章第二节的引文及脚注。

(二)其修养论都通过将“仁”付诸现实的“恕”来实现

现在我们对丁若镛建立在其心性论基础上的修养论全图进行再次描绘。丁若镛首先强调要通过知天、敬天的慎独和至诚的修炼来确保不倾向于私欲的“中”的心,这正是可以替代朱子未发涵养修炼位置的丁若镛的平常修炼法。并且他更强调在具体的实践中时刻努力保持这种平常的执中,强调保持秉德修炼的状态的“庸”的实践意志。既然如此强调“庸”这一持续的实践意志,就说明我们在具体事态中或与他人相处时极易被特定的感情和欲求所动摇。若没有这种心的动摇与矛盾,就没有必要在“执中”之外还强调比其更重要的“庸”的持续性。因此,在丁若镛从实践的角度强调“庸”时,需要克服的对象(人心的“心”)和克服主体(道心的“心”)常常是并存的。丁若镛把这种人心道心的学习也称为省心察性的方法,因为通过人心可以理解自己被私欲所缠绕的内心,通过道心可以理解天命所赋予的自己的本性。他还强调,在观察人心和道心的过程中当然要听从道心的命令,而不能听从人心的欲望。而且当我们能够实践克服自己私心修行的时候,才能够使非自我的爱——对他人的爱显现出来。丁若镛说克己才能行恕的原因也正在于此。当然,在人心道心说的全过程里,“执中”和“庸”的状态是一直持续进行的,而且在最后的“恕”的实践途径中仍然以保持“忠”的平常的执中修炼为前提。

丁若镛将执中修炼和秉德修炼,人心道心说和省心察性修炼加以了区分,但这并不是说两种修炼是互不相干的。因为只有在平日里时刻慎独和执中,我们才能在具体的情形中公正无私地区分出人心的欲望与道心的命令有何不同,以及确定其中正确的欲求是天命之性。通过坚定平时公正听从天命之性的欲求和道心命令的这种慎独的姿态,我们能够在具体事件发生或与他人相处时遵照良心的命令去关爱对方。换句话说,就是“忠”使对他人行“恕”变为可能。

在全面地了解这些论点后我们不难发现,丁若镛的全套修养论是建立在相当水准的正确性和严密性之上的。以下引文看上去似乎非常简单明了,但事实上,丁若镛自身的思维体系都隐现其中。丁若镛在其中明确地说明了从“事上帝”的慎独修炼开始,到最后达到“恕”的实践的整个过程都是属于同一系列的。

> 天之所以察人之善恶,亦惟是二人相与之际,监其淑慝。而又予之以食色安逸之欲,使于二人之际,验其争让,考其勤怠。由是言之,古圣人事天之学,不外乎人伦,即此一恕字,可以事人,可以事天,何故而小之也?[①]

这里,“天”也指天命或是体现天命之性的道心。内心的良心时常监视着自

---

① 丁若镛.与犹堂全书·论语古今注(卷二)[M].首尔:骊江出版社,1989:44.

己在与他人的关系中是善还是恶。但是无论何时我们都有行恶的可能存在,这是因为尽管我们的肉身受之于父母,但是,归根结底,我们的肉体是由天赋予的。若说我们有可能从恶——虽然其直接原因是我们选择并顺从了肉体的欲望,但从存在论的角度上说是因为我们被赋予了肉体,那么,上天为什么会赋予我们肉体呢?对于这一难以回答的问题,丁若镛从目的论角度揭示了对于肉体的见解,即那是因为想要更加突出"善"的天之意志的缘故。① 丁若镛认为我们只有听从道心的命令才能真正关爱他人。而听从道心的命令,即率性,是在"我"与他人相处的人伦关系中最终完成的。因而"恕"这一实践途径对于丁若镛尤为重要的原因也正在于此:在人伦关系这一现实平台中,正是"恕"这一核心实践途径把"我"的预备修养与对他人的关爱联系到了一起。因此从知天、慎独、执中、庸再到人心道心及克己复礼的修养论,都必须通过将"仁"付诸实践的"恕",才会被最终实现。

丁若镛的各种修养论和实践论都以对他人的极度关爱作为最终目的,并主张只有这样才是事天、爱天的唯一方法,因为不管什么时候,对他人的关爱都不可能来自于对天的盲目崇拜。这里有必要将利玛窦的观点与之区分开。利玛窦说过爱上帝即爱人,反过来也具有一样的意义,但是对于利玛窦来说,对神的爱是首要的。他认为爱人是爱神的很好的方法——"爱天主,为天主,无以尚!而为天主者,爱人如己也。行斯二者,百行全备矣。然二亦一而已"②。不仅如此,他还认为我们之所以能够爱人,是因为人身上或多或少地传承着上帝的优点——"何特爱善者乎?爱人之善缘,在天主之善,非在人之善"③。

现在我们注意到,丁若镛的整套修养论是从有关上帝的讨论开始,以具体人伦关系里向他人实践自己的爱这一"恕"的方法而结束。正是出于这一原因,事上帝者们通过"恕"来进行的事亲行为也是事天的具体表现。丁若镛认为上帝的监视体现在时常对人伦关系的监察上,因而我们不难发现,在丁若镛的修养论里,事上帝的事天学和事人的人伦学这两个要素存在着交集。④ 当然,为了将两者联系起来分析比较,离不开古代儒学的观点和看法。

现在对丁若镛的整体心性论和修养论的讨论已经基本结束,下面将再分析一下为什么他将自己哲学范畴的经学延伸至政治社会学范畴的经世学。当然,这一方面是他在从全新的角度对《尚书》《周礼》《大学》《论语》等六经四书进行

---

① 参照本书第一部第二章第一节的引文及脚注。

② 利玛窦. 天学初函(卷七)[M]. 李之藻, 编. 台北:学生书局, 1965:8.

③ 利玛窦. 天学初函(卷七)[M]. 李之藻, 编. 台北:学生书局, 1965:11.

④ 琴章泰(2003)提出:"儒教世界观的特点是并不把'事天'这一话题局限在天与人的正面交集里,而是将其放入人类社会的秩序及规范的框架中来理解。因此事天的信仰与事亲的人伦构成了'里'和'表'的关系,而儒学经典的基本构造和根本精神也被理解为事亲－事天的秩序,这可以说是事天学的根本特性。"

诠释的过程中形成的，另一方面亦是由于他意图将自己深刻思考过的西学和传统儒学结合起来，以观察和反思自己所处的朝鲜后期社会的政治现实。在下一节里我们将通过几个政治争端来探讨这一问题。

第二节 以经学摸索经世学

一、丁若镛经世学的背景及结构

（一）为正祖提供政治理念和哲学思想的支持

1776年3月继位的正祖继承了祖父英祖的政策，他希望缓和朋党对立，强化王权。但是在当时，政局的支配权掌握在老论派的手中，他们的立场与英祖和正祖恰恰相反，一直固守着朋党政治论。如果正祖想要夺回对政局的支配权，就必须以一种能镇住老论派的政治方式或名目来施展自己的政治抱负。为了实现这样的政治意图，正祖试图培养能够使自己的政治改革在思想理论上正当化，并能够使之付诸实践的人才。正祖从1781年开始实施奎章阁的"抄启文臣"制度的重要原因也正在于此，这样的制度可以选拔出能够实现其政治改革的政坛新秀。需要注意的是，正祖不仅直接选拔了能够支持自己的人才，还试图亲自教育他们。这就是"亲临讲制"和"经史讲义"的制度。① 那么正祖所教予他们的经世思想到底是什么呢？

这里我们需要了解的是，正祖提出的能与朋党政治论相对立的理论之基础主要来源于《尚书》的原典。其中，纂修于正祖过世后的《弘斋全书》正是通过《尚书》原典强调了重要的哲学、政治立场。

正祖之所以强调《尚书》，是因为它记录了古代中国的理想统治者的统治方法。同时我们要注意的是，这本书所具有的权威性，是当时标榜朱子学的掌权老论派所无法反对的。下面就先来看一下正祖是如何通过《尚书》来表明自己的政治立场和态度的。

为治之道，莫京于皇极，而自箕子之发之，更后数千载，尚有能建其极者乎？夫朋分于好恶，党生于此同，而皇极之不能用也，旧矣。②

知人安民治道之要务，皋陶之言是也。……凡人主之不能大有为者，其心以为圣王难及至治难行，故怠焉而沮若。又以为知人安民尧犹难之，谁复能

① 金文植. 朝鲜后期经学思想研究[M]. 首尔：一潮阁出版社，1996：27－42.
② 李祘. 弘斋全书（卷五十）[M]. 首尔：圭章阁藏书，1799：9－10.

为之。[1]

正祖尤为强调的是《尚书》中的《洪范》篇和《皋陶谟》篇。上面第一段引文中，他通过《洪范》中的"皇极"概念明确地表示了应该强化王权的意志。他认为以尧舜为代表的古代圣君们之所以如此伟大，是因为他们首先能够巩固皇极，即巩固君主的地位。进一步来说，他坚信如果能够强化象征皇极的王权，朋党的弊害就会被消除。那么，在正祖看来，怎样才可以再次树立皇极呢？答案在上面第二段引文中就可以找到。正祖认为《皋陶谟》篇中的"知人"和"安民"是再次树立皇极的关键。在他看来，《大学》所标榜的理念与《尚书》是相同的。需要注意的是，正祖的这种想法受到了丁若镛所追求的经学的影响。"传十章之用人理财为平天下之要道者，即尚书在知人在安民之意也。知人然后可以用人，理财然后可以安民，千圣相传之诀。尽好其如合符契。"[2]在这里，"知人"指的是选拔能辅佐君主统治的官吏，"安民"指的是满足百姓经济方面的需要。

从结论上来看，正祖的经世思想的目标正是依靠"知人"和"安民"的统治方法来成为象征皇极的强势有为的君主。知人和安民的统治方法基本上都是以君主卓越的现实洞察能力为基础的有为举措。因为只有能慧眼识察官僚后备队——贵族阶层的政治见识和能力，并正确掌握赋税对象——百姓的现实生活，才能真正做到知人和安民。但是，后来出现的问题是，正祖接受了掌权的老论派通过朱子学所标榜的无为君主理念。

予怀明德，则文王之照临于西土也，寸长不让于人，万善都归于我。物物太极，罔咈其性，性性存存，皆为我有。……予所愿者学圣人也，譬诸在水之月，月固天然而明也，及夫赫然而临下，得之水而放之光也。……月之来照各随其形，水之流者月与之流，水之渟者月与之渟。……月者太极也，太极者吾也。[3]

这段引文是《万川明月主人翁》中的部分内容。正祖本人一直希望自己能够成为"千江之月"般的、消除世间所有黑暗的启蒙君主。"万川明月"可以说象征着君权，但这里，正祖的"万川明月"应该理解为对君主自身修养的强调及对其结果的乐观展望。[4] 表面看来，正祖的这种观点似乎开创性地表明了他想要强化王权的意志，但是仔细分析可发现，正祖的这种观点是对传统朱子学一直强调的君主形象的重复。因为正祖认为，修身明德可以使所有的事物被自动感化，从而顺从自己的意思。这就意味着君主的统治行为完全取决于君主本人的修

---

① 李祘. 弘斋全书(卷九十七)[M]. 首尔：奎章阁藏书，1799：16.
② 李祘. 弘斋全书(卷一百零七)[M]. 首尔：奎章阁藏书，1799：8.
③ 李祘. 弘斋全书(卷十)[M]. 首尔：奎章阁藏书，1799：2－4.
④ 金文植. 朝鲜后期经学思想研究[M]. 首尔：一潮阁出版社，1996：66－67.

养。借用《孟子》中的表达就是,“有大人者正己而物正者也”①。然而,正祖提出的统治方法的核心——知人与安民,它们并不是单纯地追求“物正”的境地,而是指积极“正物”的有为的努力。值得我们注意的是,在正祖心目中,君主的形象同时具有有为和无为之分。丁若镛经世思想的核心,便在于消除正祖政治理念中的无为形象,并从有为的行为模式入手,使其统治行为正当化。②

再来看看丁若镛的情况。我们可以回顾一下他为《尚书》作注解的全过程:1810年,他在49岁时对论及“赋性之命”和“得位之命”的《诗经讲义》进行了修订,完成了《诗经讲义补》。同年他还完成了《梅氏书平》的初稿以及《尚书古训搜略》,第二年又编写了《尚书知远录》。其中,《梅氏书平》第9卷揭露了梅赜的古文尚书25篇是伪作,而《尚书古训搜略》则收集并整理了关于其余28篇今文尚书的古训。《尚书知远录》是丁若镛为了阐明《尚书》经文的大义而另外编写的。丁若镛在49岁至50岁的时候完成了对《尚书》的注释,但在66岁的时候才接触到了当时京畿地区的文人洪奭周的《尚书补传》以及清朝学者阎若璩的《尚书古文疏证》。在接触到这两部作品之后,他完成了《读尚书补传》以及收录于《梅氏书平》第一次修订本中的《阎氏古文疏证抄》。当时他很满意自己的《梅氏书平》这部作品,与他有来往的金万淳、申绰、洪奭周等学者也都对这一作品给予了肯定。但是丁若镛却不得不承认自己的注释书仍比阎若璩的注释和清朝学者宋签的《尚书考证》略逊一筹。不仅如此,他还认为《尚书古训搜略》和《尚书知远录》中还存在着一些问题。因此,他在1834年(73岁)时再一次对《尚书知远录》进行了全面的修改。在按条目进行分类后,将其并入《尚书古训搜略》的相关内容中,从而重新整合出了《尚书古训》21篇,又于同年夏天对《梅氏书平》进行了二次修改,将其整理为两部共三十余卷。纵观这一过程,我们可以想象丁若镛为《尚书》的注解花费了多少心血。而且从茶山先生完成《自撰墓志铭》、宣布自己已建立经学体系时起,直到他去世为止,唯一一部让他在这段时间内一直埋头钻研的经典便是《尚书》。因为正如茶山先生自己所言,唯有《尚书》这部经典同时阐述了人们与生俱来的赋性之命——道德的嗜好和只有君主才有权获得的得位之命。如果说前者是四书中体现出来的心性论和修养论的主题的话,那

① 孟轲.孟子·尽心上[M].北京:中华书局,2011:112.

② 裴炳三在《茶山思想的政治学解释》中很好地说明了茶山对于无为的政治理念的彻底批判,以及对言行上的有为政治立场的强烈推崇。但是他批判说,茶山将有为和无为进行了对比,并在最终只突出了强调现实能力关系的有为政治,这丧失了传统儒学的内在价值及内部反响能力。也就是说,因为丁若镛用有为者——上帝替换了‘无’所具有的万物根源的地位,所以抹杀了人类进行内在的、自律的省察的可能性(裴炳三,1998)。但是笔者认为,这种观点反而会使人忽略茶山的重要意愿。茶山反对在未发的状态以及无的领域中另外设立神秘主义的心灵支柱,因为他担心这会使人类的修养陷入到唯我主义的自我内心省察中。有可能人们以为自己正在自律地进行着修身省察,但是实际上却导致了自满和对他人的无意的暴力。因此,除了直接以欲望的形态表现出来的性嗜好之外,丁若镛没有对任何根源性的领域予以肯定。笔者认为,茶山的这一意愿应该得到更好的突出和强调。

么后者就可以说是直接关系到政治经世论的实践性主题。正是由于《尚书》中同时包含了对这两个主题的说明，所以从丁若镛的哲学立场来看，《尚书》是一部无比珍贵的经典。正因为如此，在本章节中笔者将对围绕《尚书》编撰的《弘斋全书》与丁若镛注释书进行比较，来分析正祖与丁若镛的政治立场和哲学思想。

丁若镛之所以能够有缘遇到正祖这样的改革君主，事实上也是因为正祖积极推行了以"知人"理念为依据的"抄启文臣"制度。从这一点上来看，可以说丁若镛的政治命运和经世思想与正祖的王权强化政策及经世思想在根本上是分不开的。[①] 为了得到正祖的恩宠，新进学者丁若镛想方设法地在经史讲义中寻找正祖所提出的问题的答案。这意味着丁若镛会把"皇极""知人""安民""有为"等词汇作为自己经世思想的核心关键词。下面就来简单了解一下丁若镛的政治立场。

民之乡会于皇极，如三十辐共向于一毂，如百川万淙共向于大海。私相乡会者，皇则恶之。淫朋相聚，或推一人以为长，比德相赞，或戴一人以为贤，党同伐异，负私灭公，则其国必乱。岂所谓建极乎？大抵皇之所以为皇，以五福之权在皇也。此权不移，皇极乃亡。[②]

知人安民者，大学一篇之宗旨，亦大学一篇之结局。其渊源在此经，遥遥其远矣。原夫太学之道，即治国平天下之道也。[③]

从以上引文可以看出，丁若镛所揭示的"皇极""知人""安民"的概念几乎是原封不动地重复着正祖当时的理念和哲学态度。当然我们不能忘记，正祖的观点主要是从理念的角度提出来的。而丁若镛提出的经世思想主要为了从哲学上给正祖的观点以更有力的支撑，并更进一步探索能够直接实现强化王权理念的制度。在上面第二段引文中，丁若镛再次指出，《尚书》中的"知人""安民"的主张与他新解读的《大学》中的治国平天下的方法是同一体系的。此处我们有必要了解一下丁若镛的经世思想的代表性著作《经世遗表》中出现的一段文字。

然天地定理，人主宜富，下民宜均。故古之圣王，立经陈纪，凡天下富贵之权，总揽在上，降德于兆民。洪范曰，皇建其有，敛时五福，用敷锡厥庶民，此之谓也。故天下之田，皆王田也，天下之财，皆王财也，天下之山林川泽，皆王之山林川泽也。夫然后王以其田，敷锡厥庶民，王以其财，敷锡厥庶民，王以其山林川泽之所出，敷锡厥庶民，古之义也。[④]

---

① 朴贤模. 从丁若镛与正祖的关系看其君子论[A]. 政治思想研究[C]. 2003(8).
② 丁若镛. 与犹堂全书・尚书诂训(卷四)[M]. 首尔:骊江出版社,1989:36.
③ 丁若镛. 与犹堂全书・尚书诂训(卷二)[M]. 首尔:骊江出版社,1989:32.
④ 丁若镛. 古典国译丛书(卷十一)[M]. 首尔:民族文化促进委员会,1982:3.

正如正祖的观点,树立"皇极""知人""安民"的首要意义在于强化王权。丁若镛深入思考了具体应如何操作的问题,最终他得出这样的结论:包含土地和财物在内的所有经济财产都应该首先为君主所有。这意味着只有通过对经济制度的重新调整才有可能强化王权。当然,这种对王权的彻底强化最终被解释为意在提高百姓的经济生活水平。丁若镛为了使自己的这种立场在经学上站住脚跟,主要引用了《尚书·洪范》篇的内容。值得一提的是,丁若镛是崇尚"仁"的儒学者,但他却为正祖提供了支撑王权强化的理论,对此我们可以提出批判性的评价——这可以说是在王政下研究哲学的朝鲜时代知识分子们必然具有的时代局限性。但是丁若镛并没有单纯地墨守或全盘接受正祖的政治论。他在《尚书》"洪范九畴论"里皇极的基础上,设立了凌驾于象征君主的皇极地位之上的"上帝"和"天"。这分明是从牵制王权的角度提出的议案。而且,丁若镛还强调,并不是所有的君主都是有修养的君子,因此君主一定要有实现了赋性之命的优秀大臣在身旁辅佐和教导,这也是对王权的一种牵制。从中可以看出,儒学者丁若镛为了实现修己治人,在提供政治理念和论理支持方面付出了很大的努力,但这并不仅仅是为了给一个实存的君主(正祖)提供支撑,他的目标是为有修养的理想君主提供当为角度的政治理论。[①] 通过以上的分析,我们可以确认丁若镛提出经世思想的两个动机:第一是为了探索可以具体实现正祖的政治理念的制度框架;第二是为了给正祖的改革政策带来经学上的理论支撑,并以此巩固其政治哲学的基础。

(二)丁若镛对经学的研究和其经世学理论的结构

正祖通过"经史讲义"将自己的政治理想角色设定为尧舜所象征的古代明君。为了使自己的这一理想得以实现,他在全国各地招揽了包括丁若镛在内的许多人才,这也正是丁若镛如此关注古代儒学经典的重要原因。虽然人们也常常提到丁若镛与西学的接触,但是丁若镛的这一接触与其私人背景有关。经过与正祖的频繁接触之后,丁若镛确信自己曾经标榜的古代儒学的某些层面可以带来非常有用的政治哲学展望,这很好地解释了后来丁若镛为什么满怀热忱地编写以《经世遗表》《牧民心书》《钦钦心书》为代表的经世学著作。因为他再次证实了自己的理想以及对于四书的新观点和展望可以给正祖的改革政治论带来力量支持。从这一点上可以推测出,对于年轻时的丁若镛来说,正祖在思想上的对他的影响力超乎我们的想象。虽然本书没有对这个问题进行正式的讨论,但

---

① 朴玄模的《丁若镛的君主论:以丁若镛和正祖的关系为中心》中从以下几个方面指出茶山是"批判性观念论者":茶山指出正祖的"抄启文臣"制度中隐含着以强制的方式使臣子们屈服的危险,并批判正祖没有接受井田制,而且没能正确认识地方官吏们的弊病。朴玄模通过列举这些例子,刻画了茶山先生作为政治批判者的一面,笔者认为有必要对此进行关注。

是笔者认为,如果想要在传统思想熏陶和外来教义影响的矛盾中对丁若镛的哲学进行分析,那么,正祖与丁若镛的接触这一部分内容将是必须深思的话题。

在丁若镛思想体系中,对经学的研究与其关于经世学的论著构成了不可分离的整体。下面首先来看一下丁若镛对经学的综合性研究。

镛既谪海上,念年幼志学,二十年沈湎世路,不复之先王大道。今得暇矣,遂欣然自庆,取六经四书,沈潜究索。凡汉魏以来,下逮明清,其儒说之有补经典者,广搜博考,以定讹谬,著其取舍,用备一家之言。①

以上引文出自《自撰墓志铭》。丁若镛在回顾自己哲学生涯的同时迎来了他的花甲之年,他那以六经四书的研究为代表的经学研究的最终目的到底是什么呢?丁若镛提出,其目的就在于研究通往先王的大道。当然这里所说的先王指的是以尧舜为代表的古代中国的"圣人 + 君主",即明君圣王。尧舜之所以被称为明君,是因为从人格上来说他们是圣人,而在现实中他们还具有君主的地位。这里我们有必要关注一下丁若镛的以下观点。

中庸章句曰,性即理也。此云命天理也。朱子之意,理一字,兼包性命。天命有赋性之命,有得位之命。②

从丁若镛的观点看,可以从以下两个大的角度对天命进行理解,即"赋性之命"和"得位之命"。前者为丁若镛反复强调的天命之性,即乐善耻恶的先天性嗜好;后者指的是赋予人成为君主并统治天下的地位的天命。从这一点上看,可以说尧舜是同时具有赋性之命和得位之命的特例。尧舜都是人,因而跟他人一样都拥有着向善的道德嗜好,即赋性之命;同时他们还拥有现实统治者——君主的地位,即得位之命。为了综合论述尧舜等明君们同时拥有的这两种天命,丁若镛构筑了自己独特的"洪范九畴论"。当然,其主题仍然是通过对《尚书》的解读而得来的。

以下图表是丁若镛针对《尚书》中的洪范九畴论所制作的简约图,他辛辣批判了《尚书诂训》中所引用的朱子的"洪范九畴"图表:"后儒所作洪范九畴之图……终日玩究,无义理。试看此图,从前照应之妙。上下左右相通相关之情理,悉乖悉舛,乱杂无纪。"③下面的引文将会阐述丁若镛对于自己所制作的图表的理解。

---

① 丁若镛. 国译茶山诗文集(卷十六)[M]. 首尔:民族文化促进委员会, 1996:12.

② 丁若镛. 与犹堂全书·诗经讲义(卷三)[M]. 首尔:骊江出版社,1989:15.

③ 丁若镛. 与犹堂全书·尚书诂训(卷四)[M]. 首尔:骊江出版社,1989:29.

天的领域	7. 稽疑	4. 五祀	1. 五行
君的领域	8. 庶征	5. 皇极	2. 五事
百姓的领域	9. 福极	6. 三德	3. 八政

皇极在内，建中建极。于是上律天时，下驭人众。此所以戴五纪而履三德也。恭己端本，以召和气，此人主密切之功验也。左五事者，恭己而端本也。右庶征者，和气至祥，乖气致灾也。此所以左右照应，而事征相通也。原夫天生材物，谓之五行，受而修之，谓之八政。故五行戴之在上，所以尊天赐也，八政履之在下，所以叙人用也。此一与三相应之妙也。吉凶未著，仰询天明，谓之稽疑。祸福已判，俯验人事，谓之福极。在天者戴之在上，在人者履之在下，此又七与九相应之妙也。此谓之天道，此谓之大法。①

在明君中，大禹被认为与洪范九畴有着最密切关联的一位，因为按照传统理解，洪范九畴是上天赐给禹的。但是，丁若镛对这种传统观念持反对态度，他认为“禹能嗣兴，遂得天下。建皇极而领九畴，是天乃锡禹洪范九畴也。岂有书自天降来乎？特禹受天之命，宅此皇极之位。运智设法，创立九畴洪范”②。换而言之，丁若镛认为洪范九畴是大禹通过积极思考整理出来的一种明君理论，即圣王论，这种观点与“君不应施无为之政，而应施有为之政”的观点是一脉相承的。《尚书·洪范》篇中的“九畴”的内容如下：(1) 五行；(2) 五事；(3) 八政；(4) 五祀；(5) 皇极；(6) 三德；(7) 稽疑；(8) 庶征；(9) 福极。其中，皇极意味着“圣人＋君(圣王)”的地位。丁若镛首先界定“圣人＋君”的地位存在于天和百姓之间，因此，皇极被解释为连接五纪和三德的媒介。接着，他从圣人和君主两个层面来论述了“圣人＋君主”的地位。首先依据他的观点，圣人指的是遵从赋性之命，即上天所赋予的先天性道德爱好的伦理人格者。这点就表现出了皇极是连接五事和庶征的媒介。相反，君主是具有高踞在百姓之上并统治他们的天命，即得位之命者。在这一点上，丁若镛从两个方面来进行了分析，一是把皇极视为五行和八政的媒介，二是将其视为稽疑和福极的媒介。

可以说洪范九畴论是丁若镛经学研究的核心主题之一。因为他能够通过禹的明君理论，将自己对于赋性之命和得位之命的哲学洞察进行具体化并统合起来。前文曾说明丁若镛所提到的命中同时存在着好善恶恶的“性”与生死祸福荣辱的“命”。从认识构造上来说，这两种命与洪范九畴的两个主题是一脉相通

① 丁若镛. 与犹堂全书·尚书诂训(卷四)[M]. 首尔：骊江出版社，1989：28.
② 丁若镛. 与犹堂全书·尚书诂训(卷四)[M]. 首尔：骊江出版社，1989：26.

的。决定由谁来获得君主或圣人地位的只有天命而已，这种命并不是通过努力就可以获得的。孔子的情况就是一个很好的例子。丁若镛认为，以六经和四书为代表的经典同时突出了赋性之命和得位之命。具体来说，在六经和四书中，《尚书》才是同时展示出赋性之命和得位之命的经典，因为《尚书》直接论述了兼备赋性之命和得位之命的尧舜等明君的观点。相反，像《论语》和《孟子》这样的儒家经典主要展示的是赋性之命，因为这两部经书原文中主要记载的是未获得得位之命的孔子和孟子等圣人们的观点。因此，我们主要以《论语》和《孟子》为中心来分析有关赋性之命的人性论和修养论。过去的性理学家们重点强调了得位之命——尽管其自身未能获得君主地位，但从修养的境界来看，自己在道德上达到了与圣人同等的高度。这体现了他们强烈的道德自豪感。

不过，丁若镛所关注的对象是像尧舜一样的圣王，他们既是遵从赋性之命的圣人，又是获得得位之命的君主。更进一步来说，丁若镛还关注一个问题，就是圣王们所统治的百姓不是任何人都能自觉地遵从先天赋予的赋性之命。丁若镛认为这就是要求“政治”的原因。尧舜和丁若镛都认为，“政者上之所以正民”①，政治的最终目的就在于使百姓自觉遵从赋性之命，即遵从能够好善恶恶的本性。尧舜的政治，即经世方法可以说是来自于对忘却自己本分的普通百姓的怜悯。以下是丁若镛的表述：

圣人戒慎恐惧，其视陷恶，直以为纳身于罟擭陷阱之中。故慎独执中，恒守不失，以辟其祸。小人不知天命，而不畏也。故任其小智，窃窃自负。放辟邪侈，无所不为。自以为天下之事，无所不知，而独不知自己之身，方被驱迫，将以纳诸罟擭陷阱之中。此圣人之所愍也。②

圣人们能够自觉进行戒慎恐惧、慎独执中的修炼，并遵从上天所赋予的本性的命令去生活，然而百姓，即小人们则对天命不屑一顾，肆意妄为。因此，圣人们认为要唤醒百姓的本性，就必须依靠有为政策。当然，我们也应该注意到，丁若镛认同君子的自我修养可以将百姓自然教化。前文述及的《大学》所提到的君主实践孝弟慈会使亲民得以实现的情况，也同样可以从这个角度去进行解释。尽管如此，君子已率先垂范而百姓却无动于衷的情况依然会出现，对于这样的百姓必须实行有为的教育和政治，这一点更符合丁若镛的看法。

丁若镛的经世学论著是以拥有“得位之命”的圣王们自己提出的经世方法为依据来编写的。因此，为了使自己的经世思想更有说服力，相比于《论语》和《孟子》，丁若镛更钟爱于《虞书》。当然，即便如此，在除《虞书》外的其他经典

---

① 丁若镛.与犹堂全书·论语古今注(卷一)[M].首尔:骊江出版社,1989:20.
② 丁若镛.与犹堂全书·中庸自箴(卷一)[M].首尔:骊江出版社,1989:11.

中,例如《孟子》中如果提及与井田法有关的君主经世方法的话,他也会毫不犹豫地将之作为自己经世学论著的基础。

井田者圣人之经法也。经法可通于古今、利行于古而不便于今者,必其法有所不明而然,非天下之理,有古今之殊也。……何尧舜三王之能沛然行之,而今终不可效也?嗟呼!天下之理一也,今人之所必不能,亦尧舜三王之所不能,尧舜三王之所已能,亦今人之所必能。岂有疑哉!……下焉者沈渐于无根之俗说,上焉者拘滞乎先儒之误注,虽赫赫经文可证可据,有足以破千万之惑者,则莫之察焉,此天下之通患也。臣亦习闻其说。谓必酌古今之宜,施变通之术,卑之无甚高论。令可以举而措之而后,其法可小行,及观圣经诸文,乃臣之所欲参酌而变通之者,原是先王之本法。但当表章经文,按而行之,不必凿凿然裁损修润也。嗟呼!圣人于迂阔,孰为缜密?圣人而懵昧,孰为疏明?信道笃,无往而不释然也。①

这段引文是丁若镛最重要的经世学论著《经世遗表》中的一段内容,主要讨论了《孟子》中提到的圣王土地制度——井田制。按照丁若镛的观点,井田制是圣王统治天下时曾经使用过的经世方法之一,它是建立在绝对信赖之上的一种土地制度。这种绝对的信赖并不仅仅存在于井田制中,它其实是六经四书中象征着三代理想政治的所有经世方法的共同点。丁若镛确信,“经法不管是在过去还是现在都可以通用”,他的这种信念与他一直以来的改革理论家的形象不甚相符。不过,从他希望通过三代的政治理念对朝鲜社会进行改革这一点来看,他仍然保持着改革家的面貌。但事实上丁若镛想要恢复以尧舜为代表的古代中国的理想政治传统,从这一点看,我们不得不说他带有政治理想主义或者复古主义的色彩。

下一个话题讨论丁若镛的经世学著作的构成。在他的经世学著作中最重要的是“一表二书”,即《经世遗表》《牧民心书》《钦钦新书》。丁若镛对这三本经世学著作的特点和地位作了如下解释:

经世者何也?官制,郡县之制,田制,赋役,供市,仓储,军制,科制,海税,商税,马政,船法,营国之制,不拘时用,立经陈纪,思以新我之旧邦也。牧民者何也?因今之法而牧吾民也。律己奉公爱民,为三纪。吏户礼兵刑工为六典,终之以振荒一目。各摄六条,搜罗古今,剔发奸伪,以受民牧,庶几一民有被其泽者,镛之心也。钦钦者何也?人命之狱,治者或寡。本之以经史,佐之以批议,证之

① 丁若镛. 古典国译丛书 · 经世遗表(卷五)[M]. 首尔:民族文化促进委员会, 1982:2.

于公案。咸有商订,以授狱理,冀其无冤枉,镛之志也。①

按照丁若镛的出发点,《经世遗表》是为负责整个朝鲜社会制度改革的君主和中央高官编写的;《牧民心书》所针对的对象则是地方的官吏,主要整理了全国牧民官所需要执行的任务;《钦钦新书》是为中央或地方,特别是担任刑政的官吏而编写的。从这一点可以看出,如果说三本经世书中的"一表"体现了丁若镛的经世学核心的话,那么,"二书"就解决了"一表"中没能解决的部分问题。

除了这些表面特征以外,"一表"中还存在一个不同于"二书"的重要特征,即《经世遗表》以"不拘时用,立经陈纪,思以新我之旧邦"为宗旨。这句话道出了《经世遗表》中所述的总体改革最终只是理念性、理想性的东西。因为这种改革没有跟随时代和历史的变迁而改变,而是在很长的一段时间里继续维持着原有的框架而定格在人们心中。事实上,丁若镛想要对朝鲜这个历史悠久的国家进行全新改革的这种尝试,从根本上来说其并不是面向未来,而是回归过去的。因为他和正祖所梦想的新朝鲜,其实是一个将中国三代的理想政治现实化的朝鲜。不过,如果明确了《经世遗表》的局限性,便自然也会觉察到《牧民心书》和《钦钦新书》的特性。因为不同于将三代的政治理想化的"一表"中的内容,丁若镛在"二书"中再次强调了历史和现实,即"时用"。这一点在《牧民心书》的序文中有明确的揭示。

躬居绝徼十有八年,执五经四书反复研究,讲修己之学,既而曰学学半。乃取二十三史及吾东诸史及子集诸书,选古司牧牧民之遗迹,上下紬绎,汇分类聚,以次成编。而南徼之地,田赋所出,吏奸胥滑,弊瘼棼兴,所处既卑,所闻颇详,因亦以类疏录,用著肤见。②

丁若镛解释道,自己如今处于流放之地,由于身份卑贱,因而能够深深理解百姓的苦闷和忧患,同时将这些体会载入《牧民心书》中。如果说构建关于古代典籍的新哲学经学是修己的一半的话,那么,对经世学的具体关注则是余下的另一半。这篇序文很好地体现了丁若镛想要完成另一半修炼的心意。即使只是简单地分析一书二表中的六经,我们也可以发现丁若镛同时具有理想主义和现实主义这两种风格。事实上,有时候真正的理想主义者也可以是最彻底的现实主义者——因为只有怀着远大理想的人,才能发觉需要克服的现实问题;反过来,只有关注现实问题的人,才能心怀超越现实的理想。

① 丁若镛. 国译茶山诗文集(卷五)[M]. 首尔:民族文化促进委员会, 1996:18.
② 丁若镛. 与犹堂全书·牧民心书(卷一)[M]. 首尔:骊江出版社,1989:1.

二、丁若镛经世学的经学基础

（一）主张“正物”与“正己”同样重要，强调考绩制度以施行“有为政治”

丁若镛通过对六经四书为代表的经学的研究，从哲学的角度成功地阐释了古代圣王。在他看来，古代圣王都是受天命之人，而这天命能够分为赋性之命和得位之命。丁若镛的经世学正是通过后者，即得位之命才得以成立，因为他能够通过这一概念肯定对现实具有支配权的王权。当然，即使受得位之命的君王，若不顺应赋性之命，也将会伤及自身乃至危及国家。从现实来看，获得权位的君王能够成为真正顺应赋性之命的圣人极为少数。正因如此，丁若镛提出，君王应该首先选用能够顺应赋性之命的人才作下臣。

> 古人事天皆诚信而忱畏之，非如后世争王之人凭依假托而称天也。厥有虔心昭事之人格于上帝，能躬承密训，灼知天命。为帝王者不得此人，不敢以为国承祖考之绪言；得此人，然后能致治以中兴。值鼎革之际者得此人，然后能受命而肇业。①

如上述引文，与受得位之命的君王相比，丁若镛和其他儒学家一样，更加重视通过修养实现的赋性之命的力量，也就是更重视道德力量，而非政治力量。再看一则此观点更为鲜明的下文：

> 以心为矩，以契六合之交际，齐其不齐，平其不平，于是乎心与身皆正矣。正己以正物，此平天下之要法也。②

丁若镛提出，不仅是辅佐君王的大臣，同时，君王的自身修养，即“正己”也是治理天下的核心和关键。这样便产生如下疑问：丁若镛是不是把“正物”，即治理百姓和事物的政治力量还原为“正己”这一执政者个人的伦理力量呢？为消除这种误解，首先必须关注“正物”这一用语本身，其概念正如字面意思反映的那样，具有“正外物”的涵义。当然，对于丁若镛而言，“正己”是“正物”的必要条件之一，尽管如此，也不能说仅凭君王的修养就可以完全地治理百姓。③

丁若镛之所以不得不为“正物”赋予独立性，正是源于他对现实政治的敏感。据他所言，即使君王自觉地顺应赋性之命，他所治理的臣子或百姓也几乎不可能自觉地拥有那种道德力量。

---

① 丁若镛. 梅氏书平 · 阎氏古文疏证抄［M］. 李篪炯，译. 首尔：文学与知性出版社，2002：8.

② 丁若镛. 与犹堂全书 · 大学公议（卷一）［M］. 首尔：骊江出版社，1989：41.

③ 裴炳三在《茶山思想的政治学阐释》（裴炳三，1998）一文中，对“正物”和“物正”之间所蕴含的微妙的哲学差异进行了重要且引人深思的说明。

余尝见喻于利者矣，其于财产利害丝分缕析，细入秋毫。其中有精义妙旨不可言传，确有所守，不可摇撼。周、孔诲之而欠伸，仪、衍说之而熟睡。举天下之盛德至善而不足以易人之一钱，彼见长贫贱好语仁义者方且窃窃然笑其愚，而何舜跖人兽之足惧乎？①

即使像周公和孔子那样实现“正己”的圣人也很难完全教化唯利是图的人，这表明，无论君王在道德方面具有多么完美的人格，也并不能为其治理国家或天下直接产生成效。正是由于这种现实感，丁若镛认为不能把“正物”这一政治行为简单地还原为“正己”这种执政者的道德行为，如果这样的话，反而会使君王从根本上无法实现积极的有为政治。因为如果按照这一逻辑，只要君王完成自身修养，国家便自然会治理得很好。而当代的老论派唯独强调了这种观点，这就是有名的“无为政治论”。可以称为统一道德和政治之法则的无为政治论来源于新儒学家朱熹对《论语》例文的注解“无为而治者，其舜也与。夫何焉？恭己正南面而已矣”。下面直接看一下朱熹本人的见解：

无为而治者，圣人德盛而民化，不待其有所作为也。②

借用丁若镛的表述，朱熹的立场“圣人德盛而民化”可以概括为“正己以物正”。可以确定丁若镛“正己以正物”的观点与朱熹的有着微妙的差异，即“物正”和“正物”的差异。因为如果前者表述的是“外物变得端正”的自然结果的话，后者强调的就是“端正外物”的君王的作为。当然，我们应该认识到两者都积极地鼓励君王的自身修养，即“正己”。但是，朱熹主张只要君王完成了自身修养，外物就会自然而然地变得端正；而与此相反，丁若镛认为君王自身的修养和端正外物的作为都是不可或缺的。

正与不正，验于行事，不止于真体之昏明也。真体之湛然虚明，鉴空衡平，虽亦可贵，其必行事笃实，乃保本真，直把此物，求其空明，未有不内发心疾者。古圣人正己以正物之学，朴实有据，不若是之幽虚也。③

可以说，“正己”基本上是在主体的内心，即心性这一空间里进行的自我修养的修炼。如果朱熹“正己以正物”的主张是正确的，那么则会把存在于人心之外的政治世界还原至主体的内心；而如果把一切都归为心性的问题的话，那就又重新还原到了心性的光明与黑暗的问题。在这一点上，我们可以从政治性的脉络中更为清楚地了解丁若镛批判朱熹的“未发”修炼等同于佛教禅宗的缘由。

---

① 丁若镛. 与犹堂全书·论语古今注（卷二）[M]. 首尔：骊江出版社，1989：21.

② 朱熹. 四书章句集注·论语集注（卷八）[M]. 郭齐勇，导读；曾军，整理. 长沙：岳麓书社，2008：220.

③ 丁若镛. 与犹堂全书·大学公议（卷一）[M]. 首尔：骊江出版社，1989：30.

根据丁若镛的观点，主体想要修养的缘由是希望在现实中确保“正”。因此，通过修养确保的“正”只能在人生的世界，即政治世界中得到验证。然而丁若镛所批判的朱子把政治世界还原至内心，因而消除了验证执政者修养的“正”的基础。出于这一考虑，丁若镛把当代拥有最高权威的朱子批判为具有佛家说教性质的人物。

对于丁若镛而言，“正物”分明与“正己”有着密切的关联，但是，它属于独立的政治领域。也正因为如此，他才会批判朱子的“无为政治论”，主张“有为政治论”。

清静无为即汉儒黄老之学，晋代清虚之谈，乱天下坏万物，异端邪术之尤甚者也。文帝用此道，酿成七国之乱，惠帝崇此术，召致五胡之祸。会谓吾家大圣，亦以无为为法乎？夫无为则无政。夫子明云为政，儒者乃云为焉，可乎不可乎？孔子曰无为而治者，其舜也与，夫何为哉，恭己正南面而已矣。此谓舜得二十二人，各授以职，天下以治，当此之时，惟当恭己南面。……后之儒者误读此文，遂谓尧舜之治主于无为。……呜呼！岂不悲哉？余观奋发事功莫如尧舜。五载一巡，比年受朝，询事考言，天下既纷纷矣，重之以凿山瀹水，濬畎疏浍，立教明刑，制礼作乐，诛凶退佞，以至上下草木鸟兽，莫不择人授任，计功责成，其用心用力，可谓健矣。孔子亲定典谟，明知此事，安得诬之曰无为哉？凡言无为而治者，皆异端邪说，非吾家之言也。①

正祖时代的老论派为了巩固自己的政治地位而提出的朋党政治论也是基于这种无为政治的主张。他们希望正祖与《论语》中所描述的尧舜一样，专注于提高自身修养而遗忘现实的政治世界，这样他们就可以长久地拥有自己的权力。但是，不管是正祖还是丁若镛都已经充分意识到他们的意图，所以才尤为强调《虞书》。因为这一经典著作并没有把尧舜描写成为因加强自身修养而最终在政治上无为的君王。相反，《虞书》中的尧舜是有着“正物”这种过人的救世意识的有为君王。

唐虞之治考绩而已，京官三年一考，诸侯五年一考。五载一巡，良以是也。奏绩而后考绩，其法如试院考艺。诸生纳卷而主司为之考校优劣定其黜陟也。然其奏绩之法严密峻烈，不令以文字驰奏，不令以使价替奏，必令本身亲至面前。觌面相对，自口说道。此之谓敷奏以言也。当其敷奏之时，天子听之而已，史臣录之而已。及至巡守之年，按其所奏验其实迹，曰田野辟诚如所奏乎？曰沟渎修诚如所奏乎？教化行乎？孤独养乎？封疆固乎？禄秩平乎？制度一乎？礼俗成

① 丁若镛. 与犹堂全书 · 论语古今注(卷一)[M]. 首尔:骊江出版社,1989:20.

乎？诚如所奏，车服以庸。有敢伪冒者削地贬爵，此之谓明试以功也。此经有赏而无罚者，尧化既洽，万邦雍协，功赏者居多耳。[1]

当然，丁若镛强调考绩制度也是为了顺应试图加强王权的正祖的政治战略。在牵制独占要职的老论派及强化王权这点上，哪里还有更甚于《虞书》中强调的考绩制度的呢？

（二）知人和安民的具体政策即公选举、薄赋敛

想要建构强有力王权的正祖把以尧舜为代表的施行的古代政治设定为自己的政治理念和模式。他招揽了能支撑自己的政治抱负并最终能够加以实现的文坛新秀。正祖与被选拔出的年轻知识分子不断地通读经典，同时还不停地思考着能使自己的政治行为正当化的理论和名分。此时映入他眼帘的经典著作便是《虞书》，其中他尤为重视的是《洪范》篇和《皋陶谟》篇。因为如果说《洪范》的皇极概念提供了使强力王权正当化的典据的话，《皋陶谟》则为应用积极的意志统治大臣和百姓这一有为政治论的正当化提供了典据。

丁若镛比任何人都清楚地看透了正祖的政治抱负。不过可惜的是，丁若镛被流放后，经过很长时间才完成了将正祖心目中理想的社会模式正当化的严谨经学体系及将其具体制度化的实质性经世学体系。而正祖的突然离世为此添加了更浓的悲剧色彩。通过重新思考《洪范》篇中的洪范救世，丁若镛对明君理论进行了系统化的整理。他认为以尧舜为代表的明君基本上都成功地做到了“正己”和“正物”。这和他的天命理论，即赋性之命和得位之命相符合。如果赋性之命是指包含君王在内的所有人类都拥有“喜善憎恶”的“性嗜好”的话，那么，得位之命便使“只有君王才能登上皇极之位并让百姓向善”这一观点站稳了脚跟。从这一角度可以说，明君是成功地完成了赋性之命和得位之命这两种天命的人物。

丁若镛的经世学著作正是以得位之命这一层面，更进一步说是以“正物”这一层面为基础的。所以，可以说他的经世学著作能够使所有君王的有为政治都得以具体地实现。在这一点上丁若镛和正祖一样，将目光投向了《虞书·皋陶谟》中的“知人”和“安民”的观点[2]。因为这两个主题赋予了“正物”具体的内涵。也就是说，“正物”可以通过知人和安民的政策来实现。

知人安民，唯帝其难之，知人则哲，能官人，安民则惠，黎民怀之。此大学治

---

① 丁若镛.与犹堂全书·尚书诂训(卷二)[M].首尔:骊江出版社,1989:3.

② 丁若镛的经世思想被概括为“知人”和“安民”的概念，是从金文植的研究开始的。从这点上来看，可以说《朝鲜后期经学思想研究》(金文植,1996)是一部非常重要的著作。他对作为知人的具体项目的教育文制、科举制、考核制以及作为安民项目的田制、财政、军制等进行了详细的分析。对此，也可以参考金文植(1995)的《丁若镛的经学和经世学(下)》。

平之宗旨也。……昔在先朝,每新选文臣,进讲大学,必问斯义曰,进贤赋敛,固为有国之大政,而九经五典,节目尚多,奚独此二事,重言复言,而略不及于他事也,诸臣所对,皆无的确之见。上有亦未尝敷宣本旨。……其后,屏居深山之中,蚤夜以思,恍然若有悟者,知国之所以治乱兴亡,只此二事,人心向背,天命去就,只此二事。①

在《皋陶谟》里,"知人"和"安民"的概念出现在皋陶和禹的对话中:

皋陶曰:"都!在知人,在安民。"禹曰:"吁!咸若时唯帝其难之,知人则哲,能官人,安民则惠,黎民怀之,能哲而惠,何尤乎驩兜,何迁乎有苗,何畏乎巧言令色孔壬?"②

在和抄启文臣一起进行的"经史讲义"的研究中,正祖曾经提出一个关于知人和安民的疑问:"应该修行的政治德行那么多,为什么一直只言及这两个呢?"根据丁若镛的回忆,包括他自己和正祖在内的当时在场的所有人都无法准确地说出它的缘由。被流放后埋头于经学研究的丁若镛终于成功地找出了缘由。当然,他的领悟并不意味着单纯地对两个概念进行逐字的理解,相反,他将知人和安民这两个主题系统地融入到了自己的经学和经世学的体系之中。让我们具体看一下他是如何理解这两个概念的。

知人以宝仁贤为要务,安民以薄赋敛为要旨。其源头所发,非即此经乎?……原夫生民有欲。其大欲有二,一曰富,二曰贵。凡君子之族,仕于王朝者,其所欲在贵。小人之族,耕于王野者,其所欲在富。官人失其宜,则怨诅兴于贵族,惠民有不周,则怨诅兴于小民,二者皆足以失国。……信乎圣人之言,皆自慎思明辨中出来,非众人麤心者之所能知也,公选举薄赋敛,为祈天永命之本。③

首先应该注意的是,丁若镛也用了"人"和"民"来指代不同的阶层。因为如果"人"指的是知识分子及官僚等统治阶级的话,那么,"民"指的就是直接从事生产的被统治阶级。所以,他把人定义为君子,民定义为庶民。这里我们有必要分析一下丁若镛对于人和民这两个不同阶级的立场。因为丁若镛没有把人和民归为道德问题,而将其归为了社会学方面的问题。过去的儒学者认为,由于自身的修养程度不同,人和民不可避免地产生了现实差距。因而如果说修养好的人可以成为执政者和贵族的话,百姓则因为自身修养不足而只能满足于现世的处境。但是对于丁若镛而言,现世的君主阶层和庶民阶层都是欲望的主体,只是由

---

① 丁若镛. 与犹堂全书补遗(Ⅱ)[M]. 首尔:景仁文化社,1973:227-228.
② 尚书·虞夏书·皋陶谟[M]. 冀昀,主编. 北京:线装书局. 2007:24.
③ 丁若镛. 与犹堂全书·尚书诂训(卷二)[M]. 首尔:骊江出版社,1989:32-33.

于社会阶层的不同，二者所渴望的对象也有所差异而已。君子之类的人所渴望的对象当然是“贵”，这正说明了他们是拥有政治欲望，即名誉欲的阶层，这一类人在当时的现实中并没有承受很大的经济苦痛；相反，庶民一类所渴望的对象则是“富”，这间接暗示了他们是倍受经济苦痛折磨的存在。正是通过这种现实差异的比较，丁若镛阐明了自己对知人和安民的看法——如果不给予君子一类的人以适当的官职，或是让庶民承受过重的赋敛的话，君子和庶民就都会抱怨和指责君王。丁若镛认为这种抱怨和指责最终会使国家瓦解，而防患于未然的政策就是知人和安民。他提出了具体的知人政策——“公选举”和安民政策——“薄赋敛”。

这里，丁若镛提议的知人和安民政策表面上似乎顺应了君子阶层和庶民阶层的欲望，可是我们必须首先考虑到，它是围绕强化王权的主题而提出的论点。在老论派掌握实权的正祖时代所力推的“公选举”这一主张，最终为英祖时期开始执行的荡平策提供了理论后盾，可以说它具有收回老论派的权力并强化王权的作用。而且当时以官僚和地主为代表的老论派残酷盘剥庶民，正祖减轻了庶民的赋敛，这可谓是把平民百姓的舆论及人心所向铭记在心里。可以说，丁若镛之所以如此重视《皋陶谟》篇中的知人和安民思想，其另一个理由是这两种思想是他的经世学，特别是《经世遗表》的内在构成理论。被整理为“公选举”口号的知人政策在《经世遗表》中被具体化为教育制度、科举制、考绩制等。另一方面，被概括为“薄赋敛”口号的安民政策在《经世遗表》中则被具体化为土地制度、财政制度、军政制度等。因此，可以说丁若镛通过政治哲学性的展望构成的几个政策在他的三本经世书中都起着有机的作用。不仅如此，这些经世书还把以《虞书》为首的六经的宗旨以及以《大学》《论语》等为首的四书的经学展望作为重要基础。这也是我们通常在总结丁若镛的哲学立场的时候将之评价为以经学为根据的经世学的原因①。

---

① 金文植在《丁若镛的经世思想和警示论(下)》这一部著作中将儒学分类为经学和经世学，并将经学划分为“圣人的制度”，将经世学划分为后代的“变通的制度”来进行解释(金文植，1995)。我们在对此进行区分时，常常将经学看作是哲学性、理念性的东西，将经世学看成政治社会上的具体学问。不过他这样的理解同样具有意义。因为丁若镛所重视的类似《虞书》的经典不仅仅是经学的对象，还同时具备了经世学的涵义，即类似于考绩制的政治制度原理。

结 论

一

丁若镛的哲学体系是在对朱子学和西学的批判性总结的过程中形成的。他把自己的哲学体系成功地运用到对古代儒学经典的解说当中,从而使自己哲学体系具有较强的正当性。显而易见,利玛窦的《天主实义》是促使丁若镛重新建构其哲学体系的决定性因素。但是需要强调指出的是,对丁若镛影响至深的并不是《天主实义》里的天主教宗教原理,而是此书中出于经院哲学传统而引入的亚里士多德的哲学思想,特别是亚里士多德具有经验论性质的实体论思想和自由意志的伦理学思想,使丁若镛获得了启发,并以批判性的眼光看待朱子学。朱子学是由存在论上的太极论、修养论上的“中和新说”等所构成的形而上学的体系。丁若镛在自己的许多著作中批判朱子的“太极”概念和“未发”概念,因为他知道这是支撑朱子学的两大轴心。

但即使这样,也并不意味着丁若镛盲目地汲取了利玛窦所传的亚里士多德哲学的所有方面。丁若镛察觉到亚里士多德的伦理学具有过于浓重的主知主义色彩,他指出,亚里士多德的理性推理能力往往要先于道德意志。对于亚里士多德和利玛窦而言,自由意志指的是以理性的推理能力为基础的特定意志,但对古代儒学传统和朱子学有着深刻理解的丁若镛认识到,自己所拥有的思维传统基本上并不是以理性的能力为基础,而是以人皆有之的先天道德情感为基础。丁若镛在努力将自己的哲学立场具体化的同时还考虑到了与传统哲学的传承性。因此,他把自己的理性论体系分为了本性嗜好和权衡研究。如果说他的“喜善憎恶”的本性嗜好研究是继承了古代儒学的道德情感论内容的话,那么可被诠释为自由意志的权衡研究便是吸收了亚里士多德的自由意志伦理学内容。

值得注意的是,丁若镛把本性定义为一种先天性道的德情感或是道德欲求,这是使他的哲学体系摆脱朱子学或利玛窦的《天主实义》的关键。因为朱子学和利玛窦都认为本性基本上是一种本质或是本体。但是丁若镛的本性定义并非本质或本体,而是一种活动性的嗜好。这样的先天性的道德情感嗜好使得丁若镛的权衡理念与仅以理性的推理能力为基础的自由意志有了本质上的差异。正是在传统思维和外来思维这两种本质不同的倾向的碰撞中，丁若镛构成了自己独有的人性论体系。

我们可以把丁若镛的哲学体系当做东西融合的一个具体范例，但是有一点不能忘记，那就是在丁若镛以后，直至当下，东西方思想的碰撞与冲突一直在持续着。因为传统思想和西方学问间的碰撞与冲突并不仅仅止于丁若镛这一个个例，因而我们关注丁若镛独特的哲学体系正是为了试验和开创这种新的思维倾向。

二

丁若镛以批判性的眼光审视朱熹和利玛窦的过程，正是他构建自己的心性论和修养论的过程。丁若镛的心性论基本上是建立在洞察到内心和肉体具有不同倾向的基础之上的。有趣的是，丁若镛的这种心身论在古代儒学经典、朱子的人心道心说和利玛窦思想中都有所体现——当然，其中也存在着与《天主实义》不同的观点。在丁若镛看来，人类的心中有倾向于善的先天性道德情感——本性的嗜好，而肉体则具有着抵制善而追崇私欲的倾向，人们的内心常常在这两种欲望之间矛盾和挣扎。正因为如此，丁若镛在《梅氏书平・阎氏古文疏证抄》中用“天命之性”和“气质之性”代替了朱熹的“本然之性”和“气质之性”，并普遍使用这两个概念。当然，丁若镛主张之所以用“天命”这一概念来代替带有本体色彩的“本然”，是因为“本然”往往体现为绝对的良心命令。

丁若镛的心性论是以“心”的三个道理，或者说是三种功能为基础的。这三种功能便是本性、权衡以及行事。来自于上帝的天命——本性具有着两层涵义：一方面以带有超凡及绝对意味的上帝观为前提，另一方面又仅通过内在的良心来体现。丁若镛试图通过前者所体现出的上帝的持续监督和干预来确保慎独、虔诚以及修炼的真谛，而后者这种内在的本性论则是遵从道心命令的自律道德行为的基础。丁若镛强调的第二个要素——权衡，代表的是《孟子》里的心之“思”，但其决定性的力量则是来自于利玛窦的自由意志论。虽然上帝赋予了我们先天的道德情感“性”，不过现实生活中依然会不断遇到新的道德矛盾，而始作俑者便是最后的要素——由于肉体欲望而必然产生的、意味着人类局限性的“行事”。有趣的是，在《阎氏古文疏证抄》中，丁若镛把“性”“权衡”“行事”这三个概念替换成了《孟子》中的“性”“才”“势”。这也间接说明，丁若镛想抹去世人心目中他“受利玛窦影响至深”的印象。为了从根本上消除这种误会，他积极采用古文经典著作的主张，甚至还吸收了朱子学的人心道心说等观点。

通过《心经密验》，我们可以更为透彻地了解丁若镛的修养论。丁若镛认为我们应该通过“慎独”的修炼来侍奉于天,并通过努力实践“恕”来追求“仁”。重要的一点是,对丁若镛而言,“天”是超脱的人格者,而它的实现途径则是通过“天命之性”这一内在的道德情感。为了实现“天命之性”,丁若镛提出了以“慎独”“虔诚”“执中”为中心的修养论。在他看来,“慎独”的修炼是贯通所有修养论的根本,而上帝的持续监督和干预则保证了“慎独”修炼的真正效果。另外,通过“恕”实现“仁”的修炼需要以下的先决条件,即孔子的“克己复礼”和孟子的“大体小体论”,以及由朱子加以明确的“人心道心说”。丁若镛认为有了以上前提,“恕”这一伦理性的实践原理便会发挥作用。“恕”的修炼方法与前面强调的“慎独”与“执中”的修炼论是有机地联系在一起的。丁若镛把“慎独”和“恕”的修炼结合到了一起,尤其强调持久不休的“庸”的修炼。这使我们注意到作为血肉之躯的人类所具有的“行事”这一必然介入到实践性状况中的局限性。丁若镛认为,即使我们某瞬间可以遵从先天性的道德情感而从善,但我们依然很容易由于肉体的存在而陷入外界的诱惑中。

三

丁若镛在批判性地比较两种不同的思维倾向的同时,确立了自己以经验论的世界观为前提的独特的哲学体系。在这一过程中,他发现一条重新诠释古代儒学传统的途径,而这一途径与朱熹的形而上体系大相径庭。丁若镛试图通过以经验论的世界观和“性嗜好说”为中心的哲学观点来瓦解被概括为“理一分殊”的朱子学世界观及以此为根据的修养论。按照“理一分殊”的观点,世界上的所有个体都是太极的产物,并且每一个个体的内部都蕴含着太极。如果把它和现实相联系的话,它和正祖时期老论派标榜的无为政治论有着密不可分的关系。作为集权势力的老论派主张,当君主能够通过自身完备的修养来确保自己的先天本性“太极”的时候,所有百姓也会自然而然地受到教化,因为君主和百姓会通过“太极”这一共同的媒介而相互牵连。

从当时推崇朱子学的老论派的立场看,君主除了提升自身修养以外不再需要任何积极的政治行为。这种“无为”政治的核心见解可以浓缩为一句话——“正己而物正”。从政治哲学上来说,“无为”政治论可以说是将正祖为巩固皇权而采取的一切举措变得无力的根源。如果无法有效地驳斥“无为”政治论,那么正祖的一切强化皇权的努力都会化为泡影。在此背景下,丁若镛认为自己的哲学体系可以从根本上击败当时以“理一分殊”为前提的无为政治论。因为他的经验论上的世界观推翻了“理一分殊”,提供了构成个体存在论的新的哲学逻辑,而他的修养论所需要的是任何人都无法完全实现并且永无止境的“慎独”修炼。不仅如此,丁若镛的修养论强调积极的实践意志,因而要求君主不断提高自身修养,从而积极持续地介入到自然世界和人伦世界的所有事务中。如此,丁若镛推出了不同于老论派推崇的朱子学观点的“有为政治论”,这一政治论可以总结为“正己而正物”。

丁若镛提出的“正物”概念的立意在于强调外物不会自觉地变端正,它必须经过君主积极的努力。这也是丁若镛之所以与正祖一样,在古代经典著作中唯独强调《尚书》的原因。对于正祖和丁若镛而言,尧舜的考绩制度很好地体现了一个积极有为的圣王之重任,可谓是理想政治的象征。此外,“圣王”这一概念就如其字面意思一样,意味着圣人君主。也就是说,尧舜通过“正己”的修养成为圣人,并通过“正物”的政治行为成为君主。以此看来,丁若镛在18年的流放生活里完成的以六经四书为代表的经学研究和以“一表二书”为代表的经世学著述分别可以概括为以“正己”为目标的修养论和以“正物”为目标的政治哲学。因此,丁若镛在其《自撰墓志铭》中写道:“六经四书以之修己,一表二书以之为天下国家。”就这样,丁若镛在丰富多样的思想历程中所构筑的独特的人性论和修养论必然指向了儒教的最终目的——政治理想的实现,而本书探讨了丁若镛如何通过为经典做注解的有限哲学方法论形成自己独有的哲学体系,又如何以此为基础而将之运用到现实政治当中这一问题。

补论：关于丁若镛的既往研究倾向及反省

一、序论

韩国过去许多关于丁若镛哲学的研究都持有以下特定观点。首先，以解放为分水岭的韩国社会的特殊情况成为重要的变数。自19世纪末至解放之前，韩国社会上存在着这样一种倾向，即把茶山丁若镛的哲学当成民族自由和近代发展的坚定理念基础之一。1836年茶山去世之后，他的著述只有几本手写本留存于世，直至1899年他的价值才得到了认可。1899年4月17日和18日的《皇城新闻》在评论中称丁若镛为“经济学大先生”，这一称号赋予了其思想以华丽的新生。历史学家们认为这一论述出自当时《皇城新闻》的主编，后来因“是日也放生大哭”而出名的张志渊（1864—1912）。[①] 张志渊从丁若镛的手写本中发现了可以把日趋衰弱的朝鲜武装成富国强兵的经济改革政策，他一直关注着丁若镛庞大著作体系中的经世学哲学思想。正因为如此，进入20世纪，茶山学研究的基本倾向首先侧重于他的经世学。

经过张志渊及其后日本占领时期的知识分子展开的朝鲜学运动，丁若镛成为将朝鲜的内在思维传统革新为近代思想的伟大人物之一。当然，对丁若镛哲学的这一评价在解放后也并没有很大的变化。丁若镛的近代实学学风要早于西方资本主义和人民革命，可谓是体现韩民族高瞻远瞩的优秀代表之一。因此，直到现在，对其哲学的评价都受到了现实要求和期望的强烈影响。

但是，至今为止仍有一个问题一直备受争议，即丁若镛哲学究竟是依靠何种动力来对传统社会的规范和生活方式进行批判和革新的。在这一问题上有以下两种具有代表性的解释。一是以宏观的民族内在发展论为立足点，认为丁若镛的思想是在传统儒学的自身发展中形成的；另一观点则认为丁若镛的哲学形成于占主导地位的西方世界观的强烈冲击下，是对朝鲜后期社会的传统及价值观的批判。

---

① 慎镛厦（2003）在《19世纪末张志渊对茶山丁若镛的探索》中指出，在1896年—1897年的独立协会会报和独立新闻等报纸中已经出现“实事求是”或是“实相学问”等用语，但只有张志渊保持着把“实学”看成“经济政治学”，把茶山的学问看成“经济学”的一贯立场。

但是前者并没有从师承关系或哲学延续性的层面解释清楚丁若镛在自己的批判哲学中吸收并运用了何种要素。虽然曾有一些研究论文探讨过它与退溪学风及星湖学的关联，或与白湖尹鑴及星湖以前的批判思想家之间的联系，如后文提到的李东焕（2005）、李光虎（1996）、刘权钟（2003）、韩亨祚（2001）等人的论文。但这些也仅是言及部分焦点问题，如琴章泰（2003）曾以"事天"和"事亲"的概念为中心解释了白湖尹鑴和茶山丁若镛间的关联性；安永翔曾通过比较利玛窦和茶山的观点来说明围绕人心道心说而展开的星湖学派和丁若镛的立场差异等，但它们都没有形成对整个茶山哲学体系的系统性评论。正是因为从传统儒学的自身发展这一内在发展论层面上评论茶山哲学的研究还十分有限，所以直至目前，认为丁若镛哲学上的创新源于外来的西学的观点一直占据着主导性的地位。在这样一种研究态势下，认为丁若镛全盘接受西学并强烈批判朱子学的脱朱子学研究倾向成为了主流观点。

当然，一部分研究者在之前就指出，不仅要关注茶山学和传统儒学，即古代儒学的关联性，更有必要注意它和朱子学的关联性——我将在下面的研究史整理部分详细介绍这方面的相关论述。无论是强调与朱子学的连续性还是非连续性，学界研究中都一直存在着将茶山学的出现阐述为儒学自我影响的倾向。其中，在茶山学与朱子学的连续性这一层面上展开的一系列研究最近开始备受关注。可以说这源自于将茶山的立场与退溪学，即朝鲜的朱子学传统相关联的尝试。为了对强调茶山学与西学之关联的主要研究方向进行补充，本书提到了丁若镛对朱子学的传承，但是这并不是为了把丁若镛思想还原到与传统一脉相承的位置上，而是将丁若镛哲学与西学、古代儒学及朱子学传统的关系有机地综合起来，以便更系统地理解丁若镛哲学的新思想和新体系。

在此需要补充的是，本书通过儒学的问题意识、与西学的关系、西学和儒学两者间的关联性这三个方面来对既往研究史进行客观的考察；而对于茶山学的研究倾向，则按照西学和朱子学这两个主题进行了有限地描述。虽然想尽可能多地介绍各位研究者的成果，但对其与阳明学、考证学及日本古学的关联性的研究成果却未能有所提及，且由于是以哲学的立场和原理为主进行叙述，因而在也未能提到构成茶山学研究核心的经世学方面的研究成果。

二、以儒学的问题意识为中心的研究

（一）对持"丁若镛与朱子学划清界限并成立新儒学"观点的研究

丁若镛被称为"实学的集大成者"，可以说，人们对他的关注也伴随着对实学的关注。韩国学界曾经针对实学进行过几次论战，而对茶山学的评价也每每随之发生着变化。

在这里有必要先了解一下韩国学界围绕着“何为实学”这一问题所展开的论战。“实学”这一用语是在性理学、实学及开化等韩国传统思想的内在发展论中出现的富有深意的术语。千宽宇宣传并强调了 1930 年朝鲜学流行时期崔南善将英正祖时代的“新学风”命名为“实学”的这一事实。在论文《磻溪柳馨远研究:实学思想体现的李朝社会之侧面》中,千宽宇把柳馨远描述为“新思潮兴起时代”的开创人,并且在 1970 年的《韩国实学思想史》中,他再次强调朝鲜后期的实学以具有指向性的民族意识为特征。而 1985 年韩亨祚在《李朝实学概念研究》中对此提出了反驳,他强调说,实学是丽末鲜初以来的一般名词,它指的是实心、实证以及修己治人的学风,很难用这一用语来指代朝鲜后期的思想。韩亨祚在 1985 年发表的《茶山思想的发展历程》中亦提出,实学指的是宋学以来修己治人的学问,而朝鲜时期的学风可以分为前期实学和后期实学,如果说前期实学是以朱子学为基石的话,那么后期实学就可说是脱朱子学的修己治人的学问,它是通过儒教伦理的恢复来构造社会制度的变通。他强调说,丁若镛是集这种脱朱子学的修己治人学风之大成的人物(韩亨祚等,1985)。而李佑成在《实学研究序说》中提出,实学派并非指李朝后期全国性的学风,而是由首尔和京畿地区游离于中央权力之外的士大夫发起的学派。它可分为以星湖李瀷为大宗的经世致用学派、以朴趾源为中心的利用厚生派以及以金正喜为主自成一家的实事求是学派。他主张只把 18 世纪后期的特定历史现象限定为实学,并把实学的涵义加以细分(李佑成,1982)。

可见,解放后直至二十世纪七八十年代,人们一直很关心实学这一问题,其理由众所皆知,是因为人们希望把朝鲜思想的发展论,即资本主义和侍美主义的近代发展认定为萌芽于朝鲜时代。但我们是否有必要以西方的资本主义和资产阶级革命为基准来评价传统思想的“近代性”呢?针对这个问题,有关实学,特别是有关“脱性理学”和“脱朱子学”的实学的近代性的争议一直存在。例如权纯哲在《再思“实学”——论其近代性的特征》中提出,朝鲜灭亡是因为性理学的陈腐及意识形态的封建。这一观点一直备受瞩目。以此为念,我们有必要对一直以来把“实学”定为“反朱子学”或“脱性理学”等观点进行探讨(权纯哲,2005)。

由于现有的研究把茶山学规定为实学,并把实学的性质定义为瓦解腐朽封建的朱子学世界观的学风,因而茶山学也就被评价为摆脱过时的朱子学的革新思想。因此,人们言及丁若镛的学问倾向时都会提及“脱朱子学”或“脱性理学”这两个带有反思意味的概念,而这两个概念也成了茶山学的标签。韩亨祚就曾提出,“实学”指的是贯通整个朝鲜时代的修己治人的学问。在此之后,对于实学意义及对应时期的争论一直存在。尤其到了 1990 年后,金容沃在《读气学说》中提及崔汉绮的思想时主张废除实学概念,这一举动更是加深了人们的质疑。金容沃提出,实学的时代精神并未体现历史的真实本质,它只是在事后登场的历史技术的虚构概念(金容沃,1990)。不仅如此,他还对那些认为实学是“反朱子学”“反封建”及“与时俱进”的既往学界观点进行了辛辣的批判。与此相关,历史学家韩映愚也再次强调有必要用发展的眼光对实学这一用语本身进行解析。他在2006年6月12日翰林国际大学的学术会议上发表话文表明了自己与韩佑劤、金荣沃相似的立场,并再次指出实学这一概念不应该用来限定性地指代朝鲜后期的思想。不仅如此,他还批判性地提出,朝鲜时代实施的是与封建制的形式完全不同的中央集权的政治形态,因而当时的社会更类似于西方以近代官僚制和私有财产制为中心构成的社会,所以认为朱子学的时代是过时的,而实学的时代是近代性的观点是不成立的。当然,把茶山学的性质归为“反朱子学”或是“脱朱子学”的既往研究方向在某种程度上也有所变化。李佑成就在《茶山学》创刊号中依然把茶山学定性为实学和脱朱子学,他说:“实学派的经学始于对朱子的怀疑和批判,最终发展到了完全脱朱子学的境地。我所指的正是从星湖到茶山的经学。”(李佑成,2001)而宋锡球则使用了“反朱子学”这一用语以说明茶山学的主要目的是对朱子学的批判,他主张茶山的“性嗜好”说具有“反性理学”的性质,认为茶山的哲学观点与性理学及朱子学相反。当然,他在论文中没有单纯地把茶山的立场界定在“反性理学”的局限中,而是论述了茶山的观点有着与传统儒学人性论不同的内在层面(宋锡球,1986)。而与此不同,在《丁茶山研究现状》中,韩佑劤提出,虽然朝鲜后期无法完全跳出儒教传统思想的范畴,但仍然兴起了意图远离朱子学一边倒的风气的“脱朱子学的学风”,并频繁地使用“脱朱子学”“脱性理学”等概念(韩佑劤,1985)。而在同一本书里尹丝淳的论文中,尹丝淳则试图把茶山学与朱子学及朝鲜后期实学联系起来,不过尹丝淳不仅明确了两者间的差异,还强烈地主张茶山学具有完全脱离朱子学性质的“脱朱子学立场”(韩佑劤等,1985)。近来,被频繁使用的概念当然是“脱朱子学”或是“脱性理学”。我认为这些概念强调了茶山学和朱子学的非延续性,因为使用这个概念的研究者尤其强调的一点就是丁若镛的哲学脱离了朱子学体系并树立了自己独有的观点。

所以无论是命名为“反朱子学”还是“脱朱子学”“脱性理学”,在至今为止的所有研究中,认为丁若镛严厉地批判了朱子学的世界观并建立了自己特有的哲学体系的观点一直是最具代表性的。

1960年,李乙浩在其探讨丁若镛经学整体体系的研究著作中把“茶山学”界定为洙泗学修己治人的学问。他提出:“茶山学将近世实学和孔子洙泗学贯通在一起并且融汇古今,因此不可能只以其中一面来理解茶山学的全貌。……丁若镛提供了全新的划时代的视角，并以此为基础将近世实学与孔子洙泗学融汇在了一起，因此我认为其是近世洙泗学派的创始人。”（李乙浩，1989）

李乙浩将丁若镛称为近世洙泗学的创始人，评价其“越过宋学与汉学，复原了孔孟的儒学精神”。这显然表明在他看来，丁若镛克服了以往朱子学不能真正体现孔孟儒学精神的缺点。在 1982 年重版的《韩国改新儒学史时论》中，李乙浩提出，正是丁若镛的经学修正了宋学，即程朱学，因而他才是儒学的集大成者。不仅如此，李乙浩还强调自己所提到的茶山洙泗学并不是对原始儒学的回归，而是面向未来的洙泗学，他在文中说道：“毋庸置疑，茶山学才是洙泗学的根源。然而作为改新儒学的茶山经学就是洙泗学吗？如果事实如此，那么茶山学不过是复古的原始儒学的别名罢了……茶山经学包含着洙泗学所没有的考证学，也包括了性理学所聚焦的心性论。”“茶山洙泗学的革新六位理念提炼了孔子的仁、孟子的五伦中治理百姓的理念，并将之移植入现代思想中。这不是单纯地尚古，它包蕴着近代化的为民、爱民的思想。就这点来说，茶山学可以说既具有复古性，又体现着未来指向性。”（李乙浩，2005）这是对学界存在的将茶山学看成纯粹复古的批判观点的回应。李乙浩将丁若镛称为近代洙泗学的创始人，这里包含着更深层的涵义。他认为丁若镛既继承了孔孟的原始儒学又体现了近代化的倾向，因而是超越了程朱学的新学风的创始人。

而李贽衡认同茶山学批判了朱子学这一观点，但他更为强调茶山学是由实学的创新性所产生的新儒学，而不是单纯的孔孟洙泗学，他说：“当时社会的权力者们明里打着朱子学的旗号，但暗里却是将之作为维持权利的道具。因而必须得依仗孔孟的权威来避开伪君子们的口诛笔伐。而由于原初的孔孟之学注重行动主义，因而丁若镛举起了洙泗学的旗帜……这成为了他实学的基础，而这种道学观与他的实学一起，成为了推动韩国近代化的内在进程的助力。”（李贽衡，1996）诚然，丁若镛是因为看重原始儒学的行动主义和实践性才注意到了孔孟的洙泗学，但对他来说，更重要的是凭借孔孟的权威来树立符合实学学风的新经学观。因而李贽衡认为，尽管丁若镛在批判别的学风时总把“这岂是古代洙泗学的原义”挂在嘴边，但这并不意味着回归原初儒学。他强调：“虽然茶山常说‘这岂是古代洙泗学的原义’，不过这并不意味着要回归到孔孟的原初儒学。他之所以高举着洙泗学的旗帜，是……为了否定中世的思辩哲学，茶山对当时的学问氛围进行了反思并极力推崇古代的洙泗学，这体现出了他的合理实证的学问态度。”（李贽衡，1996）在他看来，丁若镛对洙泗学的推崇只不过是为了批判过往的典籍注释，并宣扬自己创新进取的新思维。李贽衡明确指出，丁若镛的经学态度并不是洙泗学的复古，相反，它具有近代性的特点，他认为：“在中世性理学的规范体系中，丁若镛按照自己的思维重释了经典著作，这体现出的是他心系历史进程的'近代指向性'的思维。"(李赞衡,1996)想必是由于其主张丁若镛的世界观与朱子学的世界观完全不同,李赞衡在此强调的"近代性"一直为解读茶山学的研究者们所关注。

与前两位研究者相比,尹丝淳更加笃信原初儒学仅仅是丁若镛所打的旗号,事实上其真正的着力点是切实建立起"脱性理学性的实学"。他从脱性理学的角度出发解析了丁若镛的人类观,强调丁若镛的哲学立场挣脱了性理学的禁锢(尹丝淳,1985)。尹丝淳反对李乙浩的"茶山学带有洙泗学性质"的观点,主张丁若镛只不过把本源儒学视为手段,其后所隐藏的则是脱性理学的实际目的,他认为:"对本源儒学精神的依托仅仅是他(丁若镛)的实际倾向,即所谓'脱性理学的实际倾向'的一种手段,因而这不可能是彻底的复古。无论如何,这种努力最终使他摆脱了重视名分形式的性理学的思维,选择了注重实质、实用的实学(后期实学)。因而,他的哲学应放在'脱性理学的实学'的范畴中去把握。"(尹丝淳,1985)尹丝淳还认为:"丁若镛之所以标榜恢复原初儒学,是为了从中找到批判和否定性理学的依据。这也是因为他在接触被当时性理学者视为异端的天主教后,顾虑到程朱理学的权威与压力而使用的一种自我保护的手段……由此可见,他援用部分原初儒学,批判性理学而树立起来的理论更应被称为'他自己的儒学或实学'。"简而言之,即尹丝淳认为丁若镛在接触西方学术时不可避免地要面对程朱性理学的权威压力,而他殚精竭思地诠释原初儒学则是出于这一背景下的自我保护意识。尹丝淳还指出,尽管丁若镛利用孔孟的权威建立了批判性的体系,但是他在对性理学的克服上尚有不足之处:"茶山之所以提及既存的性理说,是为了消除它们的误解和论争,从而阻止性理学非生产性的蔓延。然而,尽管他志于突破性理学的樊篱,但他有时不得以而提及的性理说依然体现了其对清算未果的残存学说的关注。"他同时指出:"丁若镛虽然构建了灵活的伦理说,但刨根究底,以孝悌为德先的观点是他伦理思维的不足之处,甚至他还说'三纲五伦乃人伦,不得肆意变更',这更暴露了他的思想局限性……由此可见,'实学的局限性'是其无法完全断绝与性理学的关系的首要原因,也是被外界批判其与实学有连续性的把柄。"(尹丝淳,2005)尹丝淳认为,从理论层面上看,丁若镛并没有彻底达到脱性理学和脱朱子学的目的,这是茶山实学的缺陷,然而一些研究者因此而提出实学是朱子学的延续的主张,这是不合理的。他解释说:"有一点必须注意的是,在与朱熹之类的性理学家们的观点相比较时,这样的特征不管怎样都能得到认同……单就人类观的特征来说,若与实用或者马克思主义等现代的一定思想相比较,茶山的人类观所具有的这些特征非但不突出,反而极其不明显……茶山人类观的特征在与其意图超越的性理学的比较中凸显了其特殊的意义。而这一意义在于,相比于性理学的人类观,茶山所塑造的人类观要更具新意。”尽管相对于西方的马克思主义和实用主义，丁若镛的人类观和哲学思维与朱子学具有更紧密的关联，但是在与性理学的对比中可以看出，丁若镛的人类观具有“脱性理学”的性质。只有这样将丁若镛不同于性理学的观点展示出来，才能探索“实学”发展的可能性。尹丝淳告诉人们：“正是与自然一分为二的意识使得近代科学技术尤其是产业革命成为了可能，正是利己的欲望意识使得近代资本主义登上了历史舞台，而正是自由平等意识的宣扬使得近代市民社会与民主主义得以发展。考虑到这一点，茶山所构筑的人类观的特征与近代思想的基调是一脉相承的，茶山的人类观里闪耀着近代精神的光辉。它体现的是实学的一般性特征：一种近代性的指向。”（尹丝淳，1987）而金泳镐在《丁若镛的经学观》中积极地支持尹丝淳的观点，并主张：“丁若镛为经学做注释是为了找回真正的洙泗古学……想跳过性理学甚至是训诂学的时代，直接皈依洙泗之古。当然，但这并不是完全遵循孔子的立场，而是他构造自己的新世界的一种手段……当时的朝鲜社会甚至应该称为‘朱子学的朝鲜’而不是‘朝鲜的朱子学’，朱子学具有着任何人都不敢蔑视的神圣不可侵犯的权威……丁若镛以脱朱子学的态度在各个方面与朱子学进行了思想上的拉锯战。表面上似乎是在拥护朱子学，但实际上却是借助孔子的权威对朱子学进行批判，这可以说是茶山学的妙处之所在。”（金泳镐，2005）进一步说，通过丁若镛的实学，我们可以在韩国思想史上找到萌发于本土的近代精神。

但问题是，若像这样将茶山学归为实学，尤其是脱性理学实学，同时又将它的长处理解为具有近代指向性的近代意识的创立，那么与此相对应，朱子学必将会被贬斥为与茶山学的近代性相反的旧时代产物。尹丝淳对朱子学思辨主义的批判当然也是以这一前提为基础的。不过也由此衍生出了“朱子学究竟是不是自主形成的”这一问题。尽管并非有意为之，但这种“脱性理学的茶山实学的近代性”观点很容易将人引入这样一种思考，即韩国的自主近代化进程并非得益于与传统朱子学间的关系，而是来自于西学这一外来思想。其实，正是由于目前的研究未能在朝鲜儒学史中寻找到自主近代化出现的契机，所以这一怀疑一直持续至今。后文将会对这一问题进行进一步的论述和归纳。

另一方面，《茶山四书经学研究》的作者郑日均最近指出，茶山学的优点在于丁若镛的存在论、人类论、学问观等方方面面都取得了脱性理学性质的成果。他注意到在丁若镛之前“自 17 世纪中叶以来涌现了大批对传统性理学的世界观及其物质制度持批判态度的学者”（郑日均，2000），他们拒不接受“儒学即性理学”这一观念，并形成了提倡主体思维和自我认识的学风。郑一均认为他们的立场可称为“脱性理学的儒学”。他们之中，既有直接批判朱熹的经学态度及著述的尹镌、朴世堂及郑齐斗等，又有主张回归到程朱性理学之前的原始儒教并关注以古学、古礼、古制等为中心的经世学领域的柳馨远、李瀷等。正是有了这些思想基础,丁若镛的脱性理学思维才能逐渐成熟并得以完善。对此,郑日均指出:"丁若镛通过自己的四书经学展现了一个独特完整的世界观……它的形成建立在对当时现实的敏锐察觉与反应的基础之上,并从根本上解构和改造了程朱性理学世界观,可谓是一项浩大的工程。"(郑日均,2000)

1995年,张东佑在论文《实学对朱子学模式的反思及解构》中,同样将茶山实学形成的漫长过程阐述为对传统朱子学模式的批判、反思及解构的过程。他分析了实学的关注度及词义的变化,并认为一系列的实学潮流,即李瀷、洪大容、朴趾源和朴齐家等的"非朱子学的思维萌芽"一直延续到了丁若镛身上,从整体上看这是一个连续的发展过程。他在论文中提出:"文章的立意在于以现有的研究成果为基础,解读实学摆脱朱子学的模式的一系列的过程。实学萌芽始于星湖、湛轩、燕岩和楚亭在自然学和人类学上的非朱子学的思维,并且一直延续至茶山,是一个连续不间断的发展趋势。"他还强调,丁若镛并不是徒然宣言叛离基督教并高举回归原始儒学的大旗,而是以原始儒学为基础,构建了能够超越朱子学的全新模式。但是他同时又指出,丁若镛对朱子学模式的解构并不是对儒学本身的悖离,而是"儒学充满活力的自我发展过程"。"在经历了壬辰倭乱及丙子胡乱以后,单凭朱子学已经无法解决朝鲜社会所暴露出来的问题,而在这一过程中,儒学通过实学这一范式的建立重新焕发了自我发展的生机。若非如此,集实学之大成的茶山宣言脱离天主教并呼吁回归原始儒学的举动便只不过是一个乐天的复古主义者的哀怨之举。"(张东佑,1995)如此,将丁若镛的哲学立场理解为儒学内在的自我变化过程,这一点可说是将茶山学归为脱朱子学的多数研究者的共识。但是在这些将丁若镛视为"脱朱子学者"或"脱性理学者"的学者中,并不是所有人都因其批判性思维体系或实学的近代精神而将其推上神坛,也有人贬斥这种脱朱子学的倾向。韩慈卿在《儒教和天主教之间的茶山》这篇论文中指出:"茶山批判思辨的经学化和礼学化并推崇经世学,从这点来说茶山是'脱朱子学者',不仅如此,他还摒弃了性理学的人类观,从这点上来说,他是'脱性理学者'。与天主实义一样,他摒弃性理学的人类观的理由在于他已经站在了外来主义的立场来看待问题……因此,茶山弃性理学的内在主义人生观而投奔外在主义人生观,这不仅仅是对性理学的悖离,还是从根本上对儒学的悖离。"(韩慈卿,2005)韩慈卿评价说,像星湖李瀷门下的安鼎福、宣厚谭这样的攻西派尽管具有脱朱子学倾向,但依然还归属于性理学家和儒学家的范畴,而与此相反,信西派丁若镛则完全脱离了儒学的框架。韩慈卿甚至认为丁若镛放弃了通过自身修炼成为圣人的道路,接纳了天主实义中他律性的天主教思想,在对外在之神的称颂与敬畏中度过了自己的一生。对此他论述说:"'肩负重担的人们,都向我这来吧!我会为你们减轻负担!'这句话是天主教的口号。如果说儒教的天命是'成为圣人',即'成神',那么天主教的命令就是'不要想着成为神'……像这样,天主教的魅力就是减轻出现在人类心中的分裂的痛苦……茶山所描绘的世界同样将人类深层的内在心性加以外化。一切的德性以及善并非产生于人类内心,而是来自于外部、来自于神,人类只是通过行为来接近它。人类……自己所外化及勾勒出来的他人就成为了为自己减轻负担的救世主和慰劳者。"这不仅是对丁若镛的过度苛评,更有误读了丁若镛思想的嫌疑。

站在天主教立场的许多研究者将丁若镛的基本学问倾向判定为"反朱子学"或者"脱朱子学",并将原因归结为其与利玛窦的《天主实义》等西学书的接触,这一点是无可否认的事实。但即便如此,他们仍然承认丁若镛留存了部分儒学者的面貌。例如崔奭祐(1997)、金玉熙(1997)、金胜惠(2004)等曾指出,丁若镛在西学的影响下批判朱子学并接受了与利玛窦相似的世界观。但同时他们也在研究中记述了茶山维持传统的儒学价值观的一面。对于天主教立场的茶山研究倾向,后文将在与西学相关的部分中进行详细的论述。不过,如果像韩慈卿那样将丁若镛的思想完全归结为天主教教理,并将丁若镛看作是自我否定、自我忘却的存在,便会造成对丁若镛哲学体系的严重误解。然而这种研究观点能够反复登场是有其思想上的背景的,那便是这种大都把丁若镛哲学评价为"脱朱子学"或者"脱性理学"的现有研究风气。

前文曾提过,造成这一风气的原因在于研究者轻易地做出了判断,认为丁若镛之所以能比任何人都更强烈地批判朱子学,其动力并不是来自于传统社会,而是来源于外部的西学。因此,最近出现了将茶山丁若镛的哲学归为"脱朱子学"或者更为极端的"脱儒学"的研究观点。这并非起因于个别研究者的误读,而是由整个学术界中对茶山学及实学的宏观视角必然引发的问题。朴弘植在《茶山丁若镛》这一文章的序论中,对脱朱子学的实学的性质规定作了如下评述:"现在,在被称为实学思想家的所有思想家们身上都可以读到明显不同于朱子学世界的意识变化……究竟是何人实质性地确立了独立的全新思维体系,而他的思想体系体现的是何种性质,这一点成为了实学研究的重要主题。如果要找出符合以上论述的对象,那么茶山丁若镛就是最适合的人选。"(朴弘植等,2005)朴弘植注意到,一直到茶山出现,脱离朱子学的全新思维体系才得以登上历史舞台。同时他还致力于在茶山的思想中找到实学的创新性及独立性。他认为尽管茶山的哲学否定了朱子学的世界观,但却并没有脱离传统的儒学框架,因而他将丁若镛哲学定性为"朝鲜朝后期儒学的实学性转化"(朴弘植等,2005)。但是在笔者看来,这种认为茶山思想脱离了朱子学、对儒学的基本精神做出了符合时代潮流的改造的观点依然存在着需要补充的地方。因为茶山也在朱子学本身以及朝鲜朱子学的传统中摸索到了从对立、矛盾及继承的层面上确立全新思维的可能性。为了避免出现“茶山的新观点完全来自于西学”这一误解,有必要介绍一下茶山在与朱子学传统的积极较量中找到自己的立足点的过程。本书也未能在宏观上讨论实学这一概念的涵义,但却努力消除研究界对丁若镛哲学的偏见和误会,并一再强调茶山学和传统朱子学之间的连续性。

(二)关注与朝鲜朱子学(退溪学)的连续性研究

在上个世纪80年代针对茶山学性质的再次讨论中,研究丁若镛哲学的金相洪具强烈反对天主教阵营崔奭祐神父的立场的代表人物之一。他曾在一些著作和论文中强有力地论证了丁若镛并不是天主教徒,其思想也体现着典型儒学者的原有风貌。在题为《驳茶山的天主教信奉论》的一系列论文中,他指出,崔奭祐认为丁若镛表面上脱离天主教的行为只是屈服于权力的权宜之举,实质上他仍然是天主教徒,这一评价将丁若镛列入了具有两面性的伪善者队伍。他还批驳天主教研究者自以为是地将丁若镛撰写的上疏文和墓志铭判断为谎言的做法“是极其错误的”。他在论文中评价道:“《与犹堂全书》是一部集实学之大成的优秀著作。那些质疑书中内容的真实性,尤其是怀疑和误解可称为良心宣言书的《自撰墓志铭》,从利于己方的立场出发来对其进行解释的做法是不可取的。茶山绝没有过着‘外儒内天’的两重生活,他叛离天主教之后就一直维持着彻底的儒教者的姿态,这一点在《与犹堂全书》中体现得淋漓尽致。茶山绝不是天主教信徒。”(金相洪,1990)

金相洪致力于研究茶山的诗歌和《自撰墓志铭》等作品,为了证明丁若镛思想中深植着儒学精神的烙印,他再次分析了甚少有人研究的丁若镛的众多诗作,并很好地展现了丁若镛在流放長鬐和康津时所作的诗歌、收录在《自撰墓志铭》中的诗歌以及辞世前三天所做的诗文中体现的情思。同时他还为丁若镛竭尽全力地弥补年轻时的过错最终却仍未能消除世人的误会而感到惋惜。尽管金相洪所分析的对象是抒发个人情感的诗作,但他对丁若镛内心世界的剖析依然有着很强的说服力。他认为,丁若镛的诗篇既体现了他对正祖难以忘怀的眷慕之情,又表达了作为儒学者对于骨肉相连的父母和孩子的强烈的爱,更包含着没能好好钻研四书六经之训诫的深深悔恨。他还指出了不容忽视的一点:丁若镛希望自己能作为儒学者被后世所铭记(金相洪,2004)。而且他还从文献学和考证学的角度出发,通过各种具体的资料和年代记论证丁若镛并非《朝鲜福音传来史》的作者,并指出,所谓的丁若镛在流放地给北京主教写信、结束流放返回家乡后过着虔诚禁欲的教徒生活以及在去世前接受中国神父的终传圣事等都是没有根据的。这些内容再次被收录到金相洪的《茶山文学的再照明》(2004)的第二部《茶山与天主教的关系》中。不过严格说来,这并不是在强调丁若镛与朱子学儒学的关联性。

研究丁若镛哲学的金相洪所关注的是儒学传统的基本价值和情调。不过我还是将这一研究归入了探析与朱子学思维之关联的部分,因为金相洪对天主教立场的反驳成为批判那些仅从西学的影响层面来理解丁若镛哲学的片面观点的重要论据。

李东焕站从哲学角度关注了丁若镛的思维与朱子学传统间的关联性。当然这并不意味着他认为丁若镛与朱子本人的思想有着直接的关联。在经过退溪李滉及之后的星湖学派等传播后,朱子学的思维倾向和丁若镛思想具备了能建立起联系的平台。因此,李东焕部分地接受了丁若镛诠释经典是为了摆脱朱子学式的注释这一观点,他提出"此时丁若镛已经摆脱朱子学的经典注释,重返到了洙泗古经的世界并抓住了自己的治经方向"。但是他认为,丁若镛之所以能够对朱子学进行批判,并不是由于受到了《天主实义》之类的西学书的影响,而是来自于宋代以后传承以及推崇《心经》的学派的影响。他解释道,《心经》的编纂者真德秀每天凌晨都燃香静坐,将这本书朗读十多遍,而退溪李滉以后,儒学者们将《心经》奉为神明并尊之如严父,这种宗教性的虔敬态度是形成丁若镛所处时期的"走鱼寺讲学会"的道学氛围的主要原因(李东焕,2005)。应该说李东焕的这种说明很恰当,但是他并没有从连续性的层面来理解丁若镛的经典注释态度与朱子本人的关系。李东焕认为"茶山试图原封不动地展现先秦古经的世界中所包含的事实和思想。他没有表现出任何将某种与经典本身无关的理念和视角融贯于经典注释之中的迹象。茶山认为汉代以来的谶纬说和宋学的思辨观念层层掩盖和歪曲了先秦古经的世界,终其一身他都在层层揭开这些面纱,以展现先秦古经的原貌。"(李东焕,2005)在此,他明确强调丁若镛的学问旨在提高古代儒学的价值,又指出此处的古代儒学指的并非思辨的朱子学儒学。但是既然强调丁若镛继承了退溪学派的宗教性,而退溪本人又将朱子奉为最高学者,那么,朱子与丁若镛之间具有着连贯性这一命题便有了讨论的余地。而韩亨祚认为退溪学派主理论的性理学绝对者观给丁若镛的上帝观带来了相当大的影响,这点在后文中也会进行详细的论述。在他看来,朱子学中的"理"并不是死气沉沉的物质,而是具有着力量、能力和智慧的存在,他的这一观念为从神学角度来理解朱子学中"理"的概念提供了可能。由此韩亨祚提出,正如与西学的关系一样,丁若镛与朱子学之间也同时存在着连续和非连续的两个层面。因此,尽管所持的上帝观不同,但阐明朱子、退溪直至茶山在思维上的连续性的研究是很有意义的(韩亨祚,2001)。

在这一点上,李光虎也持有着类似的看法。他首先以"上帝之监督"和"心之灵明"这两个主题解释了退溪李滉和丁若镛哲学的关联性。李光虎认为,茶山的经学是在天命和道心的基础上展开的。尽管在儒学中,天命的概念在孔孟之后便已经具有十分重要的地位,但是有一点两人保持了高度一致,即对其意义做出哲学上的深入反省和整理则是从退溪李滉开始的。虽然茶山与退溪对天的存在论意义持有完全不同的看法,但是有一点两人保持了高度一致,即他们都把天视为至高的终极存在,并主张天命内在于人的心性之中。李光虎指出,把理这一绝对真理称为天的传统并不是从退溪时候开始的,而是自朱熹以来的性理学家们的共识。尽管对于天的具体看法随着时代不同而改变,但是自孔子之后的性理学都普遍习惯于将天理解为万物存在的终极原理(李光虎,1996)。李光虎认为,基于这样的立场,丁若镛在《五学论》中承认性理学是"知道认己以自勉其所以践形之义也",同时称颂"朱子有中兴儒学的丰盛功绩和伟大成就"(李光虎,1996)。在此基础上,李光虎还提出:"茶山开始将圣灵和道心视为相同的概念并开始支持退溪的见解,他从退溪开始追溯至朱子,将朱子的天理说奉为至理名言……丁若镛在此立场上更进一步,将朱子推崇为中兴儒学的始祖,其原因在于朱子对人心和道心加以区分,并将遵循道心的生活奠定为君子的生活。……茶山对圣灵和道心等同视之,这是在脱离退溪之后的重返,是摆脱朱子整体理论体系后的再次回归。"(李光虎,2003)通过这样的研究观点可以发现,丁若镛不仅与退溪李滉存在关联性,而且与朱子同样存在连续性。

而强调丁若镛礼学重要性的刘权钟将李滉和丁若镛的心性论进行了比较。他认为两者之间尽管存在着概念上的差异,但如果从实践的目的来看,它们所追求的其实是相同的境界。在这样的问题意识下,他再次将目光聚焦到了朝鲜后期实学和性理学间的关系问题上(刘权钟,2003)。他从朝鲜时代儒学"自我构筑的历史"的层面再次强调退溪和茶山的儒学具有相似的性质:"虽然退溪和茶山之间存在着一定程度的差异,但是他们都继承孔孟等先秦时代的儒学名家们的立场却是一致的。而且他们对于朱子的崇尚虽有差异,但大体上却没什么区别……因此他们的学问都继承了自孔子一直流传至朱子学或退溪学的传统,同时又都追寻着他们各自的儒学。"他指出,丁若镛通过对实践性儒学的整理和确立继承了退溪的精神,因为二者在经学方法上都特别重视《心经》,并且都觉悟到经学的实践源自于内心的主宰(刘权钟,2003)。从这里可以看出,刘权钟与前面所提到的李光虎持有相同的观点。

刘权钟(2003)还讨论了丁若镛的控制身体欲望并强调伦理实践的思想与退溪的居敬、持敬修炼及礼学修炼的紧密关联,他认为"茶山的观点和理论虽与性理学截然不同,但是茶山批判性理学是否针对退溪,这点值得怀疑。首先茶山所指出的问题是宋儒的注释中出现了佛教修养论的要素,这很难理解为是对上面所提及的退溪的真知与实践、致知与力行的批判……因此很难说茶山的批判是对退溪和栗谷这样的儒生们的学问进行的直接讨伐。”也就是说，丁若镛批判性理学的矛头对准的既不是退溪也不是朱子，而是一般俗儒。

在此基础上，刘权钟更进一步提出，这并不是认为朝鲜朝儒学的形成和发展由外部因素决定，而是将其看成了朝鲜时代人们自我构建的过程。作为自我构建的结果及持续运作的原理，朝鲜儒学是一个饱经岁月洗礼却依然未失去生命力的庞大体系……而朝鲜朝儒学的代表人物退溪和茶山则是为朝鲜朝儒学的自建体系赋予了长久生命力的韩国儒教的领军人物，其重要性可想而知。刘权钟在《茶山人类观的再照明》中也提出了如下主张：“茶山的人类观所追求的是儒教理想的实现而不是近代性，其用意在于重建以王政体系为基础、以道德性为依据的人伦共同体，并且认为社会构成上的传统身份之别及在此基础上的本分、职责之别是合理的，这可以说是其特征之所在。”（刘权钟，2003）由此可见，刘权钟强调应把后期实学家丁若镛的成就理解为“儒学的成就”而非“近代的成就”，同时应强调其“对传统的发展性继承”而非“对西学的吸收”。

需要补充的是，跟李光虎一样，刘权钟也强调退溪李滉与丁若镛哲学之间的延续性而不注重它们的差异，相比之下，张胜九更加关注两者之间的差异。

张胜九在《丁若镛与实践哲学：茶山哲学的近代性探究》一书中对退溪和丁若镛之间的立场差异作了如下强调：“总之，退溪提倡人们将自己托付在与绝对存在的内在关系中，去追寻绝对存在的光与呼唤，他所重视的是这种开始性的真理；而茶山则提倡在与外在对象的关系中客观地认识并有效地支配对象，他所坚持的是有助于迎接环境挑战并有效地经营生活，能在对未来行动计划中发挥工具性作用的真理，即掌握性的真理……退溪从向内的形而上学的角度总结了人类的本质，而茶山则发现了人类是社会性的存在……人的类型之间的对立，在退溪与茶山的人类观上表现得淋漓尽致。”（张胜九，2001）

同时，张胜九在同一部著作中也关注了丁若镛哲学的近代性，但他的思想也如尹丝淳一样，出现了将丁若镛以前哲学都视为过时思想的苗头，因此有必要再次界定过时性和近代性的范畴：“将茶山的哲学思想与西方的近代思想进行比较就会发现，两者在很多方面有着本质的相似性……这样的思想之间维持着内在的连贯性并形成了一个体系。在此我们可以证实茶山的哲学思想具有近代性的萌芽。综合考虑这些事实，我们可以认为实学思想最起码在茶山时已经形成了近代性的基础。”（张胜九，2001）

研究丁若镛与退溪李滉的朱子学，或者研究二者与朱子学本身之间的连接点，都是很有意义的。金致完也在《从朱子学传统看茶山的人类观研究》中试图从对朱子学的批判性继承的角度强调茶山学的性质。现有的研究大致都是从反朱子学或脱性理学的立场入手，而这篇论文则从与传统朱子学的连续性层面分析茶山的观点,从这点上来说这是很有意义的文章。金致完认为茶山的经学在朝鲜朝的人性辩论背景下形成,其出发点在于察觉到了朱子学的人类观点的局限。但正是由于这些因素的存在,因而即便有摆脱朱子学的时代、思想上的需求,茶山却仍然不得不接受了朱子学的人类学要素。他还认为特别是在修养论部分可以看出茶山原封不动地沿用了朱子学的基本构造和框架(金致完,2005)。尽管在部分细节论述中,金致完对茶山和朱子及朝鲜朱子学之间的连续性层面的分析存在商榷之处,但是他所提的茶山哲学心性论中的几点特征与朱子学,特别是朱子本人的立场具有连续性的观点,却是较为客观公正的。尽管尹丝淳批判这种将丁若镛实学与朱子学联系起来的研究源自于对未成熟状态下的实学的误会,但是如果完全排斥与朱子学传统的连续性,那么前文中的研究者所强调的"内在的近代性"便失去了有力的理论支撑。朝鲜后期儒学的近代性并非来自于对朱子学清一色的批判,它产生于对朱子学肯定性的继承和批判的过程。本书想指出丁若镛为在批判朱子学的同时继承朱子学而做出了怎样的努力,但这并不是要再次强调儒学对于西学的排斥作用。最理想的方法应该是,阐明在丁若镛的哲学中儒学的传统观点是如何与西学等观点有机地结合在一起的。

三、强调与西学的关联性的研究

(一)站在肯定的立场看待西学的影响

之前天主教阵营的崔奭祐曾在几篇论文中试图论证丁若镛是天主教信徒,且其思想直接受到了西学影响(崔奭祐,1997)。根据崔奭祐的观点,丁若镛曾经因为屈服于政治上的镇压而一时叛教,但他在50岁被释放回乡之后就忏悔过去的叛教行为并过着笃实的信仰生活,这就是他的外背内信论或是外儒内耶论。崔奭祐列举了以下事实证明丁若镛的哲学完全构筑在西学的基础上:丁若镛的哲学明确承认上帝并不是作为理法和原理的天,而是创造及主宰的唯一者——天主;在众多被造物中,唯有人类能得到上帝赋予的灵明性;修养的终极境界并不是天人合一或万物一体,而是虔诚地崇拜和敬畏上帝。如此,他认为不仅丁若镛的哲学具有天主教性质,丁若镛本身也是彻底的天主教徒。这些主张都是以黄嗣永帛书和达弗吕、达莱神父等的著作为依据提出来的。事实上,人们对丁若镛的天主教教徒面目持怀疑态度,因为除了教会文献之外,在丁若镛本人的著述中没有反映出这一信息。崔奭祐批判了这一态度,他认为不能因为没有直观的证据就判断丁若镛不是天主教徒。"人们认为丁若镛不是天主教徒,并反对其受到了天主教思想影响的理由之一,是因为在他的著作中并没有体现出这类信息。应该说这是由于人们没有考虑到丁若镛著作中的内在批判,而仅仅按照字面上的意思进行理解……仅凭他党派和宗教互不相同这一点，他的著述就必须成为内在批判的对象。”（崔奭祐，1997）其实，如果丁若镛怀有真正的信念和意志的话，那么他的天主教观点一定会在自己的思想著作中有所体现。

崔奭祐详细叙述了丁若镛曾经因为政治原因而不得不做出几次假证的事实，并主张研究者应以推断丁若镛的难言之隐为己任。他所提倡的是名为“沉默的论证”的历史解释理论……我们就不能仅仅解读字面意思，而是要找出其字里行间所隐含的深意。”（崔奭祐，1997）也就是说，崔奭祐认为即便没有丁若镛的亲笔文献作为可靠依据，研究者依然可以通过“沉默的论证”来了解文献中隐藏的事实或暗示的内容。

同时，崔奭祐在《丁若镛与天主教的关系》中研究了很多的教会文献，主张丁若镛年轻时提交上疏文宣布判教、年老后亲笔撰写墓志铭哀叹自己仍然被误会为天主教徒等都是不得已而为之的假证。他还认为，尽管在上疏文和《自撰墓志铭》中可以明显看出丁若镛的判教主张，但研究者应该识破这是在不得已的情况下所说的谎言（崔奭祐，1983）。诚然，推敲自己所研究的思想家的真正意图是研究者们的重要任务之一，但如果离开了思想家的亲笔著作和文章，我们又该从何推断其真正的意图？考虑到这些方面，崔奭祐的主张带有很大的偏见。在下文中我将对此进行详述。

崔奭祐的这些主张在金玉熙的著作中也有所体现。金玉熙在重点考察了丁若镛的《与犹堂全书》，尤其是其中关于司祭的言论后，作出了如下评述：“丁若镛明确表明人类的心是侍奉天主的圣殿，是天主内在于人心的家，是他随时降临并照耀着的地方。”（金玉熙，1991）金玉熙这一描述主要依据的是丁若镛在注释《中庸》时所提及的关于上帝面貌的内容。丁若镛频繁使用“上帝常降临于我们身边”的表达，还主张人们可以从内在的道心命令来感知上帝的降临。他还提出，由于上帝和人类拥有同样的神明或者灵明，因此互相之间可以感知和沟通。但事实上，丁若镛的这些论述同样可以作为强调上帝的内在性的依据，也就是说，他所强调的并非是具有超越性意义的上帝，而是通过良心而内在化的神的命令。因此这并不能像金玉熙所说的那样，成为证明丁若镛邂逅了天主这样具有超越意义的、绝对的人格化神的必要充分根据。

一方面，对于丁若镛表明完成自己经学著述之抱负的重要著作《心经密验》，金玉熙作出了如下评价：“《心经密验》中出现的丁若镛的心性论，并不像迄今为止大部分人所认为的那样，是为了构筑学问理论体系而对人性论和性嗜好说等做出阐明。至少丁若镛晚年所沉淀下来的心性论，用当今的语言来表达的话，应该是他对于人类内心世界或者精神世界更高层次的价值观的追求。”（金玉熙，1997）

丁若镛致力于通过《心经密验》明确阐释自己对儒家经典的哲学立场,而金玉熙的这种观点则忽视了丁若镛对传统儒学心学基础所持的立场。尤其是以《孟子》等经典著作为依据提出的性嗜好说对于丁若镛来说具有着重要意义,但金玉熙的观点忽略了这一重点。因此,不应该将丁若镛的著作全部理解为体验天主教所言意义上的灵性的空间。

另一方面,宋荣培"通过对丁若镛的经典注释本的研读发现了一个具有冲击性的新事实。那就是《天主实义》等著作中出现的西方亚里士多德式的,以及对其进行继承的托马斯式的思维模式原封不动地组成了茶山哲学的核心构图"。他指出,现有的一部分研究将丁若镛与退溪李滉联系了起来,或认为其对儒教的古文经典著作进行了创造性的再解释(作为例证宋荣培提到了李东焕、柳初夏等人),但事实上对丁若镛来说,这些来自于儒学的影响反而是次要的。宋荣培从三个方面有条理地整理了利玛窦和丁若镛思想之间的结构相似性,而他之所以如此坚决地强调西学的影响,是因为丁若镛的思维体系中原封不动地体现出了利玛窦的《天主实义》中的如下观点:无形精神和有形物质的二分法;人类这一理性存在的独特地位;太极或者理只不过是属性,只有理性精神体上帝(天主)才是唯一的绝对者;等等(宋荣培,2004)。

他认为丁若镛批判现有的人物性同异论,否定万物一体说,否定性理学的气质之性与本然之性的区分,强调自由意志的选择能力、强调上帝的主宰性和唯一性,并将性理学者的"理"贬斥为单纯的依赖者,即寓于实体中的附带属性等主张,都是受西学影响的产物。宋荣培提出:"正如到现在为止我们努力证明的,《天主实义》和茶山哲学思想之间存在哲学思维结构的相同性。但是我认为很难从中得出这两种哲学所蕴含的哲学精神(目的)也相同的言之过早的结论……总之,尽管茶山从《天主实义》中借用了西方哲学重要概念的框架,但是他仍然坚持志于在现世中完善自我人格的儒教者的精神姿态。因此,我认为茶山哲学的关键意义在于废除性理学的天人合一论,并且积极实现(恢复)孔孟等先秦儒学中的经世论,也就是人道。"因为《天主实义》的主要目的仍然在于现世道德上的自我完善或者社会伦理的实践。出于在这两个层面的协调,即西方的哲学构造和东方的哲学精神或目的的结合,宋荣培高度评价了丁若镛在哲学上的成就,认为其积极采纳了17世纪以来通过西方传教士传入东亚的西方思想,并创造性地完成了东西哲学融合这一伟大的、开拓性的作业(宋荣培,2004)。

但是这一观点仍然存在着问题,因为哲学结构和哲学目的是密不可分的要素。例如朱子抨击当时的佛教并构建儒学新体系时,其哲学体系的"结构"和"目的"统一于构建可超越佛教的新儒学这一点上。不过丁若镛对此进行了批判。他指出,尽管朱子哲学的"目的"或者"意图"在于从佛教中真正脱离出来,但其哲学"结构"反而大量借鉴了佛教的形而上学体系。因此,尽管朱子的"目的"不在于此,然而他的哲学"结构"却不可避免地具有着与佛教相似的色彩,这正是丁若镛强烈声讨之处。同样,如果评价丁若镛哲学的"目的"是具有儒教性质的现世人格之完善,而其哲学"结构"却几乎与利玛窦的哲学结构相同,那么丁若镛也将反噬自己过去对朱子所做出的批判。因此,如果想说明丁若镛哲学的"精神"或"目的"不同于利玛窦,那么也应该同时证明丁若镛哲学"结构"的某些层面已经体现出了与《天主实义》的相异之处。例如,虽然利玛窦完全否定朱子学,但是丁若镛作为儒学者却积极吸收了朱子学的某些观点。上述这一点就可以成为例证之一。

虽然大多数情况下丁若镛的成就被认为是东西思想的创造性融合,不过其哲学结构的核心框架也被轻易地判断为是原封不动地接纳了《天主实义》观点的结果。但是如果想要让"东西思想的对等性融合"这一表达具备实际意义,就应该证明在哲学结构上丁若镛的主张也已具备与利玛窦不同的层面。如果一方面主张丁若镛在以上帝论为中心的世界观、心性论、自由意志等层面上都受到了《天主实义》等西学书的强烈影响,另一方面又仅在结论上评价丁若镛的思想是东西碰撞的产物,那么最终这只能成为言之无物的评价。

最近郑仁宰在《西学与丁茶山的"性嗜好说"》这篇论文中高度赞扬了丁若镛的哲学。他认为丁若镛的哲学并不仅仅是单纯的实学荟萃,更是革新东亚儒学的伟大成就。这是因为"茶山接纳了西学并使之符合韩国文化,还通过否定性理学重新创造了新儒学,为人们提供了一个新的思考模式。他是一个伟大的哲学家"。郑仁宰再次强调丁若镛独特的性嗜好说既非其原创也非沿袭自传统,而是来源于传教士们的西学书。同时他还补充道:"通过丁若镛,我们在不知不觉间了解到了被称为西方古代中世纪哲学之花的亚里士多德和托马斯·阿奎纳的哲学。对西方哲学的吸收和对性理学的批判并不一定代表着对东方精神潮流的否定。"(郑仁宰,2005)正如郑仁宰的评价,孔子以来的儒学在不断地对其他思想进行重新诠释、对自我进行否定的过程中也能得到长足的发展。如果提到"儒学的基本性质或所谓的儒学到底是指什么"这一问题,那么针对这一点而展开的讨论将会变得十分有意义。

但是本书针对的并不是对丁若镛哲学宏观的、后续的意义的评价问题,而是关于丁若镛哲学具体内容的阐明的问题,如果一方面主张丁若镛哲学的核心主题性嗜好说、人心道心说等与心性论相关的论议全部源自于西学观点,另一方面又只从结果上来评价以这些新观点批判性理学的丁若镛哲学具有独创性和伟大性,那么,这种说法未免过于牵强。丁若镛哲学之所以伟大,如郑仁宰所说其对于西学的"创意性地吸收和再解释"之所以能够实现,是因为丁若镛已经具有用西学的观点也不能还原的其所特有的立足点。

因此,如果想要使对西学的“创意地吸收和再解释”这种说法具备实质性意义,就必须说明丁若镛的性嗜好说在哪些方面不同于《天主实义》或者《灵言蠡勺》等著作,而他的人心道心说又在哪些方面不同于西学观点。本书也叙述了丁若镛的人性论的立场与表现出鲜明的主知主义传统的利玛窦不同,关于这一点已经有不少哲学家作出了解释。其中张福东在《丁若镛道德哲学中恶的问题》中明确提出丁若镛的伦理学是“反主知主义的伦理学”(张福东,2004)。他解释说丁若镛的伦理学不同于西学,它归属于反主知主义的传统。此外他还在学位论文《茶山伦理思想的人类学特征》中指出,茶山认为孟子将本性理解为嗜好的立场是合理的,并评价茶山将源于“性善”的人类先天道德指向和衍生于“仁善”的行为自律选择很好地结合在了一起(张福东,2001)。将“仁善”与“性善”相对立,是论文作者张福东为了指代人类的自律性选择和决断能力——“权衡”而提出的。这是因为由于受到西学的影响,茶山强调作为自由意志的权衡能力和通过人类的具体努力而实现的善,但同时他也在与儒学传统的关系中突出了先天的道德需求。张福东的这些观点不仅很好地表现出了茶山人性论中所具有的“孟子”的要素,即先天的道德需求,并且也有助于对东西方哲学的影响进行平等的论述。

如果在指出嗜好的涵义、人性的涵义等都与西学书中的观点一致后,又提出丁若镛在西学观点的基础上否定了传统性理学,重振了原始儒学的精神,那么就说明丁若镛所做的绝不仅是创造性的再解释,而且包含了单方面的接纳。

正因为如此,本书将宋荣培和郑仁宰等人的研究观点归纳到了以西学为中心进行研究的领域。在谈及丁若镛的基本哲学主题,即存在论、心性论、修养论等时,必须指出他的观点是受到了西学的影响,并且也必须进一步承认丁若镛的哲学结构部分吸纳了西学的观点。但是丁若镛绝不是耶稣会的传教者,也不是彻底的信徒。

基于此,怎能说与我们处于不同时空的思想家丁若镛完全没有不同于西学的哲学结构和理论呢?很明显,丁若镛的哲学结构中原本就潜藏着无法归结到西学观点上的独特平台。只有清楚地认识到这一点,才有底气称丁若镛哲学为东西思想的伟大结合。因此本书关注于丁若镛哲学与朱子学之间的关联性,并且还想摘掉丁若镛头上的“反朱子学者”或“脱朱子学者”的帽子——哪怕这仅仅是笔者一厢情愿之举。丁若镛一方面攻击朱子学,另一方面却又位于无法完全归入西学阵营的某个界限点。而这个界限点上,既存在着原始儒学的观点,也混合着朱子学的观点。如果如今的研究者们能够还原丁若镛的这些苦恼和当时的复杂条件,那么丁若镛独特的哲学立场和地位也将会体现得更加明显。

（二）站在否定的立场看待西学的影响

在偏重于丁若镛哲学和西学的密切关联的研究中，本书要讨论的第二个观点就是，西学的影响降低了丁若镛的学问水平。如李相翊就对丁若镛受到西学影响这一事实给予了负面评价，认为丁若镛的“伦理思想大纲以天主教为根据”（李相翊，2003）。

李相翊站在朱子学心性论的立场上对丁若镛提出的质疑，事实上具有典型意义，并且它很好地代表了否定丁若镛哲学受西方影响的研究者的观点。

尽管在承认《天主实义》的绝对影响这一点上，李相翊和崔奭祐等天主教的研究者有着同样的立场，但是在批判丁若镛的心性论和伦理学反而沦落到了低于朱子学水平的状态这一点上，他的观点则体现出了与其他天主教研究者的差异。他反对丁若镛的伦理观，并从朱子学的性理学立场出发提出了反问：人类的善究竟是受上帝命令所支配还是受理（太极）所支配？行善的原因究竟是出于对上帝的畏惧还是源于人类本身的真实性？善行的动机究竟是上帝的补偿还是人类自身的尊严性？推动善行的究竟是信仰还是修养？（李相翊，2003）这些问题表明，李相翊将丁若镛的伦理学看作是受外在之神约束的他律性伦理。他在论文《丁若镛社会思想的新基础》中就曾以“近代性”的基准肯定了丁若镛的社会哲学思想，但是对于丁若镛的伦理立场他仍然持否定态度：“丁若镛将昭事上帝理解为洙泗学的核心，并在此基础上将对绝对者的信仰设定为道德行为的基础。只能说这一立场已然与洙泗学背道而驰。”“丁若镛的自由意志论的问题在于没有体现出人类道德行为的积极动机，尤其他还认为人类的利己之心是自然且必然的。因此他引入了依据死后审判而得到补偿的观念，以体现道德行为的动机。”（李相翊，1996）这也是持否定观点看待丁若镛和《天主实义》间影响关系的研究者的共识。丁若镛忽视人类自律性的内在修养和成为儒家圣人的可能性，在西学的影响下引入了畏惧和崇拜的对象——具有超越意义的神，这反而将人类看成了不能依靠自身修炼成神的被动的存在。关于这个问题，我认为有必要关注一下吴文焕 2002 年在《对茶山丁若镛的近代性批判：以人类观分析为中心》中体现出的观点——当然吴文焕所讨论的并不是西学和儒学派之间的矛盾与融合，而是以近代自律性的个人形象为基准批判性地分析了茶山的人类观。他指出，在西方近代的康德哲学中，道德自律性及定言命令都是彻底根植于个体性的基础之上的，而与此相反，丁若镛的道德自律性则受到了令人畏惧的主宰者——天的强制，或者是挣扎于物质欲望（人心）之间，具有着一种消极的意义。他也认为“在茶山哲学中，自律的人类是出于对绝对的主宰之神的恐惧而身不由己地选择了道德，因而具有着被动型”。吴文焕的观点在某些方面与李相翊具有着相似性，他们都对茶山的道德立场做出了否定性的描述，不过我认为这种观点还有待商榷。另一方面,吴文焕提出,茶山曾言只要人们进行思考,即进行省察便是追随大体,而这与性理学的口号又有何实质上的区别?对于这一反问,我认为我们有必要进行深入的思考。此外,他在论述茶山的道德论局限的同时还指出,茶山未能构筑以民为中心的彻底自律的政治哲学,这一点也值得斟酌。

在朱子学的心性论中,人们依靠自身的真实性和尊严性可以成为坚毅的有德之士;然而在丁若镛的理论中,一旦脱离了对令人心生畏惧的超越者——上帝的服从及上帝所施予的福善祸淫的代价,人类便不可能成为有德之士。对于这一点,李相翊指出丁若镛的伦理立场带有如下严重问题。"丁若镛将人类视为具有极大堕落可能性的存在,他根本不相信人类的自我真实性,甚至也不相信君子的自我真实性……丁若镛所主张的是如果没有君主或者上帝的处罚,任何人都会犯下罪行……丁若镛伦理思想的重大问题点就在这里。"(李相翊,2003)本书第一部分第二章"对《天主实义》的接受"部分提到了许多研究者对丁若镛上帝观的观点。其中郑纯祐在最近的论文《茶山的"天"与"上帝"》中提出,与西方作为创造主的人格化的神相比,茶山的上帝反而更接近原始儒家的上帝,且比起创造的权能,其在道德、伦理的角度上发挥的作用更加明显(郑纯祐,2006)。也就是说,尽管茶山的上帝具有超越的人格神的面貌,但是很明显,他的上帝实际上是为了实现道德的善而设定出来的。张胜九也在《丁茶山的改革历史观》中指出,丁若镛用"上帝"的概念来代替了性理学中"理"的概念,可以说带有复古的、宗教的、神秘主义的性质,但事实上,茶山的"上帝"与其说具有宗教的性质,还不如说它是为了保证世界的正义和合理性而被设定出来的存在(张胜九,1996)。在最近的《东西思想的碰撞与丁若镛的人类观》这篇论文中,张胜九又强调茶山的上帝明显带有通过道心而体现的内在的性质。上帝不是带来启示和奇迹的神秘的神,而只是具有像良心的声音这样的合理的、道德的特性,这一看法与其以往的观点保持了一致(张胜九,2006)。这些研究者指出丁若镛接纳了上帝是创造万物的人格绝对者的观点,但是在关系到人类的道德实践问题时,丁若镛所提到的上帝可以充分解释为"自发的人类本性的欲望(性嗜好)"和"道心的命令"。因此,若只是从他律的道德或追求报偿的利己行为这一层面理解丁若镛的伦理学,就会很容易曲解丁若镛的立场。另一方面,耶稣会神父利玛窦贬低天赋之善是动物也能拥有之物,而恻隐之心是动物也能感受之情。与此相反,丁若镛不仅特别强调孟子的恻隐之心,还自始至终地坚持人类所行的一点一滴之善都完全来自于上天所赋予的善良之性。因此,像李相翊一样,那些认为丁若镛只强调有意从恶的可能性——也就是自主权——而忽略了性之本善的观点是不正确的。此外,李相翊对福善祸淫的批判实际上也是从表面上理解丁若镛的措辞的结果(李相翊,1996)。前文已经充分解释过,丁若镛所强调的福祸状态也可以从没有上帝介入的个人角度来进行说明。如果遵从天赋之性和道心之命去行善，就可以达到心广体胖、睟面盎背的状态，最终形成浩然之气并享受天地日月以及万物之德；相反，如果行恶，则会像禽兽一样憔悴地衰弱，最终凄然地独自结束生命。这就是丁若镛心目中福善祸淫的最终状态。丁若镛多次强调这种状态只不过是修养者本人引发的问题，在他那里几乎找不到任何关于人格化的上帝如天降霹雳般直接给人类降下灾难的只言片语。

而且丁若镛认为，除了好善恶恶的本性之外还存在着不可避免的生死祸福荣辱的命运，这一观点反而体现出了传统儒家们的天命观，即"尽人事待天命"的毅然姿态。"命，天之所以赋于人者，性之好德是命也，死生祸福荣辱亦有命。不知命则不能乐善而安位，故无以为君子"；"祸福之理，古人疑之久矣。忠孝者未必免祸，淫逸者未必薄福，然为善是受福之道，君子强为善而已"。从以上两段引文就能看出，丁若镛认为，对于人类来说祸福是命中注定的事情，而不是作为人类某一行为的必然结果由上帝给出的赏罚。就如君子在某一瞬间也会埋怨和怀疑一样，祸福的出现具有很大的偶然性，但是茶山体现出了即便如此也要尽最大努力去行善的决心。崔基福在《茶山的生死拯救观》中详细说明了丁若镛对命所持的以上态度。他认为与西方基督教的他力神观相比，丁若镛的立场明显带有自力信仰，即凭借于自身修养的圣人观。这说明，相较于利玛窦提出的"只有受到天主恩宠才能得到拯救"的外在拯救观，丁若镛更为坚持的是依靠自身力量自然而然地成为圣人的立场。他指出丁若镛的事天学的态度与安鼎福这样的反西教儒学者的立场非常相似（崔基福，2004）。其实，通过比较可以看出，尽管丁若镛经常提及上帝并偶尔使用福善祸淫这一措辞，但不能因此而主张他的人性论、修养论体系大部分与《天主实义》结构相同。

类似于这样的否定性评价在前面提及的韩慈卿的研究中体现得更加明显。韩慈卿首先质疑东方的天人合一、万物一体思想为何要受到基督教外在的神观的攻击。并且反问道："普遍存在于所有人身上的内在真理，即太极的绝对力量难道不比遵从个人自由意志的选择权更为伟大吗？"（韩慈卿，2005）韩慈卿明确表明丁若镛的外在主义伦理观的水平要低于强调内在心性、能够自我成神的内在主义传统。但这反而是值得再次思考的问题。儒学的核心在于通过彻底的自我修养与他人和事态建立最恰当的联系。修己治人、内圣外王等表达都很好地体现出了这样的理念。但是问题在于除了真正的少数儒学者之外，大部分的儒学者只注重内在的修养，从而将自己的主观判断和傲气强加于他人。也就是说，他们弃自身和与他人的伦理关系这一核心关键于不顾，只热衷于自己表象层面的心和内在的至高无上的神圣（或者太极和理）的关系。韩慈卿认为，内在修养修炼完成后，外在的问题就会自行得到恰当的解决。然而问题并没有那么简单，因为这样有可能会导致沉迷于内在的惬意、满足这种自我陶醉情绪中的危险。韩慈卿的这一观点可以从其将神职人员帮助弱者的行为和丁若镛的牧民行为看成是次要的,甚至是低级的看法中明显感觉到。其实,帮助比自己困难的人并感受他们的不幸是真正重要的伦理问题,而韩慈卿认为这并不能体现人们自身的神性,认为只要关注于内在的神性,外部事情就能很好地运转了。因为存在这种危险性,所以过去丁若镛强调要在与外部事态和他人的关系中实现伦理道德,并且认为只有救助了别人才能称其"仁"。丁若镛强调神的至高无上地位的目的不是使人们畏惧神,而是为了鼓励人类在有限的生命中互相帮助、互相理解。如果说利玛窦主张因为伟大的天主而爱人,那么就可以说丁若镛是因为人们需要互相关爱和帮助而设置了具有绝对地位的神。因此,那些完全忽略丁若镛强调为了伦理实践而事天的观点,却认为他是拥护外在神观的卑微的思想家、忘却东方精神核心的自我否定之人物的评价,都是极其不恰当的。

在韩慈卿看来,从孔孟的儒学到朱子、退溪、栗谷的性理学,都认为东方精神的精髓在于通过内心对天理的伟大力量的体验,人们自身也可以成为彻底的圣人。而深受利玛窦影响的丁若镛却遗忘了孔孟以来的人本主义精神,反而退回到了孔孟时代之前原始的他律性神观。因此,认为丁若镛对孔孟的原始儒学进行了创造性的再解释或将洙泗学作为了着眼点的评价本身就是错误的。丁若镛拒绝承认隐藏在人类内心深处的内在神性,将其全部转移到绝对的神的身上,并始终把对神称颂、向神祈祷作为一生的课题。传统儒学的训诫是教育人们自身"成为神,成为圣人",现在丁若镛的告诫则是永远地"成为神的仆从"。韩慈卿评价丁若镛编写意图救济天下的警世书《牧民心书》《钦钦新书》等行为与遵从神命的传教士们的传教行为有着相似的性质。正是因为这些外在的经世贡献,丁若镛被近代韩国儒学的研究者们评为"韩国最伟大的思想家""朝鲜实学的集大成者"(《与犹堂全书》序文)等。但是丁若镛却否定了数千年的东方历史和韩国历史,因而是一个否定自我、否定历史的人物(韩慈卿,2005)。韩慈卿之所以持有这样的观点,是因为其深信丁若镛因受利玛窦的影响而否定了除原始上帝观之外、自孔孟以来的所有儒学传统。

前文的讨论也已表明,韩慈卿的这一理解实际上是由于其不加批判地接受了将丁若镛归为天主教信徒、将其哲学归为天主教教义的偏向性研究成果。而张昇喜以道德自律性为中心讨论丁若镛的伦理思想时,认为茶山的思想对超凡的天的设定和对人类自身道德自律性的认同有机地协调在了一起。他指出,茶山的上帝天不只是监视人类的人格化主宰者,他具有能够与人类相通的灵明性,正是因为这样,才出现了人类能与上帝产生交集的说法(张昇喜,1998)。尽管存在着具有超越意义人格化上帝,人类依然能成为道德上自律行为的主体,这是因为这种灵明性为上帝和人类所共有。也就是说,丁若镛并没有因为被外在的神所蒙蔽而无视人类精神中的神性,否则他又如何会强调人们因拥有圣灵或灵明而能与绝对者感应相通!更何况韩慈卿的批判完全无视丁若镛哲学中强调通过事天而事亲、通过慎独和戒慎恐惧来实现"恕"的伦理实践的部分,将其视为倾向于外在主义神观的传教者之举,这一评述的确言过其实。前文也曾提过,二十世纪八九十年代以来对丁若镛的这一评价之所以再次登上历史舞台,是因为过去的研究存在着把丁若镛的哲学立场归结于《天主实义》等西学书观点的片面倾向。

丁若镛并不只在关于死后灵魂不灭、神的审判及天堂地狱说等理论方面站在了与利玛窦不同的立场上。在对于性灵和道心的基本理解中,丁若镛已经拥有部分不同于《天主实义》的观点,当然那也是来自于对朱子学传统的继承。丁若镛承认朱子是中兴儒学的始祖,并且积极吸收了朱子的"人心道心说"和"中和新说",如果置这些方面于不顾,又如何能够恰当地分析丁若镛的心性论、修养论及其他哲学主题?

所以,本书把与丁若镛的心性论有关的主要论点放在与朱子学的连续性层面来分析也是出于这一考虑。丁若镛在强烈批判朱子的同时,又在某些层面上积极接受了他的观点,这也体现了对朱子的传承。同样,丁若镛对于利玛窦的观点也是既有接受也有反对,他可以用《天主实义》中的观点去抨击朱子学,同样也可以用朱子学的观点去反对《天主实义》。

对于丁若镛哲学的独创性,柳初夏曾指出,丁若镛哲学具有既不同于西方传统的形而上学和心性论,也不同于传统的性理学立场的独特之处。这种理解方式在一定程度上有助于确立丁若镛哲学的固有地位。但是柳初夏所主张的丁若镛哲学的独创性存在着以下几个问题。他认为丁若镛否认"理""太极""本性"等性理学观念的实际存在,只承认意识和物质的存在,这一观点不同于性理学;而他将观念与意识、观念与精神分离开来,认为只有精神和意识是实际存在的东西,这又与西方哲学体现出了差异。此外,西方哲学的身心二元论带有将观念和精神等同视之的"观念实在论"的倾向,与此相比,丁若镛的身心二元论则以非观念的意识或精神作用于物质为本质元素。柳初夏指出,丁若镛身心观的特征实际上是以韩国及东方的思维方式为前提的(柳初夏,1996)。但是在笔者看来,西方的观念实在论只是意味着观念和存在的一致或者思维和存在的一致,而不是观念和精神或者观念和意识的一致。因为若只讨论意识作用及其作用对象——观念的一致,那么它充其量也只是空泛的唯我论性质的观念论。因此,"观念实在论"不是强调意识及其思维对象——观念的一致,而是主张思维和存在的一致。所以不应该以此方法来区分西方观念实在论中的"观念"和丁若镛的“精神”的差异。在性理学中,尽管正如柳初夏所指出的那样,理不以思维或具体的意识作用为前提,然而也不能因此认为性理学家与丁若镛不同,只强调观念上而非精神作用上的理和太极。因为最初他们没有考虑到意识与观念的区别。这一点丁若镛也不例外。因此,意识的作用本身和意识的对象——观念的区分,并不适合用来作为区别性理学和茶山学的哲学史定位的标准。

丁若镛之所以能被公认为是将东西思想创造性地融合在一起的哲学家,是因为他能够在哲学上找到既非根植于朱子观念也非根植于利玛窦观念的、只属于他自己的立足点。这也正是本书的创作目的所在:确立丁若镛的上述独特地位。

四、对西学与儒学关系的中立立场的研究

(一) 出于西学与古代儒学相结合的角度的理解

在对茶山丁若镛的评价中,琴章泰体现出了最具有代表性的中立立场,他认为“在那个时代的儒教和西学的交流中,茶山丁若镛并不是进行一面倒的批判的攻西派正统主义者,也不是全盘接受天主教信仰的信西派的纯教徒。他虽然也曾在二十几岁时沉迷于天主教信仰,但他后来宣布判教,并以庞大的体系重新诠释了儒教经典,巩固了自己实学派儒学家的地位。”他致力于证明非但丁若镛,而且其本人也是既非正统儒教主义者也非天主教信仰者的,是具有创造性和综合性立场的学者。首先,他直接分析了丁若镛所著述的庞大文献,并多次指出茶山的经学全面脱离了朱子的性理学经学体系,具有脱朱子学的性质。具体表述如下:“茶山对六经的推崇表明了他脱离朱子的经学体系并跳过汉代经学经学,从而回归到先秦经学体系的经学立场……茶山全面提出将天人关系、人人关系、人物关系作为宇宙论的基本构造,确立了对人类的新理解,并以此构造出了这个时代里脱朱子学世界观的最精密的体系。”(琴章泰,2000)

琴章泰之所以将丁若镛思想视为儒学与西学的创造性的结合,是因为其研究重点放在了古代儒学经典与西学的相遇及两种思维传统间的关联性上。因而琴章泰指出“茶山的经学思想把包含于儒教经典中的信仰世界从朱子学的形而上学理论这一牢笼里解放了出来”(琴章泰,2000)。这句话尽管没有提到茶山哲学与朱子学儒学的关联性,但可以说直到琴章泰的这一观点被提出,茶山哲学才具有了可被评价为西学与古代儒学对等相遇的实质性论据。

琴章泰将茶山学的主要性质规定为事天学,还强调茶山通过慎独与戒慎恐惧的修炼来培养对上帝的虔诚,并努力将之付诸人伦秩序的实践中。当然,在这里丁若镛所强调的敬奉的对象——上帝,仍然是以古代儒教经典的上帝观为基本框架的。在一篇论文中,琴章泰详细论述道,茶山的事天学的性质与白湖尹鑴

的事天学有直接关联，并在这样的立场上，试图从“退溪李滉→白湖尹鑴→星湖李瀷→鹿菴权哲身→茶山丁若镛”的系谱中论证丁若镛的学问性质。在琴章泰看来，白湖尹鑴的理气和体用的公式与逻辑思维无法体现古代儒家经典的实践力，他只是通过天的情感号召力来强调事天和事亲的伦理。如此一来，事天这一课题的焦点便不再是天，而是人类社会中的伦理关系。就这样，丁若镛用对事天的敬畏之心和事亲的人伦关系来继承了尹鑴以事天为根据的事亲。当然，琴章泰也承认丁若镛的上帝观与利玛窦提出的天主的性质十分相似，而慎独与戒慎恐惧的修养也建立在对神的畏惧之上。但是他明确指出，丁若镛对于上帝的强调并不是在提倡对神的称颂，而是着眼于在与人类的关系中通过“恕”来实现“仁”。他还指出，儒教世界观的核心在于统一于事天的信仰世界和事亲的人伦世界，而茶山的事天学正涵盖了这两个层面。也正是因为这个原因，丁若镛成功地以西学的天主观和古代儒学的上帝观为媒介找到东西方的结合点。琴章泰关于丁若镛对西学的吸纳做出了以下意味深长的结论性的评价：“朱子学虽然深受佛教影响但却不是佛教，同理，茶山的经学思想即便是在天主教教理的影响中形成，也不能将其归为天主教……对于茶山来说，其对天主教教理的吸收具有一个特点，即它服务于‘为儒教经典的诠释带来新气象’这一目的，因而应该注意到这是限定在经学范围内的。”（琴章泰，2003）那么利玛窦西学的影响，可以说是丁若镛发掘古代儒学潜在可能性的契机或是催化剂。因此琴章泰提出，丁若镛的哲学是对西学的创造性吸纳和对古代儒学的创造性继承。

对此，安外顺认为，这种将茶山学的性质理解为西学和儒学间的创造性吸收与改造过程的观点受到了许多研究者的关注。例如安外顺在《丁若镛思想中西学与儒学的融合与冲突》一文中主张“要同时顾及实学中包含的传统儒学思想与外来西学的影响”，还指出丁若镛曾经醉心于包括西教在内的西学，最终却与西学诀别并延续了实学儒学的传统。当然，这里安外顺所说的丁若镛继承的实用性、实质性的儒学的内在属性指的是自孔孟以来的传统儒学哲学体系（安外顺，2000）。因此，他承认茶山学明显具有反朱子学或脱朱子学的性质，但同时也认为茶山哲学维持着古代儒学的基本实学性质。虽然安外顺的这一观点可以将茶山哲学解释为对西学的主动吸收和对古代儒学精神的再创造，但有必要对其与朱子学或朝鲜朱子学的关联性进行更严密的分析，从而阐明茶山对朱子学中的固有主题所持的肯定立场。

金胜惠的研究也是一个站在天主教立场同时又关注于传统儒学与丁若镛思想之间的关联性的例子。他在研究丁若镛所有著述时注意到一个明显的事实，那就是丁若镛重视儒教经典，尤其将孔子当作是理想的规范：“客观考察他的著述时可以发现一个很明显的事实，那就是茶山在他的整个学问世界中将儒教经典尤其是孔子的著述视为自己的规范。因此我们有必要首先将他放在儒教传统的立场上，然后再从思想上比较考察儒学和西学的终极实在观。”他强调，丁若镛在复原《诗经》《书经》以及以孔子为中心的原始儒教的天观时，虽然也有吸收与利玛窦相似的观点，但丁若镛的天观在核心层面上与天主教义有着不同的意义。他在同一篇论文里还表达了这样的观点：“茶山抵制理的独自性，他认为正如称呼一个国家的皇帝时不能直呼其名一样，比起上帝来，天这一称号似乎更为合适。这与利玛窦的主张不同。虽然采用的逻辑与当时的西学书相似，但是自从茶山去了中国之后变坚持将最高神的名字称为天而不是天主，回归了儒家传统的行列。”（金胜惠，2004）

不仅如此，金胜惠还指出利玛窦所理解的新儒学的“理”和“太极”的概念也与丁若镛的理解存在着差异。这样，金胜惠的研究跳出了把丁若镛思维完全归入《天主实义》观点的狭窄视角，并致力于寻找丁若镛自身的独特性，可以说颇具意义。他认为，不应该下定论说丁若镛的权衡或自主权等用语是受到了《天主实义》的影响。他还主张，利玛窦认为爱上帝优先于爱人，而相比之下丁若镛则更强调人伦关系中仁道的实现。在言及这些差异点时他指出，丁若镛的上帝就像《论语》中的一样，是“无言”地降临在我们身边的存在。与琴章泰相似，金胜惠承认丁若镛的上帝观深受西学影响，同时也强调其最终还是以古代儒教经典中的天观为基础，并将重点放在了更为明晰地实践其意义上：“茶山的思想一向存在于儒家传统中，所有的思想依据常常可以在儒教经典中找到。正如前面所提，茶山思想中上帝人格性的恢复、人类自主权的明示、知天的道德效用性强调等很可能是受到了以《天主实义》为中心的西学影响，但不能断定这一影响体现为不加批判地接受。相反，认为这一影响超越了单纯的接受，为茶山的儒家天观提供了创造性、新活力以及广阔视野的观点似乎更为准确。”（金胜惠，2004）

同时，金胜惠还强调，丁若镛的天观虽然在语言上采用了儒家的表达方式（无言或是道心的命令），但在内容上却蕴含着天主教神观的涵义。他举出了以下例证：丁若镛积极吸纳了朝鲜朝时期平民的上帝信仰，还使用了儒家不常使用的“超薦”的用语。不仅如此，丁若镛还将基督教中上帝的形象包含于东亚的圣人形象中（金胜惠，2004）。但是即便如此，金胜惠也没有忽视深深印刻于丁若镛思想中的古代儒学经典的主题及其与西方基督教义的关联性，自始至终他都表现出了中立的立场。

与金胜惠一样，崔基福对于丁若镛的了解也是同时顾及了儒学和西学两个层面，他提出：“在思想上，丁若镛虽然反对当时已经思辨化的性理学，但他却是比任何人都更致力于掌握和发扬孔孟思想精髓的儒者。他虽然反对当时二元论的、厌世的中世纪基督教，但他却是比任何人都想宣扬上帝的旨意并将这旨意付诸实践的信徒。”他将目光集中于丁若镛思想中的“自我完成与自我拯救”的部分,并提出丁若镛主张通过自律的自我修养而非外界信仰成为圣人,而且在对天命的观点上也直接继承了“尽人事待天命”的儒教著名思想(崔基福,2004)。过去的研究往往从他律的、外在的层面对丁若镛的天观进行贬斥,而崔基福的这一观点则从另外的角度对丁若镛的天命观做出了新的诠释。

不仅如此,崔基福还认为比起利玛窦,丁若镛的事天态度反而更接近于反西教名人安鼎福。一部分非天主教阵营的研究者们误认为丁若镛的上帝观和事天态度是侍奉、服从、礼拜和赞扬。崔基福与他们不同,他一方面明确强调了茶山哲学的宗教立场,同时亦清楚地指出丁若镛的观点在某些方面与利玛窦有着很大的区别。他解释说“两者(利玛窦与丁若镛)虽然都重视事天,但是方法各自不同。信奉言语与拯救的天主及他力拯救的天主教认为比起爱人,向天主进行祈祷和礼拜更为重要;然而信奉无言有意的天与自我拯救的茶山则认为比起祈祷和祭祀,对于人的侍奉更为重要。天主教区分了事天与事人并认为事天大于事人,若对父母的爱不是由于天主,那便不过只是动物的本能。与此相反,茶山则将两者合一,认为事人即事天……茶山这种侍奉人的事天之道以‘人人事父母如事天,事天如事父母’的儒家思想作为基础。对于西教与儒教的事天之道的不同点,反西教儒者安鼎福与茶山的观点相似。安鼎福曾指出:‘儒教的教谕唯有事天。西教的事天之道贯穿着昼夜对赎罪的请求、在地狱中对救赎的祈祷、斋疏以及礼拜;而儒教的事天之道在于‘存心养性’,即保存以天性为根据的人心、保存人性并且不忘记上帝赋予我们天命。’”(崔基福,2004)

丁若镛认为尊敬并侍奉上帝是为了更好地事人、事父母,但天主教则强调事人是为了更好地侍奉天主。因此在丁若镛看来,为了事人而进行的修养并不是祈祷、礼拜和赞扬,而是类似于传统儒教所提倡的保存自我内心、观察人性的修炼。正因为如此,崔基福指出丁若镛既持有真正信仰人的姿态,又以不输于任何人的热情发扬了孔孟儒学精神。

崔基福在将丁若镛的观点与天主教教理中的重要理论进行比较并寻找差异点的过程中,注意到“茶山的这种信仰观与基督教的福音精神一脉相通。圣经里万民的创造主、圣父上帝对恶人与善人皆平等施予阳光与雨露,在子女人类祈求之前便知其所需,并认为比起口头上叫‘主啊,主啊’,将他的旨意付诸实践更为重要。上帝即是爱的本身,他将邻里的爱当作人类拯救与完成的唯一尺度”(崔基福,2004)。正如前文所述,这里强调的是丁若镛的上帝观、事天观等可以帮助对基督教真正精神的理解。事实上,我们无从了解是否确如其所言,丁若镛是从怎样的意义上去理解上帝,但从丁若镛特定的上帝观入手,从新的角度凸现基督教上帝的真正意义,是很有意义的。这是在东西融合的独特视角中展开研究的一个典型案例。

综观茶山哲学的发展历程可以发现,由与西学的交集中所牵引出来的丁若镛对古代儒学经典的关注与再研究,成为他在构筑自身哲学体系过程中很重要的经历。但是我们有必要在此基础上进一步强调丁若镛思想与西学观点所不同的部分,并提及他在强烈批判朱子学的立场上对朱子学里的特定内容也进行了吸收。只有这样,才能够阐明丁若镛哲学是既非古代儒学本身,又与西学、朱子学有所区别的全新理论体系。

(二)考虑西学和古代儒学或朱子学传统的关系的立场

谈及西学与儒学或儒教的结合,不仅需要讨论西学与古代儒学间的关联性,也需要讨论与朱子学传统的关系。如前所指,李光虎在与朝鲜朱子学,即退溪学的连续性的层面上对丁若镛的思想进行了分析,这是因为他认为东西思想被平等地融入到了丁若镛的学问倾向中。在李光虎看来,在创造主上帝与这个世界的二元关系、人性明显区别于动物的固有特征"灵明"、自由意志下的道德选择与责任问题上,《天主实义》与丁若镛的思想具有相似性;而上帝并非信仰而是伦理实践的依据、性灵是道心的命令等观点则体现出了丁若镛与《天主实义》的差异。"丁若镛在整体构造上沿袭《天主实义》观点,却又将性灵与天理视为一体,从而回归到了儒学道统观,这究竟有怎样的意义呢?丁若镛认为,人之所以成其为人,正是因为性灵与道心。对于丁若镛来说,正是通过将性灵与道心视为一体的主张,一条将儒学与天主教揉合起来进行理解的道路在他面前铺展了开来。"(李光虎,2003)他不仅关注《天主实义》与丁若镛的自然观、人类观在结构上的相似性,同时还关注退溪以及朱子的思想与丁若镛哲学之间的连贯性。他认同丁若镛在早期对天主教等西学的接触中接纳了用来抨击传统朱子学的哲学逻辑。但是他指出,茶山批判当今的性理学"终不可以携手同归于尧舜周孔之门",同时又高度评价其为"知道认己以自勉其所以践形之义也"。这里的"道"指的是遵从天命嗜好的行为,"己"指的是被赋予灵明性的人类。丁若镛既批判了当今的性理学,又言明自己从性理学中学到了人生之中最重要的生命旅程是什么、人类究竟是何种存在。因为,茶山对朱子中兴儒学的丰功伟绩的称颂也是对性理学在这一层面上的认可。茶山并不是研究了天主教之后就疏远了性理学,而是撷取了性理学的某些层面并进行再诠释(李光虎,1996)。也就是说,在对古代儒学的再诠释以及对自命得到孔子真传的退溪学风的理解过程中,丁若镛并没有彻底断绝与性理学的联系,而是对性理学的某些特定部分有了更深的理解,并对此进行了更积极地接纳。这是因为李光虎承认《天主实义》对丁若镛的影响,同时又认为退溪李滉与星湖学派所表现出来的对"理"的宗教性立场,即对绝对、主宰、能动的理的强烈信任给丁若镛的上帝观带来了直接影响。"茶山持有中立态度,一方面认同上帝是绝对真理的创造主,另一方面比起信仰更强调上帝的学问性质。这么看来,朝鲜时代的儒学与基督教的相遇,就是把理视为绝对真理,并从理的主宰层面去认识上帝的退溪朱子学真理观与把主当作绝对真理来信赖与依靠的基督教真理观之间的相遇。"(李光虎,2003)他认为,正是因为阐明了退溪的超越而又内在的"理"的理念,因而丁若镛对上帝的立场没有单纯地停留在对外在的神的赞扬或是崇拜上,而是强调人类内心的自然发现,即道心的发现。同时,对于内在道心的命令与人心欲望的问题,李光虎明确了丁若镛高度认同并发扬朱子的人心道心说这一点,从而为阐明丁若镛哲学的性质引进了一个新的观点。在《从〈中庸讲义补〉与〈中庸自箴〉看茶山的性哲学》中,他从将茶山的立场与退溪甚至朱子联系在了一起:"不可否认,将上帝置于生活之中并视其为生活的原则这一点是受到基督教的影响。但事实上这种生活中折射着理想的儒家生活的色彩。因此他尽可能清晰地阐释圣人们留下的每一字每一句,力图重现尧舜时期的政治、周公整合的制度以及孔子所描绘的理想社会。虽然他是受基督教的影响而重新发掘了儒教上帝观的意义,但他对性灵与道心的强调则是与退溪的'理发说',更进一步来说是与朱子的'人心道心说'相承接的。他受基督教的影响重新构筑了上帝观,受朱子'人心道心说'与退溪'理发说'的影响强调人类内心的德性与道心,恢复了洙泗学的根本精神并树立了以'慎独'侍奉上帝的性的哲学。"(李光虎,2005)而任溥然在他的学位论文《丁若镛的修养论研究》中讨论了人心道心的矛盾和作为自由意志的权衡这两个主题,说明了丁若镛的哲学是如何站在了与古代儒学以及朱子学传统相连续的立场上。他解释说,茶山主动接受了朱子对《尚书·大禹谟》中人心道心说加以发扬光大的观点,并高度赞扬朱子是中兴儒学的始祖。这一解释不同于一直以来将茶山的哲学立场单一理解为对朱子学的批判的误解,凸显了茶山的哲学立场可以在与朱子学的密切关联中得到说明的观点(任富然,2004)。另一方面,关于丁若镛的"人心道心说",安泳翔(2005)在论文《在与托马斯主义的比较中考察茶山的人心道心论》中,不仅提到了茶山的人心道心说与利玛窦的《天主实义》之间的关联性,还很有意义地揭示了退溪的二元论传统与星湖学派的身心概念对丁若镛的人心道心说所起的影响。文中他还将利玛窦与丁若镛进行了对比,指出利玛窦强调知性的作用,而丁若镛则关注意志的问题。这些研究给了我们同样的启发,即在全方位观察丁若镛哲学特征时,我们有必要同时研究他的哲学与朱子学间的连续性。

除此之外,关于对丁若镛持中立立场的研究,我们可以再来看看成泰镛的观点。成泰镛在《关于茶山明善论的考察》中承认丁若镛的天思想受到了天主教的影响,但他对认为这一点能证明丁若镛的全体思想根植于天主教的土壤之上的看法持警慎怀疑的态度。他引用了朴钟鸿的见解并指出,既然丁若镛在著述中并没有直接提及天主教,那么就不应该轻易断言丁若镛对天主教所持的是何种立场。“茶山的天思想与天主教的世界观有共同之处,从中可以推断天主教对其的影响。但同时其中也存在着以儒家传统和经典注释为依据而与天主教世界观没有直接关系的或相互对立的要素。”(成泰镛,1984)在同篇论文中他还指出,从哲学上看,丁若镛批判性理学的理气概念、阴阳五行和性情、心的概念与古代儒学经典著作原意不同的行为是有问题的。任何哲学都可以运用具有不同涵义的概念,因而不应该据此评价其为对既存传统的歪曲或否定。应该关注的问题是性理学家们是否将他们自己的概念始终贯彻如一,而不是因其为同一概念赋予了与过去的经典不同的定义而进行批判。不仅如此,他还主张,在把原理性的意味较强的“太极”“理”概念替换为“主宰性”“人格性”意味较强的上帝概念时,应该对两者中究竟哪一种思维方式更合适、更有效的问题进行论证,而丁若镛却只是因为伦理的、道德的监视及必要性而作出了人格的上帝观更好的判断(成泰镛,1984)。成泰镛的这一客观分析为深层次批判和推敲丁若镛的思想提供了很好的线索。成泰镛在论述时,另一方面注意避免过分夸大天主教的影响,一方面又在与朱子学的关联性的层面上指出了丁若镛观点的意义之所在及其批判的局限之所在。他致力于在与原始儒学或朱子学间的连续性层面上阐明丁若镛哲学所具有的特性。关于前者的例子我们可以查看成泰镛在《茶山学的修身与修心》这篇文章中所强调的丁若镛与孟子哲学间的紧密性:“茶山以孟子的大体小体框架为基础,一贯主张人心道心说与浩然之气养成说……以《孟子》的大体小体理论为基础来理解身与心的问题。而在大体小体的区分这一基础上理解人类,性理学在这点上也并非例外。不过比起性理学,丁若镛在更大程度上采纳了孟子对大体和小体进行区分的观点,并将其作为理解人类的基本思维框架。”此外,过去的研究观点普遍认为,丁若镛性嗜好说的“嗜好”概念是《天主实义》影响下的产物,而成泰镛则认为丁若镛所强调的性嗜好起源于《孟子》,并且孟子所提到的浩然之气指的是道心需求得到满足的状态,即因需求得到满足而出现的大体的气象。具体来说就是“茶山将这种与小体的指向性所引起的反应形式完全相同的反应沿用到了大体之上。这一线索来自于《孟子》。孟子说,人类的嘴与耳朵等都有各自共同喜好的东西,同样的,人类的心也会有根本上的共同爱好”(成泰镛,2001)。又如文锡胤在论文《茶山丁若镛眼中的“道德”问题》中提到,虽然有人认为丁若镛的心论是在利玛窦的影响下形成的,但事实上其依据的并非西方式的论证,而是孟子以来传统儒学的经验主义方法。然而文锡胤在解释丁若镛性嗜好说时指出,在喜善的自然倾向性——嗜好问题上,关于“善是什么”的问题已经有了结论(文锡胤,2002)。也就是说,丁若镛并不是在事后才将人们喜好的东西称为善,而只是提出人们的本性中存在着对儒家社会所定义的善的嗜好。成泰镛指出,在善的具体内容上,丁若镛只是沿用了当时的常识,并没有对善的本质进行探究。这也是成泰镛在《关于茶山明善论的考察》中详细探讨的问题。虽然丁若镛强调要"明善",但追根究底,这只是在强调侍奉上帝的意志、完全服从上帝命令的意志与抉择。而对于"应该主动去了解究竟善是什么"的问题,丁若镛并没有予以重视。其实,这一问题在研究丁若镛的伦理局限时具有非常关键的意义,同时也有必要将这一点与成泰镛在其上述论文中提及的丁若镛心性论中"大体小体论"及"人心道心说"的地位问题联系起来重点进行讨论。因为大体小体的两分法与人心道心的两分法不仅仅可以成为丁若镛与孟子间的媒介链,还可以成为他与朱子间的媒介链。

成泰镛还在论文《茶山哲学中没有启示的上帝》中提到,因为丁若镛持有区别于西学的天主的的上帝观,所以他的存在论里出现了能够与性理学中的理学观点相结合的部分。这说明丁若镛的上帝观并未能超越原始儒学的上帝观,因此必然会体现出与基督教中降临启示的天主的区别(成泰镛,2004)。他还强调,即使从存在论层面上看,丁若镛的上帝也与基督教的天主不同,丁若镛的上帝孕育了作为原初之气的太极,其后通过太极的自我分化,自然世界也随之机械地形成。也就是说,最终在自然世界的形成过程中,上帝并没有体现出介入和监督的作用。正是通过这一层面,成泰镛指出:"从表面看来,茶山的宇宙论框架体现出了完全相反的两个层面。首先,茶山通过太极之上有上帝这一主张否定了将太极视为理的性理学体系,并提出了以人格的上帝为中心的新的宇宙论框架……茶山的上帝创造了太极,赋予了其运动法则并主宰了其运动。这样的方式可以说并没有明显地体现出人格化的上帝的特性,反而与性理学中所说的理的性质相似……这样的上帝的作用,宏观看来与性理学中理对气所具有的作用并没有什么区别。"(成泰镛,2001)

不仅如此,成泰镛还作了如下论述:"人类通过灵明既可以感应上帝与鬼神的存在,又能在心中进行应验。虽然上帝完全没有直接介入到宇宙自然与人类历史中,但因为人类的灵明与上帝的灵明属于同一种类,因此可以进行直接的感应……茶山以《诗经》以及《中庸》等的观点为根据提出上帝直接给人类命令与启示,这只是为了借助经典的权威来强调自己所说的上帝具有儒学上的根据。"(成泰镛,2001)简而言之,在人类与上帝间,灵明与灵明之间的直接感应关系是成立的,因此丁若镛所描述的直接介入到人类伦理领域的上帝在人类道心命令之外并没有体现出多大意义。因此成泰镛认为:"纵观茶山的哲学体系,他的上帝论有明显的应需而生的性质。"(成泰镛,2002)他的这种观点虽然强调的是不同于之前对丁若镛上帝观的诠释的层面,但这在一定程度上揭示了丁若镛在潜意识中将性理学观念包含在了自己的上帝观念里。

过去韩亨祚也曾提出茶山学与朱子学之间的连续与脱节的主题。他在《茶山与西学:朝鲜朱子学的延续与断层》中强调,应该在儒学与天主教之间均衡地把握丁若镛的思维(韩亨祚,2001)。并且他还指出,丁若镛在朝鲜儒学史上占据的位置,与朱子学世界观的关系不仅有脱节的层面,还有直接连续的层面。韩亨祚曾在《从朱熹到茶山:朝鲜儒学的哲学范式研究》一书中主要从脱节的层面上研究了为何丁若镛的哲学观点不能吸收朱子学观点这一问题。"在茶山看来,朝鲜朝哲学史的所有矛盾,总的来说根植于想要将自然与人类连续起来理解的朱熹的涵盖式的想法上。对于茶山来说,人类具有着无法从自然论的延长线上来理解的、超越的特性,以这种特性为本性的人类是宇宙中具有独特地位的存在。茶山坚信这一观点是自孔子以来一直延续下来的儒学传统见解……而早前朱熹也把经学作为自己理气论构想的权威支撑。在两者的斗争中,茶山分明占据了有利地位,因为朱熹的体系是与孔孟思维不同的新的儒学体系,它无法经受住解说学的严格考验。"

同时,韩亨祚也注意到了朱子形而上学中的神学观点,在他之后的论文《朱子神学的现代响应》(韩亨祚,2004)中对此做出了以下补充说明。他持有这样的疑问:儒教究竟是不是无神论?因为朱子曾在《敬斋箴》中说道"潜心以居,对越上帝",而退溪也在《夙兴夜寐箴》中说过"明命赫然,常目在兹"。韩亨祚指出,不仅是茶山在对朱子学的"理"的理解上有问题,利玛窦和他的后继者西洋传教士龙华民也没有能正确理解朱子学,最终只是将朱子学的"理"理解为无神论上的道理或是合理的原理。韩亨祚强调龙华民将朱子学的"理"误解为"既没有灵魂,也没有生命;既没有规律,也没有知性"的被动之物。相反,18 世纪的西洋哲学家、数学家莱布尼兹则认为,"理"是"可以看到、理解和实践所有事情知性本能"。正是因为如此,韩亨祚承认莱布尼兹的"太极具有力量与智慧"的观点更恰当地理解了朱子学的"理"。同时他还为之前只被理解为"合理的形而上学"朱子学属性添加了"神学的形而上学"的属性。当然,神学性形而上学的朱子学与西学不同,它绝对没有认可神的人格性面貌,这也是东方传统极度警惕神秘主义、主张以合理的精神来理解自然秩序的一种反映。但韩亨祚主张,不能因此而判定朱子学的"理"中完全没有"意志"。也就是说,应该认可非人类意志的意志,即"非意志的意志"。他解释道,这是在说"神虽处于这个世界但却不等同于世界,虽具有意志但却并非人类的意志"。他批判说,如果像利玛窦一样强调人格意义上的神,那么就反而缩小了具有着无限主宰能力与预知能力的朱子学的神,即理的可能性。就这样,韩亨祚从神学方面解释朱子学的理,从而为提到退溪对理的承接做好铺垫,进而又为提出茶山学对此的承接打下基础。这在与传统的内在关系层面上很有深思的价值。他还强调,正是因为这种传统基础,西学在18世纪前后得到了有见地的儒学者的关注,从而为丁若镛的创造性研究提供了契机。他在文中的论述道:"朝鲜后期引进的西学并不是对儒学的挑战,而是被包容在了朱子学的神学中……应该把西学看作是朝鲜朱子学发展过程中的一个契机或是进步。唯有这样,才能为奠定西学及茶山在朝鲜儒学的有机历程中的正当地位打下基础……我并不认为西学游离于朝鲜朱子学的传统之外,也不认为它只在与所谓的实学和朱子学传统相脱节的空间里才能成立……因此在其画上句点之前,所有的新思维与传统都同时存在连续与中断这两个层面上的关系……因此不仅对西学,对在朱子学中茶山所借用的观点也有必要进行积极地探究。"他强调可以把丁若镛连接到具有明显宗教倾向的退溪李滉的学派,即主理论的朱子学派的系谱中。因为他在阐释丁若镛的绝对者观,即对上帝的态度时,认为既存的主理论朱子学派强调内在的、超越的理,这与丁若镛的观点相似。虽说丁若镛脱离了朱子学,但那只体现在主气论的自然学观点上,而不是在主气论神学的观点上(韩亨祚,2001)。同时还对茶山学的性质进行了如下描述:"总的来说在透过现象看本质时,茶山虽脱离了朱子学却又回归到了朱子学上,虽倾重于西学却又摆脱了西学。"(韩亨祚,2004)

所以,在对上帝的态度方面,可以对丁若镛和朱子学之间的连续性做出上述说明,而且韩亨祚所提出的连续与脱节的主题可以成为一个很重要的研究指标。但无论是与上帝观或者是天理,抑或是太极间的关系问题,在我们容易忽略的心性论的核心层面上,也有必要分析丁若镛与既存的朱子学儒学传统之间的密切联系。因为若提及退溪的主理论理气说,那么这个问题就会和天理与人欲,或是人心与道心的心性论主题联系起来。这样一来,主理论的退溪学派与丁若镛间的关联性并不仅仅存在于上帝观或是对理的观念之中,还存在于道德心性论的观点上。从这样的脉络来看,人心道心说等修养论因可以成为丁若镛的心性论或修养论与朱子学传统方法论之间的媒介而具有很重要的意义。

五、结论

尹丝淳在阐明过去朝鲜的性理学与实学性质时,提出两者虽然都是实学,但朝鲜中后期的实学具有更纯正的"实"的性质。他认为"即使我们把性理学与实学都称为'实学',但由此我们也得知其实两者所说的'实'存在着意识上的差异。毫无疑问,实学的'实'意识要比性理学的'实'意识范围更广且程度更深。""从以上考察来看,实学的深层哲学思想可以用类似于'基于经验论思维的近代哲学'这样的话来描述。"正是在这种观点之下,他主张实学绝对不是性理学的延伸,相反它具有"脱性理学"的倾向(尹丝淳,1998)。既存的朝鲜性理学风气为实学的出现提供了思想基础,但实学的主张最终却不得不以性理学的否命题形式出现。通过这一主张,尹丝淳提出当今社会应该重振符合新时代潮流的“新实学”。

当然,朝鲜后期实学的主张已经成为抵制既存性理学观点、具有革新性和近代指向性的新的学问潮流,这一点是无可否认的。但是,当时以丁若镛为代表的儒学家,是如何在内在思想史的影响中否认性理学、构筑适合于新实学的哲学体系的呢?朝鲜后期的儒学家们能够对儒学体系进行改革的内在动力又是什么呢?若要从内部阐述茶山哲学等“实学”的性质,我们有必要了解茶山是如何从朝鲜儒学家身上学到新的哲学概念和体系的。但我认为,这样的问题不能单纯通过对没落腐败时代的个人哀叹与悲悯来解决。因为如果要达到批判性理学的目的,则必须出现一个具有比性理学更卓越的时代认识、能克服性理学结构缺陷的更高层次的哲学体系。

当然,这种需求在茶山哲学与西学等外来思想间的关联性中也有所体现。那些以茶山的著述中对特定西学概念和文句或直接或变相的引用为例,认为丁若镛的哲学在与西学的相遇与冲击之中能够得到诠释的观点是不完整的。因为西学概念与观点在茶山特有的哲学体系中已经被赋予了新的涵义与作用。那么,应该说丁若镛只是主动吸收、改造了可以有效解答自己的时代性疑惑的要素。正是在这样的观点中,茶山与西学之间所保持的距离,或是他对古代儒学和朱子学传统的主动吸收,才能依据连贯的逻辑得到有力的说明。

本书沿着既有的研究方向从儒学的自我展开、与西学的相遇、东西思维倾向的融合等几个方面分析探讨了茶山哲学的性质。但是为了体现茶山思想的整体风貌,有必要摒弃把他的思想历程归于西学或是儒学某一方的立场,并进一步改变简单把其解释为东西融合之产物的立场。

因为丁若镛的哲学目标要远远高于对各种思想的简单融合。在茶山全新的哲学体系中,古代儒学、朱子学、西学、考证学、训诂学、阳明学等多种学问潮流相互冲突,新的平台逐渐形成,只有当我们能够对此有一个立体的认知时,才能真正领略到富于生命力的茶山哲学的面貌。事实上,笔者对朱子学与茶山哲学间的连续性问题所作的这些讨论也只不过是这项研究的一个契机。而丁若镛与朱子学的关系、丁若镛与西学的关系这类细节性的主题,也只不过是提供了立体展现丁若镛哲学整体风貌的小线索。因此笔者认为,今后各种关于茶山哲学的研究应该致力于对丁若镛所独有的哲学体系的阐释与刻画。

参考书目

原著及译本

丁若镛的著作

1. 丁若镛. 古典国译丛书 · 经世遗表(1 ~3)[M]. 首尔:民族文化促进委员会,1982.

2. 丁若镛. 国译茶山诗文集(1 ~ 10)[M]. 首尔:民族文化促进委员会,1996.

3. 丁若镛. 茶山散文选[M]. 朴锡武,译. 首尔:创作与批评出版社,1985.

4. 丁若镛. 茶山诗精选(上、下)[M]. 朴锡武,丁海廉,译. 首尔:现代实学出版社,2001.

5. 丁若镛. 与犹堂全书 · 经集 Ⅰ[M]. 全州大学湖南学研究所. 全州:全州大学出版社,1986.

6. 丁若镛. 与犹堂全书 · 经集 Ⅱ、Ⅲ、Ⅳ[M]. 全州大学湖南学研究所. 首尔:骊江出版社,1989.

7. 丁若镛. 与犹堂全书(全 21 册)[M]. 高阳:雅岚(音译)出版社,1995.

8. 丁若镛. 茶山孟子要义[M]. 李篪炯,译. 首尔:现代实学出版社,1994.

9. 丁若镛. 梅氏书平[M]. 李篪炯,译. 首尔:文学与知性出版社,2002.

10. 丁若镛. 钦钦新书(1 ~3)[M]. 朴锡武,丁海廉,译. 首尔:现代实学出版社,1999.

11. 丁若镛. 钦钦新书[M]. 朴锡武,丁海廉,译. 首尔:现代实学出版社,1999.

朱熹的著作

12. 朱熹. 近思录详注集评[M]. 陈荣捷,译注. 台北:学生书局,1983.

13. 朱熹. 近思录集解[M]. 李光虎,译注. 首尔:雅凯(音译)出版社,2004.

14. 朱熹. 大学、中庸集注[M]. 程百晓,译注. 北京:传统文化研究会,1990.

15. 朱熹. 论语集注[M]. 程百晓,译注. 北京:传统文化研究会,1990.

16. 朱熹. 孟子集注[M]. 程百晓,译注. 北京:传统文化研究会,1991.

17. 朱熹. 四书章句集注[M]. 北京:中华书局,1993.
18. 朱熹. 四书集注(上、下)[M]. 台北:艺文印书馆,1974.
19. 朱熹. 诗经集传[M]. 成百晓,译注. 北京:传统文化研究会,1993.
20. 朱熹. 易学启蒙[M]. 成百晓,译注. 首尔:艺文书院,1994.
21. 朱熹. 周易传义[M]. 成百晓,译注. 北京:传统文化研究会,1998.
22. 朱熹. 朱子语类(全8卷)[M]. 黎靖德,编. 北京:中华书局,1983.
23. 朱熹. 朱熹集[M]. 成都:四川教育出版社,1996.

利玛窦的著作

24. 利玛窦. 交友论[M]. 宋荣培,译. 首尔:首尔大学出版社,2000.
25. 利玛窦. 利玛窦全集(全4卷)[M]. 刘俊馀,王玉川,合译. 台中:光启出版社,1986.
26. 利玛窦. 天主实义[M]. 宋荣培等,译. 首尔:首尔大学出版社,1999.
27. 利玛窦. 天学初函(全6卷)[M]. 李之藻,编. 台北:学生书局,1965.
28. Matteo Ricci. *The True Meaning of the Lord of Heaven*[M]. D. Lancashire & Hu Kuo-chen (trans.). Beijing: Ricc Institute for Chinese Studies,1985.

亚里士多德的著作

29. Aristotle. *Analytica Posteriora*[M]. J. Barnes (trans.), Oxford: Clarendon Aristotle Series,1975.
30. Aristotle. *Categoriae* [M]. J. L. Ackrill (trans.), Oxford: Clarendon Aristotle Series,1963.
31. Aristotle. *De Anima* [M]. D. W. Hamlyn (trans.), Oxford: Clarendon Aristotle Series,1968.
32. Aristotle. *De Memoria*[M]. R. Sorabji (trans.), Oxford: Clarendon Aristotle Series,1972.
33. Aristotle. *Ethica Nichomachea* [M]. W. D. Ross (trans.), Oxford: Clarendon Aristotle Series,1984.
34. Aristotle. *Physica*[M]. W. Charlton (trans.), Oxford: Clarendon Aristotle Series,1970.

其他著作

35. 阿部吉雄等,编译. 朱子大学系(全14卷)[M]. 东京:明德出版社,1974.

36. 阮元,校勘. 十三经注疏[M]. 成都:大化书局,1982.
37. 王先谦. 荀子集解[M]. 北京:中华书局,1988.
38. 李珥. 栗谷全书[M]. 南原:韩国精神文化研究院,1994.
39. 李瀷. 星湖先生全集[M]. 首尔:景仁文化社,1974.
40. 李滉. 增补退溪全书[M]. 首尔:成均馆大学大东文化研究院,1971.
41. 张载. 张载集[M]. 北京:中华书局,1978.
42. 程颢,程颐. 二程集[M]. 北京:中华书局,1984.
43. 周敦颐. 周子全书[M]. 台北:广学社,1975.
44. 蔡沈. 书经集注(上、下)[M]. 成百晓,译. 北京:传统文化研究会,2004.
45. 胡广. 性理大全[M]. 济南:山东友谊书社,1987.
46. 黄宗义. 宋元学案[M]. 杭州:浙江古籍出版社,1990.
47. 尚书. [M]. 冀昀,主编. 北京:线装书局,2007.
48. 孟轲等. 四书五经[M]. 北京:中华书局,2011.
49. 荀况. 荀子[M]. 王学典,编译. 北京:中国纺织出版社,2007.

研究著作与论文

韩文文献

50. Alin Badiou. 伦理学:“恶”意识研究[J]. 李仲荣. 东文选,2001.
51. Backer. Donald. 朝鲜后期儒教与天主教的对立[M]. 金世润,译. 首尔:一潮阁出版社,1997.
52. Ching. Julia. 儒教和基督教[M]. 林粲淳,崔孝善,译. 庆州:曙光出版社,1993.
53. Dallet. C. Claude. 韩国天主教会史[M]. 安应列,崔奭祐,译. 漆古:分道出版社,1980.
54. Levinas. Emmanuel. 时间与他者[M]. 姜荣安,译. 首尔:文艺出版社,1996.
55. Michael Loewe. 古代中国人的生死观[M]. 李成奎,译. 首尔:知识产业出版社,1988.
56. Schwartz. Benjamin. 古代中国的思想世界[M]. 罗星,译. 首尔:生活(意译)出版社,1996.
57. Yamada Kenny G. 朱子的自然学[M]. 金晳根,译. 首尔:原木(意译)出版社,1991.
58. 安外顺. 丁若镛思想中西学与儒学的融合与冲突[A]. 政治思想研究[C].

首尔:韩国政治思想学会,2000.

59. 安永淑. 孟子要义所体现的茶山经学的特点[A]. 韩国哲学论集(12号)[C]. 首尔:韩国哲学史研究会,2003.

60. 安永翔. 星湖学派宇宙论与道德实践心性论的分离[A]. 民族文化研究(第32号)[C]. 首尔:古代民族文化研究所,1999.

61. 安永翔. 从与托马斯神学的比较中看茶山的人心道心论[A]. 韩国实学研究(第9号)[C]. 首尔:韩国实学学会,2005.

62. 安载淳. 朝鲜后期实学的主体性问题:以朴趾源、朴齊家、丁若镛的北学论为重点[A]. 东洋哲学研究(第40辑)[C]. 利川:东洋哲学研究会,2004.

63. 白敏祯. 孟子:针对儒学的哲学辩论[M]. 首尔:太学社,2005.

64. 白敏祯. 从心性论看丁若镛与利玛窦的关系[J]. 东方学报(第136辑). 首尔:延世大学国学研究院,2006.

65. 白敏祯. 没落的修养论及其哲学内涵[A]. 成光童,等. 与李侗先生的会谈:延平答问[C]. 首尔:理学社,2006.

66. 蔡茂松. 韩儒丁茶山之反朱子学内容之研究[J]. 韩国学报(11). 首尔:一志社,1978.

67. 车基真. 茶山的西学认知背景和西学观[A]. 韩国学大学院论文集(第8辑)[C]. 1993.

68. 车基真. 星湖学派的西学认知和斥邪论[D]. 韩国精神文化研究院博士学位论文. 1995.

69. 成光童,等. 与李侗先生的会谈:延平答问(11)[C]. 首尔:理学社,2006.

70. 成乐薰. 儒教思想的近代转型:以茶山为中心[J]. 韩国思想 6. 1963.

71. 成泰镛. 茶山人性论[A]. 哲学研究(14)[C]. 哲学研究会,1979.

72. 成泰镛. 关于茶山明善论的考察[A]. 泰东古典研究(1)[C]. 首尔:翰林大学泰东古典研究所,1984.

73. 成泰镛. 茶山丁若镛的哲学思想[J]. 哲学与现实(1994年冬季号). 1994.

74. 成泰镛. 茶山学的修身与修心[A]. 茶山学(5)[C]. 首尔:茶山学术文化财团,2001.

75. 成泰镛. 茶山哲学中没有启示的上帝[A]. 茶山学(5)[C]. 首尔:茶山学术文化财团,2004.

76. 池斗焕. 朝鲜后期实学研究的问题与方向[A]. 泰东古典研究(3)[C]. 首尔:翰林大学泰东古典研究所,1987.

77. 崔大羽,等. 丁茶山的经学[M]. 首尔:民音社,1989.

78. 崔大羽. 关于茶山性嗜好学性的人类理解研究[D]. 忠南大学博士学位论文. 1999.

79. 崔东曦. 茶山的神观[A]. 韩国思想(15). 1977.

80. 崔东曦. 韩国实学对西学的反映[M]. 首尔:高丽大学出版社,1995.

81. 崔海淑. 茶山丁若镛的哲学: 形而上学和实践哲学的系统理解[J]. 东方哲学研究(第29辑). 首尔:东方哲学研究会,2002.

82. 崔汉圭. 谈茶山丁若镛牧民思想的实学谈论[D]. 檀国大学博士学位论文. 2004.

83. 崔基福. 研究儒教与西学思想上矛盾及升华的融合[D]. 成均馆大学博士学位论文. 1989.

84. 崔基福. 茶山的生死拯救观[A]. 茶山思想中的西学基础[C]. 首尔:西江大学出版部,2004.

85. 崔奭祐,等. 丁茶山研究现状[C]. 首尔:民音社,1990.

86. 崔奭祐,等. 茶山丁若镛的西学思想[C]. 首尔:五车(音译)出版社,1997.

87. 崔奭祐. 丁若镛与天主教的关系[J]. 茶山学报(5). 光州:茶山学研究院,1983.

88. 崔奭祐. 论茶山的西学[A]. 崔奭祐,等. 茶山丁若镛的西学思想[C]. 首尔:五车(音译)出版社,1997.

89. 崔一凡. 儒教修养功夫论的现代解析[J]. 东方哲学研究(第23辑). 首尔:东方哲学研究会,2000.

90. 崔英辰. 茶山人性、物性论思想史的位相:与湖洛论争的人物性同异论相联系[J]. 哲学(68辑). 首尔:韩国哲学会,2001.

91. 丁淳佑. 茶山研究的论点与争论点[A]. 韩国学大学院论文集(第8辑)[C]. 1993.

92. 丁淳佑. 茶山工夫论的"德性"问题[A]. 茶山学(2)[C]. 2005.

93. 丁淳佑. 茶山的天与上帝[A]. 茶山学(9)[C]. 2006.

94. 丁海廉,译. 牧民心书精选(上、下)[M]. 首尔:现代实学出版社,2004.

95. 高美淑. 朝鲜后期批评谈论的两种流派——论燕岩与茶山的差异[J]. 大东文化研究(41号). 首尔:成均馆大学东文化研究院,2002.

96. 沟口雄三等. 中国的礼治系统[M]. 东国大学东洋史研究室,译. 首尔:清溪(音译)出版社,2001.

97. 韩慈卿. 儒教和天主教之间的茶山[A]. 17~18世纪朝鲜外国书籍传入

与文化变动[C]. 首尔:梨花女子大学韩国文化研究院,2005.

98. 韩德雄. 韩国儒学的心理学基础和现代心理学意义[J]. 韩国心理学会报(16 号). 首尔:韩国心理学会,1997.

99. 韩锭吉. 王阳明的心灵哲学研究[D]. 延世大学博士学位论文. 1999.

100. 韩锭吉. 以对"作用是性"说与"识心"说的批判为重点,探究朱子对佛教的批判[J]. 东方学报(第 116 辑). 首尔:延世大学国学研究院,2001.

101. 韩锭吉. 朝鲜后期实学家的阳明学观点[A]. 韩国实学研究(第 10 号)[C]. 首尔:韩国实学学会,2005.

102. 韩国思想史研究会. 实学的哲学[M]. 首尔:艺文书院,1997.

103. 韩国哲学史研究会. 茶山经学的现代理解[M]. 首尔:慎山(音译)出版社,2004.

104. 韩国实学研究会. 韩国实学史研究[M]. 首尔:民音社,1998.

105. 韩亨祚. 丁若镛的化一论经学研究的模式[J]. 精神文化研究(36). 1989.

106. 韩亨祚. 从朱熹到丁若镛的哲学思维转换[D]. 韩国精神文化研究院博士学位论文. 1993.

107. 韩亨祚. 茶山与西学:朝鲜朱子学的延续与断层[A]. 茶山学(2)[C]. 首尔:茶山学术文化财团,2001.

108. 韩亨祚. 座谈:茶山、朱子学及西学[A]. 茶山学(2)[C]. 首尔:茶山学术文化财团,2001.

109. 韩亨祚. 从朱熹到茶山:朝鲜儒学的哲学范式研究[M]. 坡州:世界社,2002.

110. 韩亨祚. 茶山思想的发展历程[A]. 茶山学(5)[C]. 首尔:茶山学术文化财团,2004.

111. 韩亨祚. 朱子神学的现代响应[A]. 东系学术大会论文集[C]. 首尔:韩国实学学会. 2004.

112. 韩英. 戴震的气学和丁若镛实学的近代性比较研究[D]. 韩国学研究院博士学位论文. 2002.

113. 韩佑劤. 李朝实学概念研究[J]. 震坛学报(19). 1958.

114. 韩佑劤. 茶山的学问观和学风[J]. 韩国文化(3). 1982.

115. 韩佑劤,等. 丁茶山研究现状[C]. 首尔:民音社,1985.

116. 河宇凤. 考察丁茶山的西学关系[J]. 教会史研究(1 号). 1977.

117. 河宇凤. 茶山丁若镛日本儒学的研究[J]. 韩国文化(9 号). 首尔:首尔大学韩国文化研究所,1988.

118. 黄金重. 朱子工夫论研究[D]. 延世大学博士学位论文. 2000.

119. 黄元九.《与犹堂全书》所引清学关系记事考(Ⅰ)[J]. 东方学报(9). 首尔:延世大学国学研究院,1968.

120. 黄元九.《与犹堂全书》所引清学关系记事考(Ⅱ)[J]. 省谷论丛(1). 1970.

121. 黄锺烈. 关于利玛窦的天上帝观的东亚应答[J]. 韩国宗教研究(第6辑). 首尔:西江大学宗教研究所,2004.

122. 黄秉冀. 茶山的存在论[D]. 延世大学硕士学位论文. 1994.

123. 黄秉冀. 茶山丁若镛的易象学[D]. 延世大学博士学位论文. 2004.

124. 姜万吉,等. 丁茶山与他的时代[C]. 首尔:民音社,1986.

125. 姜万吉,等. 茶山的政治经济思想[C]. 首尔:创作与批评出版社,1990.

126. 姜信珠. 论朱子与茶山"未发"存在论的感受性与新学感受性之间的差异[A]. 茶山学(2)[C]. 首尔:茶山学术文化财团,2001.

127. 姜在彦. 朝鲜的西学史[M]. 首尔:民音社,1990.

128. 金弼洙. 茶山的利己论批判[A]. 哲学思想(6、7合集)[C]. 首尔:东国大学哲学会,1985.

129. 金吉焕. 茶山的中庸观与心学[J]. 茶山学报(2). 光州:茶山学研究院,1979.

130. 金敬泰. 茶山丁若镛的人性论所体现的道德实践意义[J]. 东洋古典研究(4号). 首尔:东洋古典学会,1995.

131. 金敬泰. 茶山人性论的教育意义[D]. 汉阳大学博士学位论文. 1996.

132. 金炯孝,等. 茶山思想与其现代意义[M]. 南原:韩国精神文化研究院,1998.

133. 金炯孝. 实学思想家茶山丁若镛的一种解读法[A]. 茶山学(3)[C]. 首尔:茶山学术文化财团,2002.

134. 金仁奎. 以"五学论"为重点,探究茶山丁若镛的学问观[J]. 东洋古典研究(第17辑). 首尔:东洋古典学会,2002.

135. 金仁奎. 北学思想的哲学基础[A]. 韩国哲学思想家研究——哲学与现实[C]. 2003.

136. 金荣日. 围绕丁若镛的《中庸》解释,研究其上帝思想[A]. 人文科学论集(5)[C]. 首尔:江南大学人文科学研究所,1998.

137. 金荣日. 围绕茶山的《中庸》解释,研究其上帝思想[D]. 建国大学博士学位论文. 2000.

138. 金容沃. 读气学说[M]. 首尔:原木(意译)出版社,1990.

139. 金胜惠. 原始儒教[M]. 首尔:民音社,1990.

140. 金胜惠. 以沉默关照上天——茶山的天思想中的西学基础[A]. 茶山思想中的西学基础[C]. 首尔:西江大学人文科学研究所,2004.

141. 金胜惠等. 茶山思想中的西学基础[C]. 首尔:西江大学出版社,2004

142. 金泰英. 茶山的经学与"诚"思想[A]. 湖西文化研究(5)[C]. 清州:忠北大学,1985.

143. 金泰英. 茶山的"诚敬"思想研究[A]. 湖西文化研究(7)[C]. 清州:忠北大学,1988.

144. 金王渊. 围绕朝鲜后期茶山的实学思想,探究韩国近代思想实践的合理性[A]. 东西文化研究(2)[C]. 大田:汉南大学东西文化研究所,1991.

145. 金文植. 围绕成海应、洪奭周、丁若镛,研究 19 世纪上半叶经气学者的经学思想与经世论[D]. 首尔大学博士学位论文. 1995.

146. 金文植. 丁若镛的经学思想与经世论[J]. 韩国学报(78 号.)首尔:一志社,1995.

147. 金文植. 丁若镛的经学思想与经世论(下)[J]. 韩国学报(79 号). 首尔:一志社,1995.

148. 金文植. 朝鲜后期经学思想研究[M]. 首尔:一潮阁出版社,1996.

149. 金文植. 正祖的经学与朱子学[M]. 首尔:太学社,2000.

150. 金尚峰(音译). 自我意识与存在思维[R]. 坡州:韩吉社,1998.

151. 金相洪. 驳茶山的天主教信奉论[J]. 东洋学(20). 龙人:檀国大学东洋学研究所,1990.

152. 金相洪. 茶山文学的现代性照明[J]. 茶山学报(15). 光州:茶山学研究院,1995.

153. 金相洪. 茶山诗的乌托邦世界[A]. 韩文学论集(20 号)[C]. 龙仁:槿域汉文学会,2002.

154. 金相洪. 茶山文学的再照明[M]. 首尔:檀国大学出版部,2004.

155. 金炫. 茶山的中和概念[J]. 茶山学报(7). 1985.

156. 金彦钟. 茶山《论语古今注》中的萱原学派论语说[A]. 茶山学(3)[C]. 首尔:茶山学术文化财团,2002.

157. 金翼洙. 茶山实学与西学关联性的研究[J]. 伦理教育研究(第 6 辑). 清州:韩国伦理教育学会,2004.

158. 金泳镐. 茶山学研究叙述——茶山实学研究成果与问题[J]. 茶山学报(9). 1987.

159. 金泳镐. 围绕《论语古今注》,探究丁茶山的《论语》解释研究[D]. 成均馆大学博士学位论文.1994.

160. 金泳镐.丁茶山性说的经学考察[J].大东文化研究(31号).首尔:成均馆大学大东文化研究院,1996.

161. 金永佑.丁若镛的易学思想研究[D].首尔大学博士学位论文.2000.

162. 金永佑.茶山四端七情论之研究[A].茶山学(6)[C].首尔:茶山学术文化财团,2005.

163. 金泳镐.茶山的论语解释研究.首尔:慎山(意译)出版社,2003.

164. 金泳镐.丁若镛的经学观[A].朴洪植,等.茶山丁若镛[C].首尔:艺文书院,2005.

165. 金玉熙.韩国天主教思想史(2卷):茶山丁若镛的西学思想研究[M].首尔:殉教之脉(意译)出版社,1991.

166. 金玉熙.茶山《心经密验》中的心性论[A].崔奭祐,等.茶山丁若镛的西学思想[C].首尔:五车(意译)出版社,1997.

167. 金致完.从朱子学传统看茶山的人类观研究[D].釜山大学博士学位论文.2005.

168. 康德.实践理性批判[M].白琮铉,译.首尔:雅凯(音译)出版社,2002.

169. 李东焕.对于茶山思想中"上帝"导入途径的叙事性考察[A].朴洪植,等.茶山丁若镛[C].首尔:艺文书院,2005.

170. 李凤奎.丁若镛对17世纪礼讼的理解以及礼讼的哲学论争,以《正体传重辨》为重点[A].孔子学(2)[C].首尔:韩国孔子学会,1996.

171. 李凤奎.茶山学研究的最新动向与前景[A].茶山学(6)[C].2005.

172. 李凤奎.通过对西学的解释看丁若镛的政治论[A].茶山学(7)[C].2005.

173. 李光虎.李退溪学问论的内涵结构的研究[D].首尔大学博士学位论文.1993.

174. 李光虎.李退溪的哲学思想对丁茶山经学思想模式产生的影响[J].退溪学报(90号).首尔:退溪学研究院,1996.

175. 李光虎.孔子的学问观[J].东西哲学研究(20辑).大田:东西哲学研究会,2000.

176. 李光虎.从东西融合看丁若镛的思想[J].退溪学报(113号).首尔:退溪学研究院,2003.

177. 李光虎.从上帝观看儒教与基督教的融合[J].儒教思想研究(19).首尔:韩国儒教学会,2003.

178. 李光虎.星湖李瀷接纳西学的经学基础[A].韩国实学研究(第7号)

[C]. 首尔:韩国实学学会,2004.

179. 李光虎. 从《中庸讲义补》与《中庸自箴》看茶山的性哲学[A]. 茶山学(7)[C]. 首尔:茶山学术文化财团,2005.

180. 李光虎. 退溪李滉心学理学对茶山丁若镛道德论形成的影响[A]. 韩国实学研究(第12号)[C]. 首尔:韩国实学学会,2006.

181. 李浩炯. 从大学注释看丁茶山的经学[A]. 东洋学国际学术会议论文集(5号)[C]. 首尔:成均馆大学大东文化研究院,1995.

182. 李龙三. 茶山的自撰墓志铭研究[D]. 天主教大学硕士学位论文. 1991.

183. 李龙珠. 朱熹的文化传统意识研究[D]. 首尔大学博士学位论文. 1999.

184. 李楠永. 茶山丁若镛的利己观[A]. 茶山思想的综合研究[C]. 首尔:民音社,1982.

185. 李荣勋. 茶山经世论的经学基础[A]. 茶山学(1)[C]. 首尔:茶山学术文化财团,2000.

186. 李如真.《尚书诂训》所体现的丁若镛的历史观[A]. 哲学思想(8)[C]. 首尔:东国大学佛教学院哲学会,1986.

187. 李如真. 丁若镛周礼论的研究[D]. 东国大学博士学位论文. 1996.

188. 李如真. 丁若镛《春秋考证》的研究[A]. 孔子学(5)[C]. 首尔:韩国孔子学会,1999.

189. 李升锺. 近代知识与德的精髓[A]. 儒学的工夫论与德的精髓[C]. 首尔:清溪(音译)出版社,2004.

190. 李淑仁. 东亚古代女性思想[M]. 首尔:如以然(音译)出版社,2005.

191. 李挺豪编. 儒教经典的理解[M]. 首尔:中和堂,1994.

192. 李熙平. 以上帝主宰权与人间自主权为中心,考察茶山的"天人相关"[A]. 韩国哲学论集(3号)[C]. 首尔:韩国哲学史研究会,1993.

193. 李相翊. 丁若镛社会思想的新基础[A]. 哲学(48辑)[C]. 首尔:韩国哲学会,1996.

194. 李相翊. 丁若镛伦理思想的朱子学驳斥[J]. 东方学报(第1991辑). 首尔:延世大学国学研究院,2003.

195. 李享万. 茶山中庸注释的人类学解读[A]. 韩国哲学论集(12号)[C]. 首尔:韩国哲学史研究会,2003.

196. 李性春. 茶山丁若镛的天思想研究[D]. 圆光大学博士学位论文. 1991.

197. 李性春. 茶山丁若镛的天命思想与人伦[A]. 泛韩哲学(8)[C]. 1993.

198. 李乙浩 编. 实学论丛[C]. 光州:全南大学出版社,1975.

199. 李乙浩. 茶山实学的洙泗学结构[J]. 亚细亚研究(18). 1965

200. 李乙浩. 茶山实学的陆王学层面[J]. 东方学报(8). 1967.

201. 李乙浩. 茶山学的理解[M]. 首尔:玄岩社,1975.

202. 李乙浩. 茶山的孝悌观[A]. 韩国思想(15) [C]. 1977.

203. 李乙浩. 韩国改新儒学史时论[M]. 首尔:博英社,1982.

204. 李乙浩. 茶山哲学的现代意义[A]. 哲学(25 辑)[C]. 首尔:韩国哲学会,1986.

205. 李乙浩. 茶山经学思想研究[M]. 首尔:乙酉文化社,1989.

206. 李乙浩. 改新儒学与茶山经学[A]. 朴洪植,等. 茶山丁若镛[C]. 首尔:艺文书院,2005.

207. 李佑成. 实学研究序[A]. 韩国的历史像[C]. 首尔:创作与批评社,1982.

208. 李佑成. 实是学舍散稿[M]. 首尔:创作与批评社,1995.

209. 李佑成. 茶山经学与经世学的关系[A]. 茶山学(1)[C]. 首尔:茶山学术文化财团,2000.

210. 李赞衡. 对于茶山《论语古今注》的研究[A]. 大东文化研究(29 号)[C]. 首尔: 成均馆大学大东文化研究院,1994.

211. 李赞衡. 茶山经学研究[M]. 首尔:太学社,1996.

212. 李赞衡. 比较茶山的经典注释与朱子集注[A]. 民族文化(19)[C]. 首尔:民族文化促进会,1996.

213. 梁海龙. 朝鲜后期儒教与西教的比较研究[D]. 天主教大学硕士学位论文. 1999.

214. 林亨泰. 19 世纪经学关于西学的对应[J]. 创作与批评(91),(1996 春季号). 首尔:创作与批评社,1996.

215. 林亨泰. 丁若镛的经学与崔汉绮的气学:东西文化碰撞的两种方式[J]. 大同文化的研究(45 号). 首尔:成均馆大学大东文化研究院,2004.

216. 刘命钟. 尹白湖与丁茶山[A]. 哲学研究(27). 韩国哲学研究会论文集[C],1979.

217. 刘权钟. 茶山丁若镛的上帝天[J]. 茶山学报(7). 1985.

218. 刘权钟. 茶山礼学的丧义说研究[D]. 高丽大学博士学位论文. 1991.

219. 刘权钟. 茶山人间观的再照明[A]. 哲学(72 辑)[C]. 首尔:韩国哲学会,2002.

220. 刘权钟. 以退溪与茶山为重点,探究后期实学与性理学的关系[A]. 谱学研究(第 18 辑)[C]. 首尔:韩国谱学研究会,2003.

221. 刘文尚. 茶山易学和伦理的涵义[D]. 教员大学博士学位论文. 2002.

222. 柳初夏. 丁若镛的宇宙观[D]. 高丽大学博士学位论文. 1991.

223. 柳初夏. 茶山存在论在哲学史上的地位[A]. 民族文化(19)[C]. 首尔:民族文化促进委员会,1996.

224. 柳初夏. 丁若镛哲学的唯物论层面[J]. 东洋学(26). 龙仁:檀国大学东洋学研究所,1996.

225. 柳初夏. 丁若镛哲学的特征[A]. 民族文化(19)[C]. 首尔:民族文化促进委员会,1996.

226. 柳初夏,等. 学术会的综合讨论[A]. 民族文化(19)[C]. 首尔:民族文化促进委员会,1996.

227. 柳初夏. 丁若镛的认识说与科学指向[A]. 韩国思想史研究会. 实学的哲学[C]. 首尔:艺文书院,1997.

228. 柳初夏. 资料与解说:韩国的哲学思想[M]. 韩国思想研究所. 首尔:艺文书院,2001.

229. 罗星. 茶山的哲学思想[A]. 哲学论究(8)[C]. 1980.

230. 罗一洙.《天主实义》与茶山的世界观[A]. 教育史学研究(2、3 辑)[C]. 首尔:首尔大学教育史学会,1990.

231. 楠本正继. 宋明儒学思想史[M]. 金炳华,李惠京,译. 首尔:文艺书院,2005.

232. 裴柄三. 以茶山丁若镛的经学解释为重点,研究其政治思想[D]. 庆熙大学博士学位论文. 1993.

233. 裴柄三. 茶山思想的政治学解释[A]. 茶山的思想及其现代性的意义[C]. 南原:韩国精神文化研究院,1998.

234. 裴柄三. 茶山儒学世界考绩制的政治学[J]. 东洋政治思想史(1－1号). 仁川:韩国东洋政治思想史学会,2002.

235. 平川祐弘. 利玛窦东西闻名交流的人文学叙事诗[M]. 卢永希,译. 首尔:东亚细亚出版社,2002.

236. 朴弘植. 丁茶山天人观的哲学史涵义[A]. 东洋哲学研究(16 辑)[C]. 利川:东洋哲学研究会,1996.

237. 朴弘植,等. 茶山丁若镛[C]. 首尔:艺文书院,2005.

238. 朴茂英. 丁若镛的诗与思维[M]. 首尔:太学社,2002.

239. 朴茂英. 丁若镛早期(仕宦期)散文研究[A]. 茶山学(6)[C]. 首尔:茶山学术文化财团,2005.

240. 朴炳浩,等. 茶山学的探究[C]. 首尔:民音社,1990.

241. 朴锡武,译. 发配地寄来的信[M]. 首尔:创作与批评出版社,2002.

242. 朴贤模. 从丁若镛与正祖的关系看其君子论[A]. 政治思想研究(第8辑)[C]. 2003.

243. 朴赞永. 从《尚书古训·迂书》看茶山的政治思想[A]. 东洋哲学(25辑)[C]. 首尔:韩国东洋哲学会,2006.

244. 朴钟鸿. 西学世界观与茶山洙泗旧观[A]. 朴钟鸿全集(5)[C]. 首尔:莹雪出版社,1975.

245. 朴钟天.《国朝典礼考》所体现的茶山丁若镛的礼论[A]. 韩国思想史学(16)[C]. 首尔:韩国思想史学会,2001.

246. 千宽宇. 韩国实学思想史[A]. 韩国文化史大系(6)[C]. 首尔:古代民族文化研究所,1970.

247. 千宽宇. 磻溪柳馨远研究:实学思想体现的李朝社会之侧面[A]. 近代朝鲜史研究[C]. 首尔:一潮阁出版社,1975.

248. 琴章泰. 丁若镛与天主教信仰[A]. 韩国学(24号)[C]. 首尔:永信学院韩国学研究所,1981.

249. 琴章泰. 东西交涉与近代韩国思想[M]. 首尔:成均馆大学出版社,1993.

250. 琴章泰. 茶山与惠岡的人间理解——实学的人间观的两种类型[A]. 东洋学(24)[C]. 龙仁:檀国大学东洋学研究所,1994.

251. 琴章泰. 茶山的传统观与文化意识[J]. 宗教与文化(第1号). 首尔:首尔大学宗教问题研究所,1995.

252. 琴章泰. 茶山经学脱朱子学的世界观[A]. 茶山学(1)[C]. 首尔:茶山学术文化财团,2000.

253. 琴章泰. 茶山工夫论的儒学价值[A]. 茶山学(2)[C]. 2001.

254. 琴章泰. 茶山实学探究[M]. 首尔:小学社(音译),2001.

255. 琴章泰. 茶山的"心"概念与利玛窦的灵魂论[J]. 宗教与文学(第8卷). 首尔:首尔大学宗教问题研究所,2002.

256. 琴章泰. 丁若镛——韩国实学的集大成者[M]. 首尔:成均馆大学出版社,2002.

257. 琴章泰. 茶山的"事天学"与"西学收容"[A]. 哲学思想(第16卷)[C]. 首尔:首尔大学哲学研究所,2003.

258. 琴章泰. 大学之道与德之概念——茶山与荻生徂徕的《大学》解释[A]. 茶山学(4)[C]. 首尔:茶山学术文化财团,2003.

259. 琴章泰. 中庸原理与"诚"的实现——茶山与荻生徂徕的《中庸》解释[A]. 人文论丛(49)[C]. 首尔:首尔大学人文学研究所,2003.

260. 琴章泰. 韩国儒学探究［M］. 首尔：首尔大学出版社，2003.

261. 琴章泰. 道与德——茶山与荻生徂徕的《中庸》《大学》解释［M］. 坡州：Ecclio 出版社，2004.

262. 琴章泰. 朝鲜后期儒教与西学［M］. 首尔：首尔大学出版社，2004.

263. 琴章泰. 茶山丁若镛：儒学与西学的融合者［M］. 首尔：生活（意译）出版社，2005.

264. 琴章泰. 心与性——茶山的《孟子》解释［M］. 首尔：首尔大学出版社，2005.

265. 琴章泰. 仁与礼——茶山的《论语》解释［M］. 首尔：首尔大学出版社，2006.

266. 权纯哲. 茶山丁若镛的经学和经世思想［J］. 中国哲学研究（5）. 1993.

267. 权纯哲. 再思"实学"——论其近代性的特征［A］. 传统与现代（11 号）［C］. 2005.

268. 全道雄. 以与西教的接触为中心研究茶山的教育思想［D］. 延世大学博士学位论文. 1990.

269. 任溥然. 丁若镛心论性的结构与论证［A］. 宗教学研究（20 辑）［C］. 首尔：韩国宗教学研究会，2001.

270. 任溥然. 丁若镛的修养论研究［D］. 首尔大学博士学位论文. 2004.

271. 任宰完. 以古文尚书为重点，考察茶山的尚书观［D］. 成均馆大学硕士学位论文. 1994.

272. 赛缇·马可（音译）. 茶山丁若镛经学思想托古改制的具体实施［J］. 精神文化研究（50 号）. 1993.

273. 山内弘一. 丁若镛事天学与修己治人学的研究［J］. 朝鲜学报（122）. 1987.

274. 山内弘一. 丁若镛的学问观［J］. 茶山学报（12）. 1991.

275. 山内弘一. 金永佑译. 李朝晚期知识分子反朱子学的一个批判实例——清毛奇龄与日本考证学派批判［A］. 传统与现代（11）［C］. 首尔：传统与现代杂志社，2004.

276. 沈庆昊. 茶山尚书论研究的方向［J］. 精神文化研究（40 号）. 1990.

277. 慎镛厦. 19 世纪末张志渊对茶山丁若镛研究［J］. 韩国学报（110 号）. 首尔：一志社，2003.

278. 慎镛厦. 朝鲜后期实学派的社会思想研究［M］. 首尔：知识产业出版社，2000.

279. 实是学舍经学研究院. 茶山与文山的人性论争［M］. 坡州：韩吉社（音

译),1996.

280. 实是学舍经学研究院.茶山与台山、渊泉的经学论争[M].坡州:韩吉社(音译),2000.

281. 实是学舍经学研究院.茶山与石泉的经学争论[M].坡州:韩吉社(音译),2000.

282. 实是学舍经学研究院.茶山的经学世界[M].坡州:韩吉社(音译),2002.

283. 宋荣培.基督教与儒教的抗衡与对话探微(演讲稿)[Z].首尔:首尔大学哲学思想研究所.1997.

284. 宋荣培.以《天主实学》的影响为重点,研究丁若镛哲学与性理学利己观[A].哲学思想(第13号)[C].首尔:首尔大学哲学思想研究所,2001.

285. 宋荣培.茶山哲学与《天主实义》之范式比较研究[M].金胜惠,等.茶山思想中的西学基础.首尔:西江大学出版部,2004.

286. 宋荣培.利玛窦的西学与韩国实学的现代意义[A].大东文化研究(45号)[C].首尔:成均馆大学东亚学术院、大东文化研究院,2004.

287. 宋锡球.茶山人性论的善恶根据[A].哲学(25辑)[C].首尔:韩国哲学会,1986.

288. 宋载邵.茶山丁若镛的文化论[A].大东文化研究(18号)[C].首尔:成均馆大学大东文化研究院,1984.

289. 宋载邵.茶山丁若镛的正义观[J].言论与批评(12号).首尔:言论与批评杂志社,1990.

290. 宋载邵.理性学派文学与实学派文学的延续与断层:以茶山与燕岩为中心[A].泰东古典研究(第19辑)[C].首尔:翰林大学泰东古典研究所,2003.

291. 宋载邵,等.李朝后期汉文学的再照明[M].首尔:创作与批评社,1994.

292. 孙永值.理性与现实[M].蔚山:蔚山大学出版社,1999.

293. 土田健次郎.北宋道学史[M].成玄昌.首尔:艺文书院,2006.

294. 丸山真男.日本政治思想史研究[M].金哲根,译.首尔:韩国思想史研究所,1995.

295. 文锡胤.朱熹的理性与历史[A].泰东古典研究(16)[C].首尔:翰林大学泰东古典研究所,1999.

296. 文锡胤.茶山丁若镛眼中的"道德"问题[A].实学与东亚资本主义(第7届东亚实学国际学术大会发表论文集)[C].首尔:韩国实学学会,2002.

297. 文锡胤.茶山丁若镛的新道德理论:心性新解[A].哲学研究(大韩哲学论文集)(第90辑)[C].大邱:大韩哲学会,2004.

298. 吴文焕. 对茶山丁若镛的近代性批判:以人类观分析为中心[A]. 政治思想研究(7 辑)[C]. 首尔:韩国政治思想学会,2002.

299. 吴钟逸. 茶山的大学、中庸观[J]. 茶山学报(7). 1985.

300. 小川晴之. 茶山经学解释的态度[J]. 茶山学报(12). 1991.

301. 尹敏求. 丁若镛墓志铭体现的讲学特点[A]. 韩国天主教会的起源[M]. 首尔:国学资料院,2002.

302. 尹善子. 二十世纪三十年代的国学运动与茶山认识[A]. 韩国思想史学(第 23 辑)[C]. 首尔:韩国思想史学会,2004.

303. 尹丝淳等. 韩国的思想[M]. 首尔:烈音(音译)出版社,1994.

304. 尹丝淳编. 丁若镛[M]. 首尔:高大出版社,1990.

305. 尹丝淳. 脱性理学观点中的茶山的人间观[A]. 韩佑劤,等. 丁茶山研究现况[C]. 首尔:民音社,1985.

306. 尹丝淳. 茶山的一生及其思想[A]. 哲学(25 辑)[C]. 首尔:韩国哲学会,1986.

307. 尹丝淳. 茶山的人间观[J]. 茶山学报(9). 1987.

308. 尹丝淳. 韩国的性理学与实学[M]. 首尔:三仁(音译)出版社,1998.

309. 尹丝淳. 丁若镛脱性理学的哲学[A]. 传统与现实(15 辑)[C]. 光州:高峰学术院,2001.

310. 尹丝淳. 性理学与实学及其根本思想的同一性的考察[A]. 朴洪植,等. 茶山丁若镛[C]. 首尔:艺文书院,2005.

311. 张秉汉. 以公平思想为中心探究丁若镛经学观与经世学的基础[A]. 韩国汉文学研究(25 辑)[C]. 仁川:韩国汉文学会,2000.

312. 张秉汉. 以今古文尚书的辨识为中心,辨释丁若镛关于黄宗义的《尚书古文疏证 · 序》[A]. 东洋哲学研究(第 26 辑)[C]. 利川:东洋哲学研究会,2001.

313. 张承熙. 茶山丁若镛天人关系论的论理意义[A]. 韩国文化(24)[C]. 首尔:首尔大学韩国文化研究所,1999.

314. 张承熙. 关于茶山丁若镛道德自律性的研究[D]. 首尔大学博士学位论文. 1998a.

315. 张承熙. 关于茶山丁若镛伦理思想的研究[A]. 东洋哲学研究(第 19 辑)[C]. 利川:东洋哲学研究会,1998.

316. 张东佑. 茶山与清代考证学间的关系研究——以《论语古今注》为中心[A]. 延世哲学(6 号)[C]. 1994.

317. 张东佑. 实学对朱子学模式的反思及解构[A]. 泰东古典研究(12)

[C] 首尔:翰林大学泰东古典研究所,1995.

318. 张东佑.以《义理·丧服》和《丧礼四笺·丧期别》为中心研究茶山礼学[D].延世大学博士学位论文.1998.

319. 张东佑.李载毅关于茶山人性论对《孟子》"四端"章解释的论争[A].泰东古典研究(15).首尔:翰林大学泰东古典研究所,1998.

320. 张福东.茶山伦理思想的人类学特征[D].全南大学博士学位论文.2001.

321. 张福东.丁若镛道德哲学中恶的问题[A].东洋哲学研究(第37辑)[C].利川:东洋哲学研究会,2004.

322. 张福东.丁若镛的认识论与实践伦理[A].东洋哲学研究(第32号)[C].大田:韩国东西哲学会.2004.

323. 张胜九.茶山近代作为性世界观的研究序论[A].韩国学大学院论文集(第五辑)[C].1990.

324. 张胜九.退溪内涵哲学与茶山外延哲学的比较[D].韩国精神文化研究院博士学位论文.1995.

325. 张胜九.丁茶山的改革历史观[A].东洋哲学研究(第16辑)[C].利川:东洋哲学研究会,1996.

326. 张胜九.丁若镛与实践哲学[M].首尔:曙光社,2001.

327. 张胜九.东西思想的碰撞与丁若镛的人类观[A].茶山学(8)[C].2006.

328. 赵成乙.丁若镛政治经济改革思想的研究[D].延世大学博士学位论文.1992.

329. 赵成乙.朝鲜后期性理学解体的诸样相[A].国学研究(第五辑)[C].安东:韩国国学振兴院,2004.

330. 赵南浩.退溪学派与栗谷学派关于人心道心说的争论[J].退溪学报.首尔:退溪学研究院,1999.

331. 赵南浩.近来《论语》解析的问题[J].时代与哲学(12).首尔:韩国哲学思想研究会,2001.

332. 赵南浩.朱熹:中国哲学的中心[M].首尔:太学社,2004.

333. 郑炳连.茶山四书学研究[M].首尔:景仁文化社,1994.

334. 郑圭荣,编.俟菴先生年谱[M].首尔:骊江出版社,1992.

335. 郑仁宰.西学与丁茶山的"性嗜好说"[A].茶山学(7)[C].首尔:茶山学术文化财团,2005.

336. 郑日均.关于茶山丁若镛世界观的社会学研究——以《论语古今注》与《论语集注》的比较为中心[D].首尔:首尔大学博士学位论文.1996.

337. 郑日均.茶山四书经学研究[M].首尔:一志社,2000.

338. 郑润景. 丁若镛天观与物观的相关研究[D]. 首尔:首尔大学硕士学位论文. 1992.

339. 郑玉子. 朝鲜后期知性史[M]. 首尔:一志社,1991.

340. 郑玉子. 朝鲜后期历史的理解[M]. 首尔:一志社,1993.

中文与西文文献

341. 牟宗三. 心体与性体[M]. 台北:正中书局,1980.

342. 徐宗泽. 明清间耶稣会士译著提要[M]. 北京:中华书局,1989.

343. 孙尚扬. 明末天主教与儒学的交流和冲突[M]. 台北:文津出版社,1992.

344. 阿・克・穆尔. 1550 年前的中国基督教史[M]. 北京:中华书局,1984.

345. 岳云峰. 天主实义的灵魂论[A]. 神学论集(56 号)[C]. 新北:辅仁大学附设神学院,1983.

346. 友枝龙太郎. 朱子的思想形成[M]. 东京:春秋社,1979.

347. 刘述先. 朱子哲学思想的发展与完成[M]. 台北:学生书局,1982.

348. 林东阳. 有关利玛窦所著《天主实义》与《畸人十编》的几个问题[J]. 大陆杂志(第 56 卷)(第一期). 1978.

349. 佐伯好郎. 支那基督教的研究(1 卷、2 卷)[M]. 东京:春秋社松柏馆,1944.

350. 陈来. 朱熹哲学研究[M]. 台北:文津出版社,1980.

351. 蔡仁厚. 朱子的中和旧说与新说——关于朱子思想的演变发展与完成[J]. 孔孟学报(第 37 期). 1977.

352. 胡国桢. 简介天主实义[A]. 神学论集(56 号)[C]. 新北:辅仁大学附设神学院,1983.

353. 胡国桢. 天主实义的天主论[A]. 神学论集(56 号)[C]. 新北:辅仁大学附设神学院,1983.

354. Baker, Don, *Tasan Between Catholicism and Confucianism*[J]. The Journal of Korean Studies(5), 2004.

355. Aquinas, Thomas, *Summa Contra Gentles (I)*[M]. Rome: Marietti, 1934.

356. Campbell, Thomas J., *The Jesuits 1534 ~ 1921*[M]. Boston: Milford House, 1971.

357. Cary-Elwes, Columba, *China and the Cross*[M]. New York: P. J. Kennedy and Sons, 1957.

358. Chan Wing-tsit, *Neo-confucianism, Etc.: Essays*[M]. Cambridge: Harvard University Press, 1969.

359. Chan Wing-tsit, *Chu Hsi Life and Thought* [M]. Hong Kong: Chinese University Press, 1987.

360. Chan Wing-tsit, *Chu Hsi and Neo-Confucianism* [M]. Honolulu: University of Hawaii Press, 1987.

361. Chan Wing-tsit, *CHU HSI New Study* [M]. Honolulu: University of Hawaii Press, 1989.

362. Ching, Julia, *The Religious Thought of Chu Hsi* [M]. Cambridge: Oxford University Press, 2000.

363. Dawson, C., *The Mongol Mission: Narratives and Letters of the Franciscan Missioneries in Mongolia and China in the Thirteenth and Fourteenth Centuries* [M]. New York, Oxford University Press, 1955.

364. Gardner, D. K., *Learning to Be a Sage* [M]. Berkely: University of California, 1990.

365. Gernet, J., *Chine et Christianisme*, d [M]. Paris: Gallimard, 1982.

366. Graham, A. C., *Two Chinese Philosophers* [M]. London: Lund Humphries, 1958.

367. Kalton, M. C., *Chong Ta San's philosophy of Man: A Radical Critique of the Neo-Confucian World View* [J]. *The Journal of Korean Studies* (3), 1981.

368. Kalton, M. C., *Chong Ta San and Mencius* [J]. *The Journal of Korean Studies* (5), 2004.

369. Philip Ivanhoe, *Confucian Moral Self Cultivation* [M]. New York: Peter Lang, 1993.

370. Rule, Paul A., *K'ung-tzu or Confucius: The Jesuit Interpretation of Confucianism* [M]. Sydney: Allen &Unwim. 1986.

371. Ryutaro, Tomoeda, *The System of Chu Hsi's Philosophy* [J]. in Chu Hsi and Neo-Confucianism, Honolulu: University of Hawaii Press, 1987.

372. Spencer, Jonathan D., *The Memory Palace of Matteo Ricci* [M]. London: Penguin Books, 1984.

373. T'sai Jen-hou, *A Reappraisal of Chu Hsi's Philosophy* [C], in *Chu Hsi and Neo-Confucianism* [A]. Honolulu: University of Hawaii Press, 1987.

374. Tu Wei-ming, *Humanity and Self-Cultivation* [M]. Boston: Asian Humanity Press, 1978.

375. Tu Wei-ming, *Way, Learning, and Politics: Essays on the Confucian Intellectual* [M]. New York: SUNY Press, 1993.